叢書・ウニベルシタス　1064

ヘーゲルとハイチ

普遍史の可能性にむけて

スーザン・バック＝モース
岩崎 稔／高橋明史 訳

法政大学出版局

Susan Buck-Morss
Hegel, Haiti, and Universal History

目次

序言

「ヘーゲルとハイチ」が『クリティカル・インクワイアリー』二〇〇〇年夏号に掲載されたとき、それはちょっとした知的事件となった。この論文をめぐって、アート・カタログ、政治雑誌、海外での翻訳、インターネットのブログ、労働組合系の新聞、大学の教室を通してひろがった思いがけない動きは、この論文で展開されているこれまでにない時間と空間のトポロジーに対応したものであった。おそらくはそれも、これまで別々に教えられてきた過去の歴史に関する反応というより、私たちが実際にどのように生きるのかに呼応した反応のほうが多かったように思われる。この論文を有用だと考えてくれた研究者、アーティスト、アクティヴィストに感謝するとともに、私もそうした人びとから多くのことを学んだ。また、この論文は論争をひき起こしもした。ヨーロッパ中心主義について批判的なアカデミズムの研究者を喜ばせもしたが、完全に満足させたわけではなかった。この論文は西洋近代の遺産を脱中心化しながらも（そこは喝采され）、複数の別様の近代を声高に要求するのではなく、近代の普遍的《ユニヴァーサル》な意図を救出するという、あまり人気のない目標を提唱していたからである。ある者にとっては、近代形而上学の灰のなかから普遍的な歴史というプロジェクトをよみがえらせようという提案そのものが、西洋の帝国主義――おそらくより正確には、より理想主義的で、狡猾な顔をしたとさえいえるアメリカ帝国主義――との結託に等しいと映ったようだ。

　第二の論文「普遍的な歴史」は、第一論文に対する批判への応答である。そこでは最初の議論を撤回するのではなく、きわめて論争的な主張を展開している。「ヘーゲルとハイチ」は、私たちが過去について知っていると思っていることを変更し、それによっていかに現在を考えるのかということを変化させるものであったが、第二論文ではその「ヘーゲルとハイチ」に関連する資料をまとめながら、歴史を政治哲学として書いている。このプロジェクトには政治的切迫性がある。現代のスローガン「グローバルに考え、ローカルに行動せよ」は修正する必要がある。私たちは、まず「グローバルに考える」とはどういう意味かを問わなければならない。なぜなら、それをどのようにしたらよいか、私たちにはまだ分かっていないからである。私たちは、自分たちの伝統のローカルな特殊性を通して、グローバルな行動とは何かを教えられる概念的方向づけにいたる道を見つける必要がある。本書で展開されているひとつの道は、特殊な歴史的所与の方を向いている羅針盤の向きを変えて、その名にふさわしい普遍的な歴史を指し示すようにさせることである。この作業にあたっては何の一体性も予期していないし、差異のレトリックのもとでは私たちはみな間違いなく同じであると仮定することもしていない。差異の判断は停止されていない。政治的闘争は続けられている。しかし、それらは、考えはじめさえしないうちから道徳的な想像力に障壁をつくる伝統的な先入観がなくても生じうることなのである。

本書に収めた論文は、歴史学と哲学の境界線に位置している。ここで提案している普遍的な歴史の理解は、ヘーゲルの体系化された過去の把握とは異なっている。また、存在の本質は歴史性であるというハイデガーの存在論的主張とも異なる。普遍的な歴史とは内容よりも方法に関連している。それはひとつの方向性であり、具体的素材にもとづいた哲学的反省であり、政治的現在に光を照らすための概念の整理である。それによって明らかにされる真理のイメージは時代に敏感である。真理が変化するのではない。私たちが変化している。

この今という歴史的瞬間にアメリカ史が普遍的な歴史というプロジェクトに何らかの貢献をしているとすれば、それは、人びとが集まって政治に参加するには慣習や民族性、宗教や人種にもとづく必要はないという考え方である（現実は周知のようにまだまだであるが）。アメリカ帝国主義は、けっしてそうした考え方の起源ではない。起源というなら、新世界の奴隷制の経験のほうがはるかにそうである。それが、第二論文「普遍的な歴史」の結論のひとつである。この論文は、さまざまな学問分野からの歴史の断片を組み立てることによって、現在の広大な地平を仕切っている概念的理解への障壁と道徳的想像力の限界とを少しずつ切り崩していくのである。このけっして弁明ではない人文学的なプロジェクトが、「ヘーゲルとハイチ」の批判者を安心させるのではなく、むしろさらに論争をひき起こすとしたら、この論文は目的を達したといえるのではないだろうか。

私の指導しているすばらしい大学院生たち、そしてコーネル大学政治学部における長年の同僚、とくにベネディクト・アンダーソン、マーティン・バーナル、メアリー・カッツェンスタイン、ピーター・カッツェンスタインには感謝を捧げなければならない。そして、この研究の初期段階からサポートしてくれたホーテンス・スピラーズ、「ヘーゲルとハイチ」に世界中のアーティストの関心を呼びよせてくれたイフティカー・ダディとサラー・ハッサン、表題を正してくれたシンシア・チェイス、『ミネルヴァ』を発見したとき一緒にいたマイケル・カムネン、海沿いの仕事部屋を提供してくれたテレサ・ブレナン、いつも相談にのってくれたズィラ・エイゼンスタインに感謝したい。

今日出版されているなかで越境的学問研究においてはもっともすぐれた季刊誌『クリティカル・インクワイアリー』の編集者、W・J・T・ミッチェルの情熱に感謝したい。コーネル大学でのカンファレンス「ハイチと普遍史」に招待した方々には、その議論に感謝したい。このカンファレンスは、もともと二〇〇一年九月に予定されていたが、当時飛行機が飛んでいなかったために一一月に開催されたものである。参加していただいたかたと同様、参加できなかった人びとにも感謝したい。その人びととは、ジョシアンナ・アローヨ、ジョアン・ダヤン、シビル・フィッシャー、J・ローランド・マトリー、ウォルター・ミノーロ、マーカス・レディカー、ミシェル＝ロルフ・トゥルイヨである。

私と私の仕事をポルトー＝プランスに紹介してくれたカンディード・メンデスと国際学会アカデミ

ー・ドゥ・ラ・ラティニテ、『ヘーゲルとハイチ』をキューバで出版してくれたアウレリオ・アロンソとキャサリン・ゴーディ、スペイン語訳についてはノルマ・パブリッシャーズ社（ブエノスアイレス）、フランス語訳についてはエディション・リーニュ社（パリ）、イタリア語訳についてはオンブレ・コルテ社（ヴェローナ）、ドイツ語訳についてはハウス・デア・クルトゥーレン・デア・ヴェルト社（ベルリン）、トルコ語訳についてはモニクル社（イスタンブール）、日本語訳については青土社に感謝したい。

二〇〇七年、シカゴ美術館附属大学でおこなわれたストーン・サマー・セオリー・インスティテュートの参加者は、そこで最初に発表された「普遍的な歴史」をすばらしく積極的な姿勢で聴いてくれた。招待してくれたジェームズ・エルキンス、そして私の方法に新しいヒューマニズムという名を最初に与え、その語が右派に独占されることへの抵抗を示してくれたジブカ・ヴァリアヴィチャルスカに感謝したい。そして、校正刷りを読んでくれたフランツ＝ピーター・ハグダールに感謝したい。

本書が、ジョン・ビヴァリーとサラ・カストロ＝クラレンによって編集されている『イルミネーションズ』シリーズの一冊として出版されることは喜びである。デヴィン・フロム、ピーター、クラフト、アレックス・ウォルフェ、ピッツバーグ大学出版の編集者には、その専門的仕事と辛抱強いサポートに感謝したい。

最後に、日々の生活に慰めと喜びをもたらしてくれたエリック・シッジアとサム・シッジアに感謝したい。

第Ⅰ部　ヘーゲルとハイチ

凡例

一、本書は、Susan Buck-Morss, *Hegel, Haiti, and Universal History*, Pittsburgh: The University of Pittsburgh Press, 2009 の全訳である。

一、原文中の引用符は「 」で括り、大文字で記された文字についても「 」で括った箇所がある。

一、原文中の［ ］は原著者による補足である。また、原文中の（ ）は一部取り外して訳出した箇所がある。

一、原文中のイタリック体には原則として傍点を付したが、一部、〈 〉および《 》で括った箇所がある。同じく、書名、雑誌名、作品名などを表わす場合は『 』で括った。

一、訳者による補足および簡単な訳註は、すべて〔 〕で括って挿入した。また、説明註が必要と思われる箇所には〔1〕というかたちで通し番号を付し、原註のあとに一括して掲載した。

一、原著で引用されている文献のうち、既訳のあるものに関してはできる限り参照するよう努めた。ただし、訳文については必ずしも既訳に拠らない。

一、原著の引用および参考文献について既訳のあるものは、可能なかぎり書誌情報を併記した。

一、原著のヘーゲルからの引用については、ドイツ語版、英語への翻訳版など、複数の版が利用されている。邦訳に際しては適宜ドイツ語版の原著や既訳書などを参照したが、訳文は、原則として原著の英文に拠る。なお、読者への便宜を考え、既訳書の該当ページについても可能なかぎり併記した。

一、原著の明らかな間違いや体裁の不統一については、一部、訳者の判断で整理した箇所もある。

一、原著に索引は付されていないが、訳者のほうで「人名索引」を作成した。

第Ⅰ部への序論

はじめに

本書第Ⅰ部「ヘーゲルとハイチ」はミステリー・ストーリーとして書かれている。読者には、ここに置かれた序文を読む前に、まず本文を最初に読んでいただきたい。この新たな序文（後書きとして読んでもよい）は、すでに本文のプロットと結末を知っている読者のために、この論文の背景にあった発見のプロセスと、それが最初に読まれたときに読者に与えたインパクトを描いたものである。この序文は、「ヘーゲルとハイチ」にいたる研究期間の足取りをたどりながら、註に凝縮されている素材をその学問的意味がより容易に確かめられるよう詳述し、そして、この論文を現実世界の政治と密接に関係した現在進行形の知的論争のうちに位置づけるものである。

偶然のプロジェクト

もともと私はヘーゲルについても、ハイチについても書くつもりはなかった。一九九〇年代に私が取り組んでいたのは別のプロジェクトであった。冷戦の終わりとともに、新自由主義は、地球規模でのイデオロギー的支配思想になるまでに台頭した。経済法則と市場合理性は、あらゆる実際的政策を正当化するために用いられるスローガンとなった。このつかみどころのない幻影、これほど過度の崇敬の対象となった「経済」とは、いったい何なのか。それはいつ、なぜ発見され、さらに困ったことに見えざる手はどのようにして与えられたのか。当然、アダム・スミスとスコットランド啓蒙を調べなければならないということになるが、それには、ただそれらの哲学者たちの主張だけでなく、それらのアイデアが根ざしている文脈も見ていかなければならない。

もっとも驚くべきは、ポリティカル・エコノミーの理論が一九世紀初頭のヨーロッパ中でいかに大きな知的興奮をひき起こしていたかということである。それから二世代下ってマルクスが経済学を学んだ時代にもなると、ポリティカル・エコノミーは「憂鬱な学問」と評されるようになっていたし、今日の哲学者もあまり関心を示すことはない。(需要と供給、利潤動機、競争のように)日常的思考の要素となった基本フレーズもいくつかあるにはあるが、それでも経済の仕組みが今日の一般の公衆にとって謎めいたものであることには変わりない。その手の知識は、私たちの生活を決定する法外な力を持った聖職者のような専門家のためのものである。経済学誌を楽しんで読む者などいない。では、一七七六年にアダム・スミスが『諸国民の富』を出版したときに巨大な興奮がひき起こされたのはなぜだろうか。

この問題を探求するのに、ヘーゲルの初期の著作が有用であった。[1] 彼のイェーナ期のテクストは、一八〇三年当時に『諸国民の富』を読んだときの衝撃をあざやかに記録している。[2] 製造業における驚くほど単純な革新、すなわち分業がいかに根底的変化をもたらしたかについてのスミスの記述に、ヘーゲルの哲学的関心はとらえられた。スミスはピン製造というありふれた例を用いながら、生産を小さな専門的作業に分割することは労働者の生産性と消費者の欲求とに対して幾何級数的な増大効果をもたらし、人間の相互依存の範囲と程度を大いに増加させる、と論じた。[3] 世界の上に積み上げられていく無数のピンの山というヴィジョン、そして断片化された反復的労働行為が労働者にもたらす息詰まるような影響にヘーゲルは魅了された。いや、ことによると震撼したのかもしれない。彼は、この「欲求の体系」としての新しい経済に集合的生の形態を変える力があることを認めた。[4] 彼はそれを劇的に描いている。「欲求と労働」が生み出す「巨大な相互依存の体系」は、「自然の猛威のように盲目的に動きまわるので、野獣に対するようにしっかりときびしく飼い馴らし、コントロールすることが必要である」と。[5] 一八〇五−六年のヘーゲルは、「ブルジョワ」ないしは「公民的」社会（die bürgerliche Gesellschaft）という伝統的概念に代えて、新しいエコノミーを用いていた。彼はこの新しいエコノミーを、政治的体制の哲学の基礎としたのである。この哲学は、野蛮で貪欲な動物を飼い馴らす力（Gewalt）を国家の側が持つようになることを要求している。[6] これまでも、市民社会の概念を経済の観点から仕立てなおしたという点でヘーゲルは「画期的」であると評されてきた。[7]

ブルジョワ社会

ヘーゲルは、われわれが今日では近代と呼んでいる社会生活のなかにある断裂を鋭く観察していた人であった。イェーナ時代の講義ノートは、それを示す証拠に溢れている。ヘーゲルの生涯のプロジェクトは、その変容にどのような哲学的意義があるかを把握することであった。たしかにヘーゲルの哲学体系は抽象的レヴェルにまで高められているかもしれない（イェーナ時代の初期ヘーゲルの講義を聴講したある学生は、「まったく意味不明で、何が論じられているのか理解できなかった。アヒルかガチョウの鳴き声を聞いているようだった」と述べている）。[8] ヘーゲルのテクストには具体的な歴史的ディテール――ピン工場、コーヒーの飲用、救貧院、男性用フロックコート、コルク栓抜き、ロウソクの芯切りカッター――のようなものが溢れており、それは私のようなマテリアリストの傾向がある理論家にはとくに興味をそそられる点である。ヘーゲルが概念的語彙として用いるもっとも抽象的な用語ですら、日常的経験から生まれたものである。イェーナ時代の著作をみると、ヘーゲルの

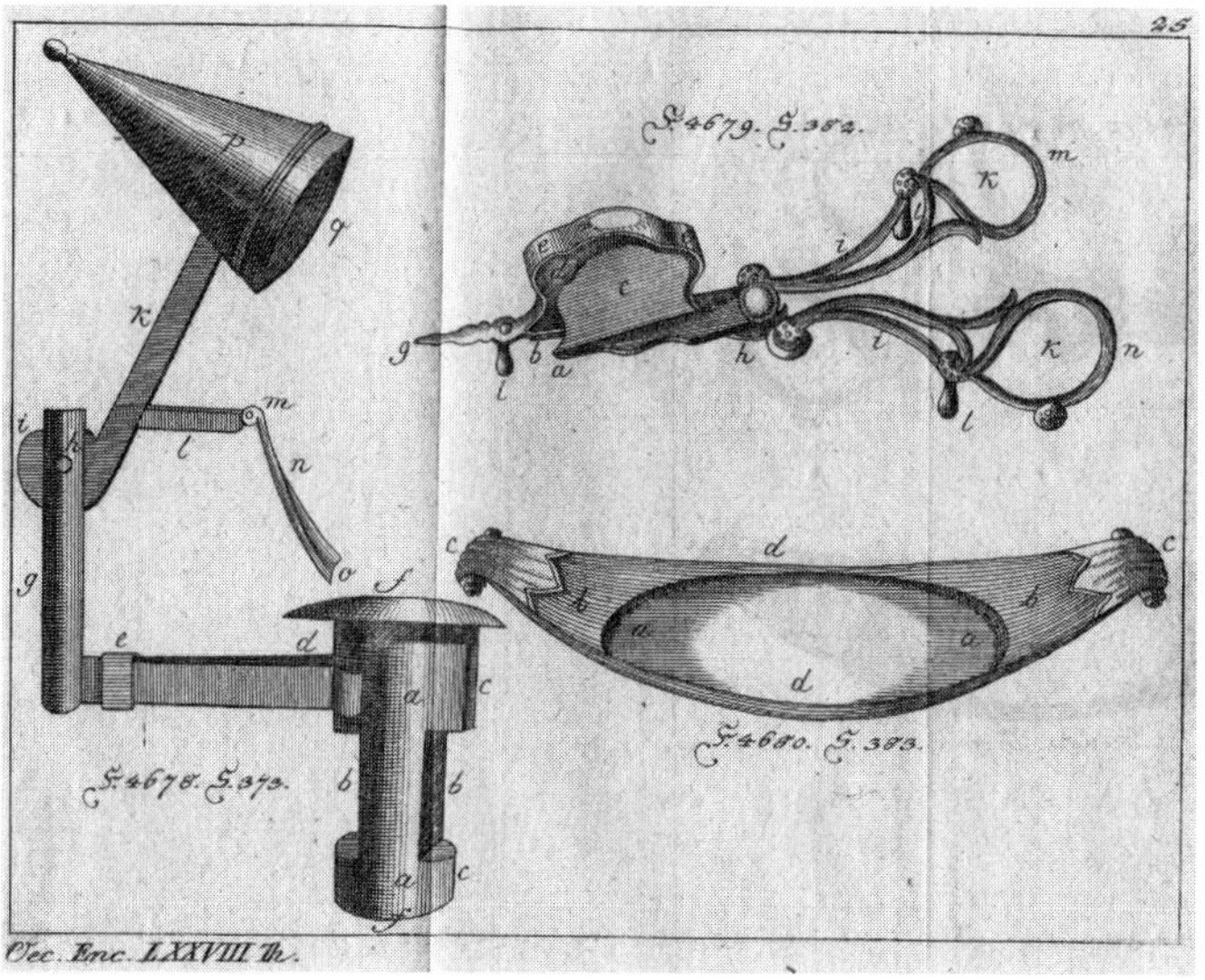

図版 **1.** ロウソクの芯切りカッター（Lichtputze）。

中心的な用語である「外化（Entäusserung）」とは現実世界における人間の労働を指しており、「否定」とは消費の欲望を表わすヘーゲル用語である。自然的必要性に対立するものとしての、歴史的に生み出された欲求は、ファッションという社会的模倣行動において例示化されている、といった具合である。

欲求の体系とは、お互いに知りもしないし、気にもしないよそ者たちのつくる社会関係である。消費者の「飽くなき欲望」は、「イギリス人が『安逸（comfort）』と呼ぶ」「疲れ知らずの果てなき生産」と結びつき、際限のない「モノの運動」を生み出す[9]。それどころかヘーゲルは、ヨーロッパの植民地システムという脱領域化した世界市場についても記述しており、彼こそがそれをおこなった最初の哲学者でもある[10]。この偶発的で盲目的な依存関係は、統治者の法律に一定の同意をもたらす基礎として、もはや古典的な公民概念による人間観のように、公民としての財産所有者間の契約関係を参照しはしない。そこで参照されるのは、アダム・スミスがとらえたようにポリティカル・エコノミーによってつくられた社会である。たしかにその社会は、依然として都市の社会ないしは「ブルジョワ（bürgerliche）」社会であったが、植民地貿易という近代的現実によって変化したものである。新しく台頭した商人階級（Handelsstand）は、遠距離貿易商人から構成されていた。彼らの利害関心は、（ホッブズが考えていたような）所有財産を守ることよりも、「譲渡（alienation; Entfremdung）」の条件を守ることに向けられていた。すなわち、売買する権利である。交換される物が価値においては等しくても、社会的帰結は矛盾に満ちて不平等であるということを、ヘーゲルは認識していた。「巨大な富と巨大な貧困の対立」、すなわち「持てる者にはますます与えられる」[11]。商取引によって人びとの関係のネットワークが生み出され、それがとどまることなく再生産しつづけられる。それこそが、「近代的な意味における『社会』である」[12]。

この新しい社会は、エスニック・グループでもなければ、血縁にもとづく一族（Stamm）でもない。それは、伝統的に考えられていたVolk〔民族〕の解体したものである[13]。古い意味での公民的社会と比較すると、ブルジョワ社会は非愛国的で、交易においてはがむしゃらに国境を越えて進む。貿易に国境はない。海こそがその場である。厳密にいえば、経済とネイションは相容れない（アダム・スミスは植民地経済が国家体制を歪めていると考えていた[14]）。経済は無限に拡張を続けるが、ネイションは境界を定め、範囲を制限する。この社会の力と国家の力との対立が、ブルジョワ（bourgeois）／市民（citoyen）という二重の顔をもつ個人を生み出すが、ヘーゲルは最終的に、その対立を異なった形態の相互依存としてのある政治体制の導入によって解決する。それは、社会的不平等に対して法律による倫理的調整を施すことで、市民社会と国家という両側面が対立を通して互いを可能にするような政治体制である[15]。

ヘーゲルはアダム・スミスを読むうちに、イギリスとフランスにおける啓蒙の伝統をそのもっとも神聖な根拠から覆している社会がそこに描かれていることを知る。その根拠とは自然状態である。それは歴史を通して不変であるどころか、自然法論とはまったく対立しており、それぞれの時代に特有の相互依存に関する人類学なのである。ホッブズからロック、ルソーにいたる社会契約論は、その哲学的考察の出発点として天賦の自由権を有する自由で独立した個人を措定し、社会の契約的合意に参加するための条件を定めているのに対して、ヘーゲルの近代的主体は商品の交換によってすでに社会的依存関係の網のなかにいる。しかし、ヘーゲルはどうやって経済から国家へと移行するのだろうか。マンフレート・リーデルの所見では、ヘーゲルの国家は機械じかけの神《デウス・エクス・マキナ》として新社会をたがの外れた状態から救うと同時に、管理を擁護するものであるということしか述べられていない[16]。話が面白くなるのは、実はここからである。

「ロビンソン・クルーソーとフライデー」[17]

ヘーゲルはイェーナでの講義のそこかしこで新社会に触れ、「相互承認」という主題を「交換による承認（Anerkanntsein im Tausch）」として探求しているが、「主」と「奴」の関係を語るのも、そこが最初である[18]。「主」と「奴」という主題が、著述全体のなかで欲求の体系の記述とともに突如現われることには、読者は驚かずにいられないだろう。主と奴の関係と新たなグローバル経済とのあいだにはどのような関連があるのだろうか、と思わず問わざるをえない。専門家はヘーゲルがそこで参照しているのはアリストテレスだというが、そんなことが信じられるだろうか。かりにヘーゲルがただフランス革命の国内事情を描くために奴隷制を寓意として用いているのだとしても、何の関係があって商品貿易についての議論が並行しておこなわれているのだろうか。

一八〇五－六年のイェーナ時代のテクストにおけるヘーゲルは、経済的なテーマ（ピン製造、交換における物の動き、労働者の非人間化）と、「相互承認」が「その極端なかたち」で表われる主と奴や「生死を賭けた闘争」という政治的なテーマ（欄外には「暴力、支配、服従」と書き加えられている[19]）とのあいだで間断なく揺れ動いている。概念的にみれば、隷属状態を打ち破り、立憲国家を樹立しようとする奴隷たちの革命的闘争が理論的かなめとなっているからこそ、ヘーゲルの分析は際限なく拡大する植民地経済の外へ引き出され、世界史のレヴェルに達している。これをヘーゲルは自由の実現過程と規定している。それは要するに、その瞬間に実際にハイチで起こっていたことの理論的な解決だった。このつながりは明らかだと思われる。これについての立証責任は異論をはさもうとする者にあると思われるほど、議論は明らかである。この解釈は、ひろく受け入れられているヨアヒム・リッターの、ヘーゲルとともに「哲学はその時代の理論となる[20]」というテーゼを裏書きするものであるし、また、国家が機械仕掛けの神《デウス・エクス・マキナ》として見たところ恣意的に導入されているのではないかというマンフレート・リーデルの困惑を除去するものでもある。対等な者どうしの相互承認は、人間奴隷を法的に「物」として扱っている状態の奴隷制からはまったく生じることはない。しかし、奴隷たちが「承認をめぐる闘争」に関して、「自由か、しからずんば死か！」という旗印のもと、奴隷制に反抗する闘争に立ち上がり、歴史の能動的な行為主体となれるということを示すとき、対等な者どうしの相互承認の問題は論理的必然性をもって生じるのである[21]。それにしても、それが二世紀にもわたる歴史

図版 **2.** ダニエル・デフォー『ロビンソン・クルーソー』(1719年) の1785年版の口絵。メイザー・ブラウンのデッサンにもとにしたロバート・ポラードの版画。

のなかで忘却されてきたのは、どういうわけだろうか。

これが、「ヘーゲルとハイチ」を書く端緒となった謎である。それが思わぬ方向に進み、まずはすっかり出揃った関連証拠の網の目に引きずり込まれてハイチに焦点を移すこととなったのは確かだが、それよりさらに学問研究のあり方の問題、そしてある研究対象が時代を越えて構築されていく際、何かを照射するのと同じくらい何かを隠すこともあるということも考えざるをえなかった。結局のところ、「ヘーゲルとハイチ」が論じているのは、黙殺された二つの歴史的現象をつなぐ「〜と〜(and)」という接合についてである。私がその研究方向に駆り立てられたというよりも、むしろそこで怒りを覚えたのは、学問研究がいかに私たちの想像力に境界を定めているかをますます感じるようになったからであった。そのために、ヘーゲルと呼ばれる現象とハイチと呼ばれる現象は、そのもともとの時代にあってはさまざまな通路を通して結びついていたのに(その証拠を示す新聞や雑誌がある)、後世に伝えられる過程で切り離されてしまった。ここでヨーロッパ中心主義という亡霊を呼び出すことはもちろん簡単だが、それではヨーロッパ中心主義自体が歴史的にどのように構築されたのかという問題、そして、その過程においてハイチがどんな役割を果たしたのかという問題を回避することになる。

歴史解釈の変更はたった一人でできるものではない。研究者どうしはそれぞれ無関係でも、その仕事は互いに参照し合いながらつくり上げられている。これまでヘーゲル研究者は重箱の隅をつつくような考証をおこなってきたが、まさにそれが徹底していたために、研究が細心になればなるほど、私たちの知識に穴があることをわからなくさせていたということもありうるだろう。そうした穴からは、定番の物語の背後にある別の物語のかけらが垣間見えるのであり、私はそれらの断片を結びつけようと試行錯誤しているうちに、現代においてもっとも刺激的で独創的な研究をしているといえる著者を多様な分野から発見した。ハイチ革命は、世界史の決定的瞬間として、さまざまな言説の交錯する地点に位置している。サミュエル・ハンティントンは、ハイチは文明の歴史にとってまったく周縁にすぎず、「他の社会と文化を共有しない」「孤立した国」(22)だと軽く切って捨てているが、ハンティントンの言を受け容れることは不可能である。それは、C・L・R・ジェームズ『ブラック・ジャコバン』(一九三八年)、エリック・ウィリアムズ『資本主義と奴隷制』(一九四四年)、デイヴィッド・ブライオン・デイヴィス『革命の時代における奴隷制の問題』(一九七五年)、ロビン・ブラックバーン『植民地奴隷制の転覆』(一九八八年)、ポール・ギルロイ『ブラック・アトランティック』(一九九三年)といった古典はいうに及ばず、ジョアン・ダヤン『ハイチの歴史と神々』、シビル・フィッシャー『否認された近代』、ピーター・ラインボー/マーカス・レディカー『多頭のヒュドラ』、ミシェル＝ロルフ・トゥルイヨ『沈黙させられた過去』、そしてデイヴィッド・P・ゲッガスの多くの論文を読んでみればわかることである。

知には何が重要であり、何がそうでないかの伝統的なヒエラルキーがあるが、「ヘーゲルとハイチ」はそれとは異なる方向への知の転換を期待している。この論文を通じて強調したいのは、事実が重要だということはそれが既定の意味を裏づけるデータになるからではなく、私たちをいまだもって驚かせうるものへの通路となるからだ、ということである。事実は想像力を刺激すべきであり、束縛すべきではない。事実は、既定の権威的テーゼの証拠として集められ、確実な知識というフィクションのもとに包摂されてしまうことよりは、もっと多くの真実を明らかにする。学問的議論の要点は、知的専門領域という考えを守ることではなく、歴史に関する想像力の地平を拡げることでなければならない。そうした共同研究にはポリティクスが存在する。その目標はグローバルな公共圏に対して、その名に値する知を生み出すことである。その場に、歴史の勝者による知の独占的支配の結果としてあらかじめ定まっている境界など存在しない。

ヘーゲルが知っていたからといって、それが何だというのか

ヘーゲルがサン＝ドマングでの出来事から実際に着想を得たのかどうかという問いを提起したのは、ピエール＝フランクラン・タヴァレの功績である。タヴァレは一九九〇年代前半に、ドイツ語資料よりもフランス語資料を利用し、自らの適切な直感に頼りながら一連の簡潔で思索的な論文を書き、大胆な主張をおこなっている。つまり、ヘーゲルはごく初期の段階から奴隷制という同時代の争点に「夢中」になっていた。ヘーゲルが古代人について述べているように装っているところにも、奴隷制批判を見てとることができる。若いころのヘーゲルはレーナル師[1]の書いた西インド諸島の歴史の読者

だったため、カリブ海諸島の奴隷制については一般に思われているよりよく知っていた。むしろ、ヘーゲルは生涯を通してレーナル主義者であったと、タヴァレはいっている(23)。「ヘーゲルとハイチ」が出版されてから、ニック・ネスビットが円熟期ヘーゲルの『法哲学講義』(一八二一年)をサン゠ドマングの奴隷の観点から読みはじめているが、彼によればこの「革新的」テクストは、『精神現象学』のやや「自信のない」抽象的表現よりもさらに進んでおり、ハイチ革命の「解明と、奴隷が革命をおこなう権利のラディカルな擁護」という点において「ハイチ革命についての最初の偉大な分析」である、と結論づけている(24)。強調点の違いと細部の不一致はあるかもしれないが、タヴァレもネスビットも異なったテクストに焦点を当てていながら、ヘーゲルとハイチのつながりが明らかであることについては一致している(25)。ハイチ研究者についていえば、私が二〇〇五年にポルトー゠プランスで「ヘーゲルとハイチ」の発表をおこなったときは驚かれもしなかった(彼らはすでにタヴァレの論文を知っていた(26))。

タヴァレの考察がひろく議論されてこなかったのは不思議であるし、私も彼の論文にたどり着いたのが調査のだいぶ後になってからだったことを残念に思う。しかし、いわば欧米中心の学会ヘゲモニーの犠牲者ともいえるこのアフリカ系研究者に飛びつく前に(タヴァレはフランス公民で、パリで学んでいる。また、ヘーゲル研究者の世界は私自身の著作にあまり関心を示していない)、私たちはヘーゲルにとってのハイチばかりでなく、ハイチにとってのヘーゲル、すなわちヘーゲルを自らのものとすることを必要としたアフリカ系カリブ人によるヘーゲル受容についても考えなければならないだろう。この遺産については、ネスビットがエメ・セゼールの著作を通してたどっている。大きな影響を与えているセゼールの《ネグリチュード》という概念は、「被支配と隷属という共通の経験」にもとづいたアフリカ系ディアスポラの自己理解に触れながら、ハイチ革命における奴隷の自己解放を「象徴的」なことだとみなしている。[27] セゼールは、若いころにイポリットによるヘーゲル『精神現象学』の新訳（一九四一年）を発見して興奮したときの思い出をネスビットに直接語っている。「『現象学』のフランス語訳が最初に出たとき、私はそれをレオポール・セダール・サンゴール[2]に見せて言ったんだ。『レオポール、ヘーゲルのいうことを聞いてみろよ。普遍に到達するには、特殊に身を沈めなくちゃいけないんだ！』」[28]。セゼールは理解したのである。ヘーゲルを読むことの真に生産的で「普遍的」な経験とは、全体的で全体化的な体系の要約によってではなく、きわめて具体的な実例に即して弁証法的思考に出会うことによって、われわれ自分自身の想像力が達成することができる解放を通じて得られると。

ヘーゲルの情報源の問題だけが争点のすべてだとしたら、これらの成果は、影響源あるいは文脈の説明としてヘーゲル研究者のあいだで議論されてもされなくても、現在の学問分野の構造には組み込まれるかもしれないが、それは有名な主と奴の弁証法の意味にとって本質的なことではない。哲学研究の歴史自体が、いかに西洋思想自身が語る歴史から植民地の経験が排除されてきたかということの見本になっている。「たとえヘーゲルがハイチを念頭に置いて書いていたとしても、私がヘーゲルを教えるやり方は変わらないよ」と、ある哲学科の教授が私に率直に語ったことがある。この注目すべき発言は、もちろんある特定の観点からは正当化されるが、まさにそうした観点こそ、ハイチぬきにヘーゲルは考えられないと言えるほどに、両者を結ぶ「〜と〜」という結合を強調して私が揺さぶりたいものだった。自由についての近代哲学を研究する学者たちは、ハイチの歴史を知らずに研究を進めようとする点でむしろ足枷をはめられている。近代哲学には歴史的文脈が染み込んでいる。これこそがまさに、ヘーゲルが近代主義的で自己意識的であるということの意味である。しかし、逆もまた真である。歴史と真理とが必然的に連関しているというヘーゲル自身の主張があるからこそ、われわれがヘーゲルと呼んでいる指示対象がそれによって歴史的に知られるようになった抑圧から、ヘーゲル哲学が分離されえないのである。

ヘーゲルの沈黙

ひとつ考察に値する注意点がある。もしヘーゲルが、実際に全ヨーロッパの読書界がそうであったようにハイチについて知っていたことが明白であるとしても、なぜ彼のテクストにはより明示的な議論がないのだろうか。ネスビットは、指示内容は同時代の人間が理解するには十分なほど直接的であったと考えているが、それもありえない話ではない。しかし、それが数世紀にもわたって体系的に見過ごされてきたというのは、のちの研究者たちの責任だけではない。ハイチ革命についてうまく黙りとおしたことについて、ヘーゲル自身にはどの程度の責任があるのだろうか。とくにその点について指摘しているのはタヴァレで、《ヘーゲルの沈黙》は彼のフリーメイソンとのつながりによるものだと主張している。彼はジャック・ドントの著作を引き合いに出しながら、「特定の資料や情報の出所について隠したり、黙ったりしている」というヘーゲルの傾向は、秘密結社のメンバーに典型的なものであり、とくにこの革命の時代においてそういう結社は政治的嫌疑をかけられていたという。[29] ドントは、そうしたつながりを考えると、ヘーゲルの秘教的読解が一般的に必要になると主張している。[30]

当時、政治上の秘密と公的透明性、啓蒙的理性と秘教的神秘主義、モダニズムと永遠の知といった、矛盾する欲望を融合させたフリーメイソンの影響が根強かったことは疑いない。フリーメイソンはヘーゲルとハイチという物語のなかで途切れることのない糸として作用し、奴隷を輸出していたボルドーの港、サン＝ドマングのプランテーション、イギリスの反奴隷制論者、パリで出ていた雑誌『ミネルヴァ』[4]に寄稿していたジャーナリスト、ドイツの出版業者たちを結びつけている。[31] ヘーゲルはこの広大な通信ネットワークの一部なのであり、彼の知るネットワークにはクリスティアン・ガルヴェ、ヨハン・ヴィルヘルム・フォン・アルヘンホルツ[5]、マーカス・レインズフォード[6]、ヨハン・フリードリヒ・コッタ[7]、コンラート・エンゲルベルト・エルスナー[8]といった人物が含まれている（こうした人びとはみな「ヘーゲルとハイチ」に登場する）。初期ヘーゲルの精神哲学における政治思想と、彼が雑誌『ミネルヴァ』を読んでいたこととが密接な関係にあることについては驚かざるをえない。ヘーゲルは『精神現象学』で、革命がもたらした恐怖政治を「抽象的否定」と呼んで批判していた。他方で、『ミネルヴァ』は、フリーメイソンの精神にもとづきジロンド派のコスモポリタニズムを支持し、革命の理想の国際的拡散に努めていた。トゥサン・ルヴェルチュールの共和国も明らかにその動向の一部だったのである。

『ミネルヴァ』に発表されたエルスナーの「パリからの歴史的書簡」[9]は、地方のジャコバン派を「人喰い人種（Menschenfleischfresser）」だと批判した。エルスナーは、ジャコバン派の目指す「野蛮な民主主義」が「もっとも文明化した国民をはるか昔の野蛮へ」追いやりかねない、と嘆いている[32]。ところが、その反対の歴史的動向を明言したのもまた、『ミネルヴァ』のフリーメイソンにつながるひとりであるレインズフォードだった。ジャコバン派に支配されたフランスの「暗殺者や死刑執行人たち」は「洗練された偉大なる国民」を「人類最初期の野蛮」へと引き戻したが、「黒人共和国」においては「ニグロたちが悲惨な奴隷制から自らを解放し、同時に社会関係を充実させ、法を制定し、軍を指揮し、野蛮な奴隷制を過去のものとする」蜂起を実現し、それを世界が目の当たりにした、とレインズフォードは書いている[33]。（ヨーロッパ人は自分自身の近代の野蛮さを認識できていないという後世の非難については、こうしたコスモポリタンたちには妥当しなかった[34]。）

シビル・フィッシャーがつぎのように観察しているのは正しい。ヘーゲルは奴隷が反乱を起こす前に主と奴の弁証法の議論を打ち切り、そうすることで、『精神現象学』の読者に（ヘーゲルの同時代人も含めて）「スケッチのような意識の変容過程の行間を埋める」ように求めている[35]。この要請が「ヘーゲル研究におけるもっとも深い意見の相違のいくつか」を招いた。沈黙には憶測を誘う力があるが、当のヘーゲル自身が著者であることは疑うべくもないのだから、私たちは真っ先に、この沈黙には著者なりの理由があると推測すべきであろう[36]。しかし、もっとも単純な答えがいちばん妥当なのかもしれない。

イェーナ時代のヘーゲルは、現在私たちが考えているような偉大な人物とはほど遠いと自分自身も感じていた。『精神現象学』を完成させたとき彼はまだ三六歳で、その人生はまだおぼつかなかった。テリー・ピンカードによる最近の伝記は、ヘーゲルの生活上の困窮を描いている。「金もなく、給料のいい定職もなく、夫に捨てられたばかりの女性［ヘーゲルの下宿先の家主！］とのあいだにもうけた子がおり、とヘーゲルの状況はどこをとってもすっかり絶望的なものとなっていた[37]」。そうした人間が最初の主著で、ドイツの政府からも、また直前のトゥサン・ルヴェルチュールの死に責任があり、ちょうど当時ヘーゲルが住んでいた町を侵攻していたナポレオンからも快く思われていなかったハイチについて、堂々と言及するとは考えにくい。時代の歴史的出来事を哲学的に把握することこそ自分の生涯の仕事だと主張したこの野心的哲学者も、逮捕されたいとは思わなかったのである[38]。

イェーナのフランス軍兵士たちは、ヘーゲルが下宿していた家を荒し回っていった。「まったく、ならず者たちときたら私の書類を宝くじ券のように散らかしてくれた[39]」。ヘーゲルは、友人たちが彼のために捜してくれた唯一の就職のチャンスを摑むためイェーナを離れてバンベルクに移り住み、政治的な日刊紙『バンベルガー・ツァイトゥンク』の編集に携わるが、同紙の論調はナポレオンに好意的なものであった[40]。このように、ヘーゲルの沈黙には政治的反響を呼ぶことへの恐れや、ナポレオンの勝利の衝撃、思い切って転居し個人の環境を変えたことなど、きわめて世俗的なさまざまな理由がある。失われた証拠の成り行きについても不審な点が残る。失われた証拠とは、一八〇三年の『人倫の体系』の最後から破棄された「ただの物語」とされた部分である。[41] それはまた、一八〇三－四年のイェーナ体系構想から無くなっている最終断章二二の終わりのページ（それは数ページ分かもしれない）である。[42] ヘーゲル没後に編者たちが正式なヘーゲル著作集を作るにあたって意図したことも、同様に証拠を確かめることができない。[43] しかし、それでも間違いなくヘーゲルとハイチは密接につながっている。

ヘーゲルとハイチ*

一

奴隷制は、一八世紀までには、西洋の政治哲学において権力関係にまつわる悪のすべてを含意する根本的なメタファーとなっていた[1]。その対立概念である自由こそが、啓蒙主義の思想家からは最高の普遍的な政治的価値とみなされた。しかし、この政治的メタファーが根づきはじめた時代は、まさに奴隷制の経済的実践——植民地における労働力としての非ヨーロッパ人の組織的できわめて洗練された資本主義的な奴隷化——が量的に増し、質的に強化され、その結果として、一八世紀中葉には奴隷制が西洋の全経済システムを保証するまでにいたった時代であった。逆説的なことに、このような経済的実践が、奴隷制とはそれ自体根本的に矛盾するまさに啓蒙主義的理想のグローバルな拡散を促したのでもあった。

この思想と実践との見紛うことができない不一致は、グローバル資本主義が重商主義的形態からプロト工業的形態へと変容する時代の特徴であった。まさか合理主義的で「啓蒙された」思想家ならばそのことに気づかなかったはずはない、と思われるかもしれない。しかし、実際はそうではなかった。

何百万という植民地の奴隷労働者の搾取は、自由こそが人間の自然状態であり、奪うことのできない権利であると宣言した当の思想家から、世界の所与の一部として受け入れられていた。自由という理論的主張が政治的ステージで革命的行動へと変容されるときですら、奴隷を酷使する植民地経済はステージの背後の闇に閉ざされたまま機能することができた。

もしこのパラドクスが当時の人間の論理的自覚を悩ませたことはなかったとしても、おそらくもっと驚くべきことは、今日の著作家たちが、事実を十分に認識していながら、いまだに西洋史を人間的自由の一貫したナラティヴとして構築することができるということである。その理由が意図的なものであるとはかぎらない。国民の歴史《ナショナル・ヒストリー》が自閉的に構想されるときや、歴史の個別的側面が学問的に切り離されて扱われるとき、奴隷制をめぐる反証は意味のないこととして周縁に追いやられる。知識の専門化がすすめばすすむほど、研究はより高度化し、長い学問的伝統がより尊ばれ、不整合な事実はいっそう無視されやすくなる。注意しなければならないのは、状況を改善するために確立されたアフリカン・アメリカン・スタディーズのような新しい学問分野や、ディアスポラ研究といった新領域にとっても、学問が専門化し、孤立していくことは危険だということである。学問分野に境界があることで、たとえ反証があってもそれは誰か別の人間の話だということにできる。結局、一人の学者がすべてにおいて専門家となることはできない。無理もないことだ。しかし、そうした主張は都合の悪い真実を避ける手段である。事実のある種の布置関係が学問的な意識深くに十分入り込むことができると、それは昔ならあるナラティヴを脅かすばかりでなく、そうしたナラティヴを（再）生産している堅牢なアカデミズムの学問分野を脅かすこともある。たとえば大学には、「ヘーゲルとハイチ」などという特殊な研究主題の設定が落ちつく余地はない。それこそが本論の主題であるが、そこに到達するために回り道をたどることとしたい。申しわけないが、この明らかな遠回りこそ議論そのものなのである。

二

自由の言説と奴隷制の実践とのパラドクスは、近代初期におけるグローバル経済の枠組みのなかで、一連の西洋諸国民が優位を保っていたことのしるしである。取り上げるべき最初の例は、オランダということになるだろう。一六世紀中葉から一七世紀にかけてのオランダの「黄金時代」は、基本的要素としての奴隷貿易も含めて、グローバルな貿易の支配によって可能になった。サイモン・シャーマはその分野で現代におけるもっとも優れた歴史家であり、彼のオランダ文化の黄金時代についての厚い記述は一九八七年の出版以来文化史の領域における模範となっているが、しかし彼の議論をたどってみると、私たちはきまって驚かざるをえない。六〇〇ページ以上にわたって新オランダ共和国が自国の文化を育みつつ富と善の両方を身につけていく過程を説明したシャーマの『金持ちの悩み』には、なんと奴隷制、奴隷貿易、奴隷労働といったトピックがまったく登場しないのである。[2] 思いもよらないことだろうが、（スペインとポルトガルという主役に代わって）オランダが奴隷貿易においてヘゲモニーを握ったことは、[3] 実質上、莫大な富の「負担」を強いることになり、シャーマの記述によれば、それはオランダが「世界の交易」の「中心」を担っていた世紀を通して、社会的にも道徳的にも問題となっていた。[4] とはいえ、シャーマが十分に記述しているように、旧約聖書におけるイスラエルの民がエジプト捕囚から解放された物語を近代の文脈に翻案した奴隷制のメタファーは、オランダを「隷属」させていたスペインの「暴政」に対する独立戦争（一五七〇－一六〇九年）の間、オランダ人の自己理解――したがってそれは近代オランダ国民の起源である――の根底をなしていた。[5] シャーマは、当時のオランダがユダヤ人を差別していたというはなはだしい矛盾をはっきりと認めている。[6] くわえて、一章まるごと使って、オランダ人の潔癖症という心理学的理由で社会から追い払われなければならなかった同性愛者、ユダヤ人、ジプシー、怠け者、浮浪者、売春婦といった、一連の「アウトサイダー」の犠牲と迫害が論じられている。しかし、この文脈にアフリカ人奴隷は関係がない。[7]

　明らかにシャーマは、オランダを有力な商人資本としてのみ扱うマルクス主義的経済史に辟易している。[8] むしろ彼の研究課題は、文化的因果関係をたどることである。シャーマの検討によれば、「財貨の氾濫」のおかげで富裕になることへの不安は、近代のオランダ人のなかに「贅沢への隷属」が

「自由意志」を脅かすのではないかという、別の種類の奴隷制への恐れをひき起こした。消費への強欲が「自由な魂を卑屈な奴隷に変えてしまう」のではないか、という恐れである[9]。シャーマは「オランダ的特徴」の核心として、世界貿易ではなく家族に焦点を当て、「オランダ人であるということはローカルで、地域に根差し、伝統的で、慣習的であること[10]」だとされた時代のプライヴェートな家庭生活、家族の団欒、豊かな食卓、個人の感情に読者をひきこむ。したがって、奴隷がオランダの家庭生活と無関係ではなかったという事実さえなければ、シャーマを許してしまいたくなるところだろう。シャーマの沈黙は、彼の用いた文書資料の沈黙を反映したものなのだろうか。私にはいずれであるのか述べることはできない[11]。しかし、オランダの視覚文化は、もうひとつの現実の明確な証拠を提供している。フランス・ハルス〔一七世紀オランダの画家〕による一六四八年の絵画には、カンバスの中央におそらく奴隷と思われる黒人の若者が家庭生活の一部として描かれており、ローカルな、地域に根差したオランダの風景のなかの、くつろいで情愛にみちた一家水入らずのオランダ人家族のなかにあって目立っている。図版豊富なシャーマの著書に、このハルスの絵画は登場しない（しかし、オランダ人夫婦だけを風景のなかに描いたハルスの別の絵画は収められている）。それどころか、黒人の図像はまったくみられない[12]。もちろん、シャーマは文章では奴隷に触れていないのだから、奴隷の図版は場違いなのだろう。この学者が教えるのは、ゆきとどいた明察性のなかにも部分的な盲目性があるということであり、これから見ていくように、それは西洋のアカデミックな学問の特徴なのである。

図版 3. フランス・ハルス『オランダ人家族の肖像』(1648 年), ティッセン = ボルミネッサ美術館, マドリード。

三

一六五一年からイギリスは、一連の海戦でオランダを攻撃し、最終的にヨーロッパばかりでなく、奴隷貿易も含むグローバルな経済を支配するようになった[13]。当時、絶対君主制と封建的特権に対するクロムウェルの革命は、オランダの先例にならって、イスラエルの民の奴隷状態からの解放という旧約聖書の物語をメタファーとして使用した。しかし政治理論の領域では、古代の書物からの脱皮がはかられていた。ここでの中心的人物はトマス・ホッブズである。『リヴァイアサン』（一六五一年）は近代の比喩形象と聖書の比喩形象との混合であるが、奴隷制はきわめて世俗的な言葉づかいで論じられている[14]。ホッブズは奴隷制を自然状態における万人の万人に対する戦いの帰結であり、したがって人間の自然的性向に属するものとみなした[15]。ホッブズは、パトロンであったキャヴェンディッシュ卿[10]を通じて、アメリカの植民地のひとつを支配していたヴァージニア会社[11]の事業に関わっており、奴隷制を「権力の論理の不可避な一部[16]」として受け入れている。「市民的で繁栄している国」の住民であっても、ふたたびそうした状態に戻ることがあるかもしれない[17]。ホッブズは正直であり、奴隷制に葛藤しなかった。ジョン・ロックもさらに葛藤がない。ロックの『統治二論』（一六九〇年）第一書、第一章の冒頭の文章は、曖昧なところを残さずつぎのように述べている。「奴隷制が恥ずべき悲惨な人間の状態であり、わが国民の高潔な気質や勇気とはまったく相容れないものであるから、ジェントルマンはもとより、イングランド人がそれを擁護するなどということは到底考えられないことである」〔邦訳二七頁〕。

しかし、「全人類の鎖」に対するロックの憤激は、新世界の、少なくともイギリス植民地におけるプランテーションで、アフリカの黒人が奴隷にされていることに対する抗議ではなかった[18]。むしろ奴隷制は法律上の専制のメタファーであり、政体論をめぐるイギリスの議会討論では一般的に使用されていたのであった。王立アフリカ会社[12]の出資者としてアメリカのキャロライナの植民地政策に関与していたロックは、「明らかにニグロを奴隷にすることを正当な制度とみなしていた」[19]。こうした二重の考え方は、社会契約についての政治的言説が家計をつくりだす経済（オイコス）から切り離されることによって可能であった[20]。イギリス人の自由とは私的財産を保護することであり、奴隷は私的財産であった。奴隷は、家主の司法権のもとにあるかぎり、法によって保護されたのである[21]。

四

半世紀後、私的な家政の利害関係という意味での経済——したがって奴隷を所有する——の古典的理解は、新しいグローバルな現実とはなはだしく矛盾するようになった。砂糖によって、西インド諸島の植民地プランテーションは変化した。資本と労働力の双方を集中させる砂糖の生産はプロト工業的と言うべきもので、アフリカ人奴隷の輸入ははげしく増大し、彼らの労働力搾取は容赦なく強化されたが、それは癖になる甘さの砂糖に対する、飽くことを知らないような新たなヨーロッパの需要を満たすためであった[22]。カリブ海一帯の砂糖ブームをリードしたのはフランス植民地のサン＝ドマング[13]で、一七六七年には六万三〇〇〇トンの砂糖を生産している[23]。砂糖の生産は奴隷に対する無限とも見える需要にもつながり、その数はサン＝ドマングでは一八世紀中に一〇倍にも増加し、五〇〇万人を超えた。フランス国内では、ブルジョワジーの二〇パーセント以上が、奴隷と結びつきのある商業活動に依存していた[24]。フランスの啓蒙思想家が書いていたのは、こうした変容のさなかであった。彼らは土着の植民地住民を高貴な未開人（「新世界」の「インディアン」）という神話で理想化したが、奴隷労働という経済的活力源には関心がなかった[25]。当時、奴隷制廃止運動はいちおう存在していたし、フランスでも〈黒人の友の会〉[14]が行き過ぎた奴隷制を非難してはいたが、人種間の平等を理由とした自由の擁護はむしろ稀であった[26]。

「人間は自由に生まれるが、いたるところで鎖につながれている」。この冒頭の一句ではじまるジャン＝ジャック・ルソー『社会契約論』の初版は一七六二年だった[27]。人間の感情にとっても、理性にとっても、奴隷状態ほど不快な人間の境遇はない。しかしフランス革命の守護の聖人だったルソーですら、制度のことはきびしく非難しながら、何百万人もの現実に存在したヨーロッパ人所有の奴隷のことは意識から締め出していたのである。ルソーの言語道断な不作為は研究によって徹底的にあばか

図版 4. ピーター・レリー『ダイサート伯爵夫人エリザベス』(1650 年ごろ), ハム・ハウス, サリー。17 世紀後半のイギリスでは, 奴隷はファッションの一部で, 上流社会の貴婦人が一家のペットのように連れていた。1756 年の『ロンドン新聞《ロンドン・アドヴァタイザー》』には,「『黒人用, 犬用南京錠, 首輪等の製作うけたまわります』というマシュー・ダイアーの宣伝広告が掲載されている。……イギリスの婦人たちの肖像画には, ペットの羊か, ペットの小型犬か, ペットの黒人のどれかが一緒に収まっていた」(Dabydeen, *Hogarth's Blacks*, 21-23)。オランダ出身のアンソニー・ヴァン・ダイク〔フランドル出身。イタリア, イングランドで活動した画家〕およびピーター・レリー〔イングランドの画家〕による肖像画は, 絵画の新ジャンルの原型で, 果物を供する若い黒人など, その所有者にとっての植民地からの富のシンボルが描かれている。18 世紀イギリスにおける奴隷の存在については, Shyllon, *Black Slaves* および Linebaugh, *London Hanged* も見よ。

図版 5. アンソニー・ヴァン・ダイク『ヘンリエッタ・オブ・ロレーヌ』(1634年), ケンウッド・ハウス。

れてきているが、それも近年になってのことである。カタルーニャ出身の哲学者ルイ・サラ゠モランスは、〈黒人法典（Le Code Noir）〉というレンズを通して見た啓蒙思想の歴史を著わしている（一九八七年）。〈黒人法典〉とは、植民地の黒人奴隷に対して適用されたフランスの法律で、一六八五年に作成されてルイ一四世が署名し、一八四八年まで完全に廃止されることはなかった。サラ゠モランスはこの法律を逐一読み進めてみると、〈黒人法典〉は人間を動産として扱う奴隷制を合法化しているばかりか、奴隷への烙印、拷問、身体の切断、殺害を合法化しており、奴隷の非人間的状態を平然と無視しようとしているという。サラ゠モランスは、このフランスの支配権のもとにあったすべての奴隷に適用された法律に啓蒙主義哲学者の諸テクストを並べて、彼らの奴隷制に対する理論における憤慨と、実践における「見事な」無視とを証明している。サラ゠モランスが憤激するのはもっともである。『社会契約論』において、ルソーはつぎのように論じている。「奴隷制の権利（right）など存在しないのは、それが正しくないからばかりでなく、愚かで無意味だからである。この奴隷制と権利［droit、すなわち法］という両語は矛盾する。両語は互いに相容れない」[28]。サラ゠モランスは、この言明の意義について読者に考えさせている。「ルソーの時代のこの種の慣習のもっとも完璧な例である〈黒人法典〉は、法律ではない。それが述べている権利が権利などではないのは、それが奴隷制という合法化しえないものを合法化せよと主張しているからである」[29]。したがって彼は、ルソーがその著作のなかで〈黒人法典〉に言及していないのはおかしなことだとしている。「ルソーは断固として擁護できないと明言していながら、実際に存在した目に余る一事例についてはまったく注意を向けていない」[30]。サラ＝モランスはこの沈黙について、弁護できる証拠はないかとテクストを精査してみたが、ルソーは疑う余地なく事実を知っていたと判明した。この啓蒙主義の哲学者は同時代の旅行記――コルバンのホッテントットについての記録、ド・テルトゥルのアンティル諸島原住民についての記録――を引用しているが、同じ記述のなかに出てくる戦慄すべきヨーロッパ人による奴隷制について描いたページは明らかに避けているのである。ルソーはいたるところで人類について語っている。しかしアフリカ人は除外している。デンマークに移送されて悲嘆にくれて死んだグリーンランドの人びとについては語っている。しかし西インド諸島に移送され、自殺、反乱、脱走にいたったアフリカ人の悲嘆については語らない。ルソーは、すべての人間は平等であると宣言し、私的所有を不平等の源泉とみなしたが、それに絡めて経済的利益のためのフランスの奴隷制を、平等と所有の双方の主張にとって中心的な問題として一緒に議論することはけっしてない[31]。オランダ共和国とイギリスにおいてと同様、フランス国内においてもアフリカ人奴隷は存在し、使用され、酷使されていた[32]。実際のところ、ルソーが「猿と黒ん坊（négrillon）を同じようにおもしろがっているパリの閨房があること」を知りえなかったはずはない[33]。

サラ＝モランスは、こうした証拠にもかかわらず沈黙するルソーを「人種差別的」であり「胸が悪くなる」と断言している[34]。こうした憤激は、専門家として、その論文において感情的判断を避けるよう訓練された研究者にあっては珍しいことである。道徳的中立性は学問的方法に組み込まれているものであり、依拠する哲学的立場はさまざまであっても、結果として同じ排除がおこなわれる。ルソーを文脈のなかで扱う今日の聡明な歴史家であれば、そこでアナクロニズムという誤りを回避するために、状況を相対化し、当時の道徳観によってルソーのレイシズムを判断する（そして弁護する）ことで、申し分なく専門的な様式に従うことだろう。あるいは、理論を歴史的文脈から完全に抽象化して分析するよう訓練された今日の哲学者であれば、人身攻撃をするという誤りを回避するために、著者自身の意図や個人的限界を超越した普遍性をルソーの著作に与えるだろう。いずれの場合も、厄介な事実を黙って見えないようにすることができる。とはいえ、同時代の総合的な歴史のなかでは厄介な事実が見えてくる。そこでそうした事実が言及されないわけにいかないのは、啓蒙主義の理論が実践に移されたとき、政治的革命の実行者たちも奴隷制という経済的事実につまずき、避けられない自分自身の矛盾を認めざるをえなかったからである。

五

イギリスからの独立闘争を戦っていたアメリカ植民地の革命家たちは、自分たちの目的のためにロックの政治的言説を動員した。奴隷制のメタファーは彼らの闘争においても中心的なものであったが、意味を新たにしている。「同意なしに酷使される者が文字どおり奴隷であるのは、彼らが抑圧に抵抗する力を失っているからであり、そして無防備は必ずや暴政につながるものだからである、とアメリカ人は心から信じていた」[35]。奴隷所有者としてのアメリカの植民者たちは、自然法理論の自由を引き合いに出すにあたって「甚だしい非一貫性」につきあたった[36]。ベンジャミン・ラッシュ〔アメリカ合衆国建国の父のひとり〕のように自分たちの不誠実さを認めたり[37]、トマス・ジェファーソン〔第三代アメリカ合衆国大統領〕のようにイギリス人の黒人奴隷所有を非難する者もいたし[38]、奴隷たち自身も自分たちの解放を嘆願し[39]、法律で奴隷制を禁じた個々の州もいくつかはあったが[40]、自由という理念によってうち建てられた新しい国家は「甚だしい非一貫性」を許容し、奴隷制を合衆国憲法に書きこんだのである。

フランスの百科全書派、ドゥニ・ディドロは、合衆国の革命家たちを、「自分たちをつなぐ鎖を焼き払い」、「奴隷制を拒絶した」と感嘆した[41]。しかし、政治的言説と社会制度との区別を維持することを多少なりとも可能にしていたのが合衆国の自由のための闘争の植民地的性格だとすると、十数年後のフランス革命の場合では、フランス国内の革命の展開と海外のフランス植民地の展開とのあいだの根本的矛盾に直面して、奴隷制の多様な意味は絶望的なまでにこんがらがってしまった。数年にもおよぶ流血の惨事のすえ、フランス植民地において奴隷制――たんなるメタファーとしての類比ではなく、現実に存在する奴隷制――が廃止されるが、そのときも得られたのは一時的なものでしかなかった。奴隷制の廃止は普遍的自由という理念の唯一可能な論理的帰結であったが、それは革命的理念によって実現したのではないし、フランス人の革命的行動によって実現したものですらなかった。それは奴隷たち自身の行動によって実現したのである。この闘争の中心地は、サン＝ドマングの植民地であった。一七九一年、フランス国内のもっとも熱心な奴隷制反対論者ですら〔奴隷制の即時廃止に〕

二の足を踏んでいたころ、フランスのみならず植民地世界全体でも最富裕のコロニーであったサン＝ドマングで、五〇万人もの奴隷たちが嘆願というかたちではなく、暴力による組織的反乱によって自由のための闘争に立ち上がった[42]。一七九四年、サン＝ドマングの武装した黒人たちは、同島の奴隷制廃止（フランス植民地の二人の弁務官、レジェ＝フェリシテ・ソントナ〔15〕とエティエンヌ・ポルヴェレル〔16〕によって独自に宣言されていた）という既成事実を認め、廃止をフランス植民地全体にひろげるようフランス共和国に迫った[43]。一七九四年から一八〇〇年にかけて、かつての奴隷たちは自由人として、サン＝ドマングの土地を所有する白人およびムラート〔白人と黒人の混血第一世代〕の入植者の多くが期待した奴隷制の再開を目論むイギリス軍の侵入と戦った[44]。トゥサン・ルヴェルチュールの指揮する黒人軍がイギリス軍を戦闘で打ち破ったことで、イギリス国内の奴隷制廃止運動は強まり、一八〇七年の奴隷貿易停止のお膳立てをすることになる[45]。一八〇一年、元奴隷にしていまやサン＝ドマングの統治者となったトゥサン・ルヴェルチュールは、パリの政府が奴隷制廃止を撤回しようとしているのではないかと訝しんだ[46]。そこで彼は、依然として共和国に忠誠を誓ってはいたが[47]、植民地の憲法を起草した。それは、その種の文書としては世界に先駆けたものであった。それは、民主主義を前提にしてはいないとしても、市民権の定義にすべての人種を含めたという点においてたしかに先駆的であった[48]。一八〇二年、もちろんナポレオンは奴隷制と〈黒人法典〉の復活に動き、トゥサンは拘束されてフランスに移送され、一八〇三年にフランスで獄死した。ナポレオンはシャルル・ルクレール〔17〕を指揮官としたフランス軍を植民地鎮圧のために送り、黒人住民に対して「大量虐殺に等しい」容赦ない戦闘をおこなったので[49]、サン＝ドマングの黒人市民はふたたび武器を取ることになるが、黒人市民の示した脅威については、ルクレール自身がつぎのように述べている。「トゥサンを排除しただけでは十分ではありません。排除しなければならないリーダーは二〇〇〇人もいます」[50]。一八〇四年一月一日、新たに黒人軍のリーダーとなった奴隷出身のジャン＝ジャック・デサリーヌ[18]は、フランスからの独立を宣言する最終措置をとり、こうして奴隷制の終焉と植民地という地位の終焉を同時に迎えることになった。〈自由か、しからずんば死か〉[51]（この言葉は、フランス国旗から白の縞を取り除いた赤と青の旗に記された）という旗幟のもと、デサリーヌはフランス軍を打ち破って白人住民を駆逐し、一八〇五年、「黒人」市民の独立した立憲国家を、つまりナポレオン自身の国を模倣した「帝国」を建国して、アラワク語〔西インド諸島先住民の語族の名称〕での呼び名をとってハイチと名付けた[52]。この出来事は、奴隷と植民地の完全な自由の先駆けとなる先例のないものであった。「はじめて奴隷社会は、支配階級を打破することに成功したのである[53]」。

サン＝ドマングのアフリカ人奴隷の自己解放は、彼ら自身の手により力づくでヨーロッパとアメリカの白人の承認――恐怖というかたちにすぎないとしても――を勝ちとった。この出来事は、平等主義的共感を持つ者のあいだからも尊敬を獲得した。サン＝ドマングのブラック・ジャコバンたちは、白人の暴力的排除という普遍主義的原理からの意図的な後退を示す以前のほぼ一〇年間は、人間的自由という啓蒙主義のゴールの積極的実現という点において首都のパリを追い越していた。それは、フランス革命の意味が、たんなるヨーロッパ的な現象ではなく、世界史的なものであったという証拠を与えているようであった。[54] 植民地の出来事をヨーロッパ史の周縁に位置づけるという別のナラティヴにわれわれが馴れてしまっているとしたら、重大な誤解をしていることになる。サン＝ドマングの出来事は、フランス革命とその余波の現実から何らかの理解を得ようとする今日の試みにとって中心となるものである。[55] 私たちは、この観点から事実を知る必要がある。

六

奴隷制廃止の論理的展開を、同時代に生きていたヨーロッパ人の意識の進展という観点から考察してみよう。フランス革命の推進者たちは、最初から、自分たちのふるまいを封建主義の不公正という「奴隷制」から人びとを自由にする解放運動であると考えていた。一七八九年には、〈自由に生きるか死か〉とか〈奴隷であるよりは死を〉というスローガンが普及しており、《ラ・マルセイエーズ》はこの意味で「古い奴隷制」を糾弾している。[56] これは、たんに特定の支配者の暴政に対する革命であるのみならず、人間的自由という一般的原則を侵害する過去の伝統すべての暴政に対する革命であった。ドイツの政治記者ヨハン・ヴィルヘルム・フォン・アルヘンホルツ（彼のことは後でふたたび取り上げる）は、一七八九年夏のパリでの出来事についての報告で、いつものジャーナリスト的中立性を失って讃嘆している。フランス「国民（Volk）」は、「自分たちの鎖にキスすることに慣れ親しんでいたものだが……、きわめて短時間で、その巨大な鎖をすべて大胆な一撃で破壊し、かつてのローマ人やギリシア人よりも、そして今日のアメリカ人やイギリス人よりも自由になった[57]」。

しかし、フランスの人口のあれほど大きな部分を支えた富の源泉である植民地はどうだったか。一七八九年の出来事に対する反動においては自由の意味が危険にさらされていたが、それは他のどこよりも、王冠の宝石といわれた都市サン＝ドマングにおいてそうであった。入植者たちは、サン＝ドマングのクレオール農園主の一部が強く主張したように、アメリカ人とその反乱を真似たのだろうか。あるいは入植者たちは、フランス市民として、友愛をもっていっしょに「自由」を宣言したのだろうか。かりに後者であったとしても、誰が市民に含まれるべきだとされたのだろうか。いかにも、それは財産の所有者である[58]。しかし、白人だけだろうか。推定では、サン＝ドマングの耕作地の三分の一はムラートが所有していた[59]。ムラートたちも含まれるはずではないのだろうか。ムラートだけでなく、自由人の黒人も含まれるはずではないか。フランスの市民であるためには、財産あるいは人種がリトマス試験にかけられるのだろうか。もしアフリカ人たちが原則的に市民に含まれえたとしたら——すなわち、もし〈黒人法典〉の根底にある暗黙の人種差別主義的前提が妥当ではないとしたら、黒人の奴隷化が継続して合法とされたことはどう正当化しうるのだろうか[60]。そして、もしそれが正当化しえないものだとすれば、どのように植民地体制は維持できるのだろうか。自由の論理を植民地において展開させていくと、フランスのブルジョワジーのかなりの部分を支えた奴隷経済の制度的枠組み全体を明るみに出さざるをえなくなる。もちろん、フランス革命とはブルジョワジーの革命であった[61]。し

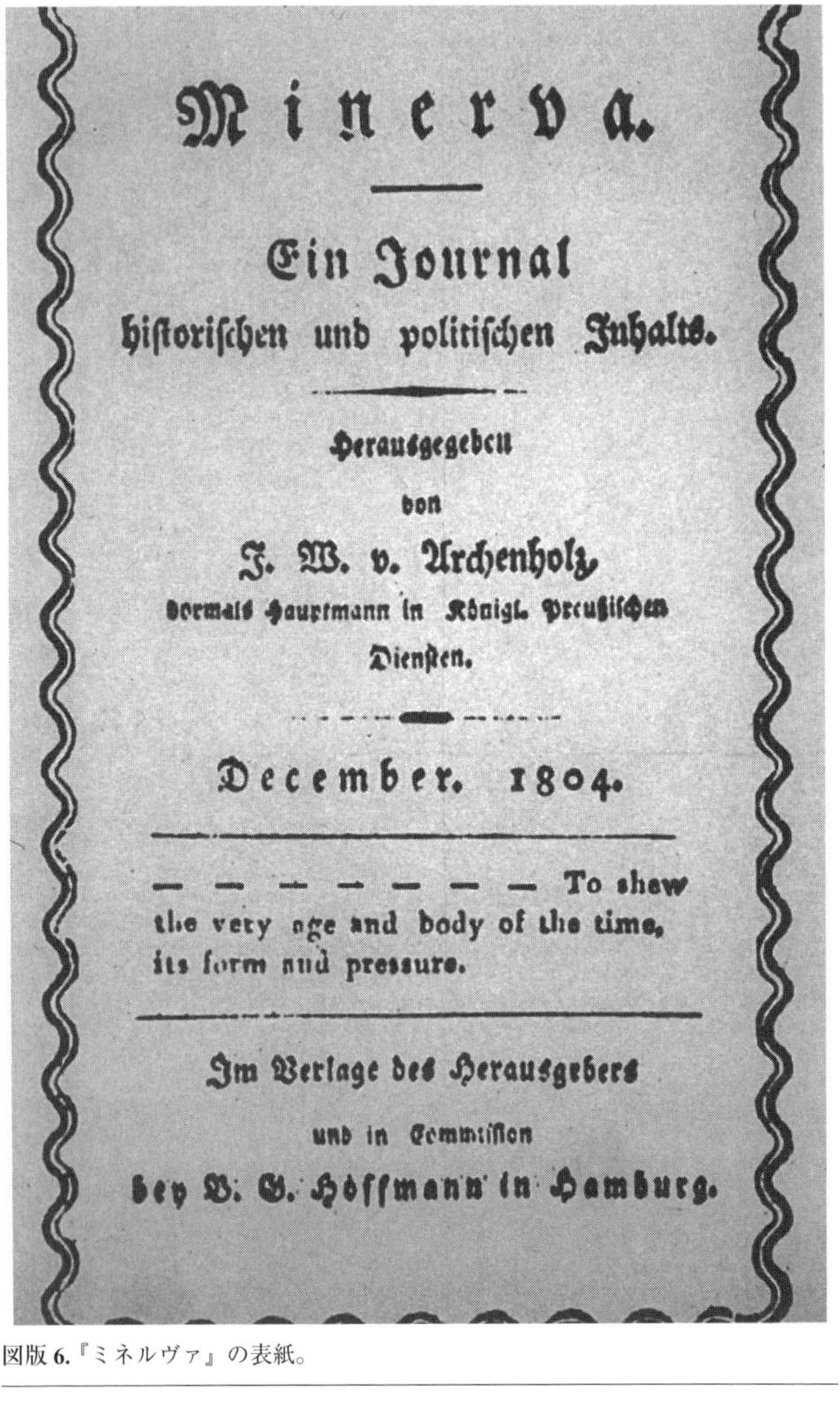
Minerva.

Ein Journal
historischen und politischen Inhalts.

Herausgegeben
von
J. W. v. Archenholz
vormals Hauptmann in Königl. Preußischen
Diensten.

December. 1804.

— — — — — — — To shew
the very age and body of the time,
its form and pressure.

Im Verlage des Herausgebers
und in Commission
bey B. G. Hoffmann in Hamburg.

図版 **6.**『ミネルヴァ』の表紙。

かも、フランス人が自分自身を解釈する普遍的な言語においては、自由の論理だけが彼らの革命に正当性を与えたのだった。

ハイチ革命はフランスの啓蒙の理念にとっての厳しい試練であった。そしてブルジョワ読書界に属するヨーロッパ人はみな、そのことを知っていた。[62]「いまや世界の眼はサン゠ドマングに注がれている」。[63]一八〇四年に出版された『ミネルヴァ』のある記事は、このようにはじまる。この『ミネルヴァ』という雑誌を創刊したのはアルヘンホルツという人物で、彼はフランス革命をその初期から取材し、一七九二年以来、サン゠ドマングの革命について報道していた。[64]『ミネルヴァ』が一八〇四年秋から一八〇五年末までの一年にわたって刊行した総ページ数は一〇〇ページを超えるが、そのなかであのフランス植民地における独立闘争――〈自由か、しからずんば死か!〉という旗を掲げていた[65]――の最終局面ばかりでなく、過去一〇年にわたる経過も、出典資料、ニュースの概要、目撃証言をまじえて読者に伝えている。アルヘンホルツはこの革命における暴力について批判的であったが(首都パリにおけるジャコバンのテロルと同じ扱いである)、トゥサン・ルヴェルチュールについては高く評価しており、トゥサンの人格、統率力、人間性を最大級に称賛したイギリス軍将校、マーカス・レインズフォードによる当時最新の原稿からの一章をドイツ語に訳して、一連の刊行物のなかで紹介している。[66]

アルヘンホルツの雑誌は英語やフランス語の出典から多くの題材をとっているため、その説明はヨーロッパの読書界に伝えられていた幅広いニュースを反映しているものであったし、また『ミネル

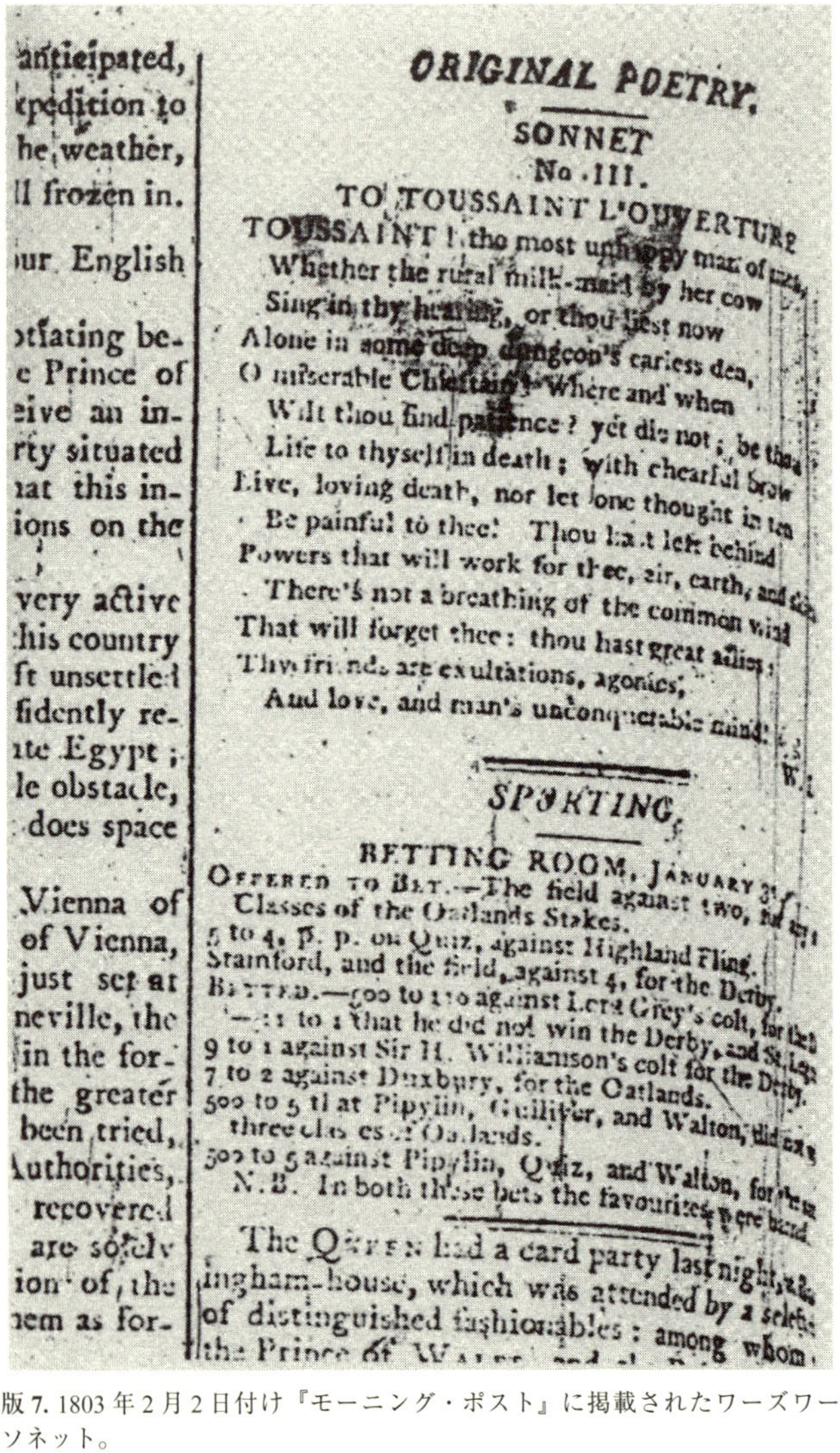

anticipated,
xpedition to
he weather,
ll frozen in.

our English

otiating be-
e Prince of
eive an in-
rty situated
hat this in-
ions on the

very active
this country
ft unsettled
fidently re-
ate Egypt;
le obstacle,
does space

Vienna of
of Vienna,
just set at
neville, the
in the for-
the greater
been tried,
Authorities,
recovered
are solely
ion of, the
hem as for-

ORIGINAL POETRY.

SONNET
No. III.
TO TOUSSAINT L'OUVERTURE.

TOUSSAINT! the most unhappy man of men!
Whether the rural milk-maid by her cow
Sing in thy hearing, or thou liest now
Alone in some deep dungeon's earless den,
O miserable Chieftain! where and when
Wilt thou find patience? yet die not; be thou
Life to thyself in death; with chearful brow
Live, loving death, nor let one thought in ten
Be painful to thee! Thou hast left behind
Powers that will work for thee, air, earth, and skies;
There's not a breathing of the common wind
That will forget thee: thou hast great allies;
Thy friends are exultations, agonies,
And love, and man's unconquerable mind.

W.

SPORTING.

BETTING ROOM, JANUARY 31.

OFFERED TO BET.—The field against two, for the
Classes of the Oatlands Stakes.
5 to 4, p. p. on Quiz, against Highland Fling.
Stamford, and the field, against 4, for the Derby.
BETTED.—500 to 100 against Lord Grey's colt, for the
—11 to 1 that he did not win the Derby, and St. Leger.
9 to 1 against Sir H. Williamson's colt for the Derby.
7 to 2 against Duxbury, for the Oatlands.
500 to 5 that Pipylin, Gulliver, and Walton, did not
three classes of Oatlands.
500 to 5 against Pipylin, Quiz, and Walton, for the
N.B. In both these bets the favourites were

The QUEEN had a card party last night at
ingham-house, which was attended by a select
of distinguished fashionables: among whom
the Prince of Wales

図版 7. 1803 年 2 月 2 日付け『モーニング・ポスト』に掲載されたワーズワースのソネット。

ヴァ』の記事が逆に「無数の新聞」で取り上げられてもいる（知的所有権の制限にもかかわらず、これほどコスモポリタン的で開かれたコミュニケーションがおこなわれた状況は、おそらく最近のインターネット時代までそれに匹敵するものはなかっただろう）[67]。一八〇三年以後、フランスの出版物には検閲がかけられたが[68]、イギリス（それに合衆国とポーランド[69]）の新聞や雑誌——とりわけ『エディンバラ・レヴュー』[19]——はサン＝ドマングにおける最後の革命闘争にまつわる出来事を強調して伝えた[70]。ウィリアム・ワーズワースは、一八〇三年二月の『モーニング・ポスト』[20]において「トゥサン・ルヴェルチュールに」と題されたソネットを公表し、フランス植民地における〈黒人法典〉の復活を嘆いている[71]。

　ドイツ語の出版物のなかで、『ミネルヴァ』の報道は異例であった。『ミネルヴァ』はすでに創刊から二年後の一七九四年には、政治雑誌のなかでは最良のメディアであるとの評価を確立していた。同誌は無党派的で客観的であることに努め、事実にもとづき、「われらが子孫たち［にとって］……教訓的」となるような「歴史的真実」を伝えることをめざしていた[72]。同誌の（英語による！）モットーによれば、その目標は、「各時代の年齢と身体の、その姿と窮状とを示す」〔シェイクスピア『ハムレット』第三幕二場より〕ことであった[73]。一七九八年には、その発行部数は三〇〇〇部であったが（私たちの時代の知的に真摯な雑誌としても、これはかなりの数である）、一八〇九年までにその数は二倍になっていたと推測されている。アルヘンホルツの伝記作家の言葉によれば、『ミネルヴァ』は、レギュラー執筆者（それぞれが著名人であった）による記事の内容の質においても、ドイツにおけるきわめて影響力のある人物を含む読者の質においても、「世紀転換期のもっとも重要な政治雑誌」であった[74]。プロイセン国王フリードリヒ・ヴィルヘルム三世は「『ミネルヴァ』を定期講読していた[75]」。ゲーテも、シラーも『ミネルヴァ』を読んでいたし（シラーはアルヘンホルツと文通している[76]）、同じくクロップシュトック〔ドイツの詩人〕（同誌に寄稿している）、シェリング、ラファイエットも読んでいた。そして、もう隠しておく必要もないであろう。『ミネルヴァ』のもうひとりの定期的読者とは、公刊されている書簡から知られているように、哲学者ゲオルク・ヴィルヘルム・フリードリヒ・ヘーゲルであった[77]。

七

「支配と隷属との関係についてのヘーゲルのアイデアはどこからきたのだろうか」と、ヘーゲルの専門家たちは主と奴との「生死をめぐる闘争」という有名なメタファーを指してくり返し問うている。ヘーゲルにとって世界史における自由の解明の鍵となるこのメタファーをはじめて詳しく論述した『精神現象学』が書かれたのはイェーナ時代の一八〇五―六年（ハイチ国家が誕生した年）、出版されたのは一八〇七年（イギリスが奴隷貿易を廃止した年）であった。主と奴の弁証法はどこからきたのだろうか。ドイツ哲学の思想史家たちは、その答えを探すのにひとつの場所しか知らない。すなわち、他の知識人たちの著作である。ジョージ・アームストロング・ケリーによれば、「支配と隷属という問題は基本的にプラトン的である」[78]が、出所はフィヒテだろうという。ジュディス・シュクラーは、ヘーゲルの議論をアリストテレスに接続するというよくある方法をとっている。オットー・ペゲラー――ドイツのヘーゲル研究者でこれ以上に声価を集める人物はいない――は、このメタファーは古代に由来するものですらなく、完全に「抽象的」な例であるという。[79]ヘーゲルとハイチを実際に結びつけたのは、たった一人の研究者、ピエール＝フランクラン・タヴァレのみで、彼の主張はヘーゲルがフランスの奴隷制廃止論者のグレゴワール神父を読んでいたという証拠にもとづいている。[80]（一九九〇年代初頭に書かれた彼の論文は、私の知るかぎりヘーゲル研究の主流派からは徹底的に無視されている。）しかしタヴァレですらも、扱っているのは主と奴の弁証法を構想しおえた後の後期ヘーゲルである。[81]主と奴の弁証法というアイデアは、ヘーゲルが一八〇三－五年にイェーナで読んでいた報道――雑誌や新聞――に由来するとあえて提唱する者はいなかった。にもかかわらず、その同じヘーゲルが、まさに主と奴の弁証法をはじめて構想したイェーナ時代に、以下のメモを残している。「朝一番に新聞を読むことは、近代人の朝の祈りである。人は［あるときは］世俗に背を向け、神のほうをみて自分の態度を定め、［またあるときは］世俗のありようをみて自分の態度を定める。前者も、後者も、自分の立脚点を確認するという点で与えられる安心は同じである」[82]。

私たちには二つの選択肢しか残されていない。ヘーゲルは、ただでさえ盲目なヨーロッパ啓蒙主義の自由についての哲学者のなかでももっとも盲目な者であり、すぐ目の前の現実（朝食のテーブルにつくと目の前にある新聞）を視界から追いやる能力にかけてはロックやルソーをはるかに凌いでいたのか。それともヘーゲルは知っていた、すなわち現実の主人に対する革命に成功した現実の奴隷について知っており、その同時代の文脈を意識して主と奴の弁証法を詳述したのか[83]。

ミシェル゠ロルフ・トゥルイヨは、その重要な著作『沈黙させられた過去』において、ハイチ革命は「まさにそれが起こったことすら想像できないほど特異な性格のものとして歴史に書きこまれた」と書いている。もちろん、多くの同時代人には既成のカテゴリーのために「進行中の革命をそれ自身の観点から理解する」能力が欠けていたということを、彼が強調しているのは正しい[84]。しかし、ハイチ史に関するかぎり、二つの沈黙、すなわち過去のそれと現在のそれとを混同することは危険である。というのも、一八世紀の男女が「人間の根本的平等」を「今日多くの人がする」ように人種を越えて考えていたのではないにしても、少なくとも彼らは何が起こっていたのか知っていたからである。今日、ハイチの奴隷革命はますます想像可能なものとなったかもしれないが、過去についての知識を相続してきた学問的言説の構造のために、ますます不可視になっているのである[85]。

一八世紀のヨーロッパ人がハイチ革命について考えつづけたのは、まさにそれがヨーロッパ人の多くの先入見のうちにあるレイシズムに対する挑戦だったからであった。必ずしも奴隷革命の支持者でなくとも、それが政治的言説に与えた重要な意義を認識することができた[86]。「革命の時代においてすら、当時の人たちはハイチの建国を何か法外なものと認識していた[87]」。しかもその反対者すら、この「注目すべき出来事」を「哲学者が考察するに値する」ものと考えていた[88]。マーカス・レインズフォードは、ハイチ革命の原因は自由の「革命的精神」であると一八〇五年に記している[89]。この精神が燃え移り、人種間ばかりでなく、奴隷と自由人とのあいだをも越えうるという事実こそがまさに、自由への欲求は真に普遍的であり、世界史的出来事であり、そればかりかパラダイムを切り開く範例であると論じることを、「自然本性」の抽象的存在論に逆戻りすることなく、可能にしたのである。ヘーゲルは『精神現象学』を書く前から、〈人倫〉という観点で相互承認というテーマに取り組んでいた。つまり、それは、社会に反抗する犯罪者であり、あるいは宗教的共同体の相互関係であり、個人的な情動であった。しかしいまや、まだ三十代前半にすぎなかったこの若き講師は大胆にもさらに進んで、これらの初期の表現（確立した哲学的言説にとってはいっそう受け入れやすいものであった）を捨て去り、自分の著作の中心的メタファーとして、（ホッブズからルソーにいたるそれ以前の哲学者が用いていた）〈何らかの神話的な自然状態〉ではなく、奴隷対主人という表現を用いはじめた。このようにして彼は現在を、すなわち見えないインクのように取り巻く歴史的現実をテクストのなかに持ち込むのである。

八

ヘーゲルの主と奴の弁証法についてより詳細に検討し、その顕著な特徴についてまとめてみよう。（『精神現象学』における関連のくだりだけでなく、その直前の一八〇三−六年、イェーナ時代のテクストも引き合いに出すことにしたい[90]。）

ヘーゲルは主の立場について、政治的かつ経済的な観点の双方から考えている。『人倫の体系』（一八〇三年）によれば、「主は一般的に物理的必需品を過剰に所有する立場にあり、もう一方［奴隷］はそれの欠如にある」[91]。一見したところ、主の境遇は「独立しており、その本質的性質は自力で存在するということである」。奴の境遇である「もう一方」は、「依存的で、その本質的性質は他方のための生命あるいは生存である」[92]。奴の特徴は、人として承認されていないということである。彼は「物」とみなされている。それこそが〈黒人法典〉における奴隷の法的位置づけの本質であったように、「物であること」は奴隷意識の本質である[93]。しかし弁証法が展開すると、主人の見かけの優位性は、じつはまったく奴に依存しているのだと気づくことによって逆転される。ヘーゲルの分析が記述として妥当かどうかをみるには、主という形象を集合的に考えるだけでよい。奴を所有する階級は、その富を構成する「過剰性」を保つために、むしろ完全に奴隷制度に依存している。したがって、この階級はその自身の現実存在を消滅させることなしには、歴史的進歩の行為主体となることができない[94]。しかし一方で、奴隷（いまいちど、形象を集合的に考えてみよう）は、自分たちが物や対象ではなく、物質的自然を加工する主体であると表明することによって自己意識に到達する[95]。ヘーゲルのテクストは、叙述をリアルにしなくてはならないこの地点において、曖昧になり、沈黙に落ち込んでいる[96]。しかし、『精神現象学』に文脈を提供している歴史的出来事を考えれば、それが指示していることは明白である。かつて奴隷制に黙従していた人びとが自分たちの人間性を表明するのは、服従にとどまるのではなく、死の危険を冒そうとするときである。[97] 彼らを物としてしか認めない法（〈黒人法典〉！）は、もはや拘束力があるとはみなされえない。[98] ヘーゲルによれば、最初に自由より生命を、つまり自由よりたんなる自己保存を選択したことによって、自由が欠如していたのは奴隷自身に責任があったが、今はそうではない。[99]『精神現象学』においてヘーゲルが強調しているのは、奴隷にとって自由は上から与えられるものではありえないということである。奴隷の自己解放は「命がけの試み」を必要としている。つまり、「自由が獲得されるのは、生命を危険に曝すことによってのみである。……自分の生命を賭することのなかった個人は、疑いなく人としては認められるだろうが［奴隷制廃止論者の話題である！］、独立した自己意識として承認されるという真理には達していない」[100]。奴隷制からのこの解放という目標は、代わりに主を服従させることではありえない。それは、主の「実存的袋小路」[101]を反復するにすぎないことになるからである。むしろ目標は、奴隷制度そのものをまるごと廃絶することでしかありえない。

　主と奴の弁証法はこれほど簡単に解釈することができるが、それほど簡単だとすると、なぜこのヘーゲルとハイチというトピックが長いあいだ無視されてきたのかは不思議である。ヘーゲル研究者たちはこの疑問に答えられなかった、というだけではない。ヘーゲル研究者たちは二〇〇年にもわたって、それを問うことさえしなかったのである。[102]

九

こうした不作為の主な理由が、ヘーゲル弁証法の社会的解釈をマルクス主義が横領してきたことにあるのはたしかである。一八四〇年代以来、初期マルクスの著作とともに、主と奴の闘争は文字どおりの参照項から抽象化され、ふたたびメタファーとして、すなわち今度は階級闘争のメタファーとして読まれるようになった。二〇世紀になると、このヘーゲル主義的 - マルクス主義者の解釈に強力な提唱者が現われ、そのなかにはジェルジ・ルカーチ、ヘルベルト・マルクーゼのほか、『精神現象学』についての講義においてマルクス主義的眼鏡を通してヘーゲルのテクストのすぐれた再読解をおこなったアレクサンドル・コジェーヴがいた[103]。問題は、あらゆる読者のなかでもとりわけ（白人）マルクス主義者たちが、段階論的歴史理解によって、奴隷制はいかに同時代的問題であろうとも前近代的制度であるとし、その物語から追い出し、過去のものとしたために、現実の奴隷制をほとんど重要だとは考えようとしなかったことである[104]。しかし、このマルクス主義者たちの解釈は、ヘーゲルが語っているのは自足的ヨーロッパの物語で、そこでの「奴隷制」とははるか昔に置き去られた古代地中海世界の制度であると仮定した場合にのみ、わずかに可能性がでてくるだけである。わずかにといったのは、ヨーロッパ自身の内部でも、一八〇六年にはまだ年季型奴隷および農奴が消滅しておらず、事実上の奴隷制は許されるのかどうか、関連諸法についてまだ議論されていたからである[105]。

目的論的漸進としての歴史という観念のせいだけだとしても、公式のマルクス主義にはレイシズムの要素が秘められている。それは、ジャマイカ生まれのエリック・ウィリアムズが『資本主義と奴隷制』(一九四四年)で述べた、プランテーションの奴隷制は資本主義的搾取という典型的な近代的制度であったというマルクスに影響を受けたテーゼ――さらにトリニダード生まれのマルクス主義的歴史家、C・L・R・ジェームズが『ブラック・ジャコバン』において支持したテーゼ――に、(白人)マルクス主義者が反対するようなときに明らかになる[106]。ヘーゲル研究という分野についていえば、ルートヴィヒ・ジープなどは、階級闘争という観点からのマルクス主義的ヘーゲル解釈はアナクロニズムであると、もっともな批判をしてきた。しかし哲学者たちの結論は、社会的文脈において眺めることに完全に背を向ける傾向にある[107]。たしかに、ヘーゲルを階級闘争で解釈することはアナクロニズムである。だがそれなら、ヘーゲルと同時代の歴史的出来事に目を向けるよう読者を導くべきだったし、社会的解釈をすっかり投げ出させるようにすべきではなかった。

とはいえ、マルクス主義的傾向の研究は、二〇世紀まではまったく過小評価されていたヘーゲルの関心の全体像を明らかにしている。すなわち、ヘーゲルは一八〇三年にアダム・スミスの『諸国民の富』を読み、それによって近代的エコノミーとしての市民社会(“die bürgerliche Gesellschaft”)、ブルジョワ的交換という活動によってつくられた社会についての理解を抱くようになったという事実である。しかし、マルクス主義者たちは、ヘーゲルが分業の議論においてスミスのピン工場の例を引用しているのをみて興奮したかもしれないが（それは主と奴の弁証法というモデルに適合するものではまったくない！）、スミスが『諸国民の富』で近代の奴隷制について経済学的議論もおこなっていることについては触れてこなかった。[108]

ヘーゲルの政治についての理解は、フランス革命という事件が過去との決定的断絶をもたらしたという解釈にもとづく近代的なものであり、『精神現象学』において名前こそ挙げていないが、フランス革命を参照しているということは長らく認められてきた。[109] アダム・スミスの経済理論を採用していることと、フランス革命を政治のモデルとして採用していること。へーゲルは、なぜその二つの意味でだけ近代主義者でなければならないのだろうか。そのうえ、奴隷制に関してはというと、ヘーゲルの時代のもっとも熱い社会問題であり、植民地中で奴隷の反乱が起こり、そのうちで最富裕の植民地においては奴隷革命に成功したとなれば、とにもかくにもアリストテレスに拘泥しつづけることを、なぜへーゲルがすべきだというのだろうか。いや、どうしたらそんなことができたのだろう。[110]

へーゲルが現実の奴隷とその革命闘争について知っていたことは、疑いようがない。へーゲルは、おそらく彼の仕事のもっとも政治的な表現のなかで、ハイチのセンセーショナルな出来事を『精神現象学』の議論における要諦として用いたのである。[111] カリブ海の奴隷たちの主人に対する革命が実際に起こり、成功したことは、承認の弁証法的論理が世界史の主題として、つまり自由の普遍的実現という物語として可視的になる瞬間である。歴史を起こったとおりに報道する『ミネルヴァ』の編集者アルヘンホルツ自身は、それを誌上で示唆しなかったとしても、長く同誌の読者であったへーゲルにはそれを展望する能力があった。理論と現実はこの歴史的瞬間にひとつになった。あるいはヘーゲルの言葉でいえば、理性的なもの——自由——が現実的になった。ここがヘーゲルの議論のオリジナリティを理解するための決定的論点である。そこにおいて哲学はアカデミックな理論の限界を飛び出して、世界史へのコメンタリーとなった。

一〇

探究すべきことはたくさんあるだろう。ヘーゲルの他のテクストも、ハイチとの関係を念頭において読まれなければならない[112]。たとえば、ヘーゲルが『精神現象学』で骨相学という擬似科学を批判した箇所は、当時すでにはじまっていた生物学的レイシズムの批判と受けとるなら、異なった重要性を帯びてくる[113]。同様に『哲学入門』（一八〇三‐一三年）におけるロビンソン・クルーソーへの言及で、ヘーゲルはこの「自然状態」——難破してカリブ海の島に漂着した——にある人間の原型と、その奴隷であるフライデーとを対《つい》にして考えることを強調している。これは暗にホッブズの個人主義的な自然状態論の批判である[114]。ヘーゲルの最初の法哲学講義（ハイデルベルク、一八一七‐一八年）には、現在完全なかたちで読める一節がある。それは、奴隷の自己解放という決定的論点ではじまる。「たとえ私が奴隷［Sklave］に生まれ、主人によって養育されたとしても、そして私の両親も祖先もみな奴隷だったとしても、自分の自由について意識するとき、私がそれを意志するという点において、なお私は自由である。私の意志の人格と自由は、私自身の、私の人格の本質的部分である」[115]。

ヘーゲルは続けて言う。たとえ自由とは所有権を持つことだとしても、他の人間を所有することは除外される。「そして、かりに私が誰かを鞭打たせたとしても、それが人格の自由を損なうことはない」[116]。ヘーゲルがここで近代の奴隷制について語っているのは明らかであり、さらに人間の自由の意識とは、思考においてばかりでなく現実世界においても自由になるよう要求しているのも明らかである。ヘーゲルがベルリンでの初年度（一八一八－一九年）におこなった新しい法哲学講義では、奴隷解放と自由の歴史的実現とを明確に結びつけている。「人間が自由になるということは、自由な世界の一部である。奴隷制［Sklaverei］が存在しないということは、人倫の要求［die sittliche Forderung］である。こうした要求は、人間のあるべき姿が、人間が自分自身のものとする外的世界として現われる場合にのみ達成される」[117]。これら一連の講義の編者は、ヘーゲルが「驚くほど頻繁に奴隷について語っている」と一九八三年に注記しているが[118]、私たちは彼らの戸惑いを共有できないだろう。さらに私たちは、ヘーゲルがのちの「主観的精神の哲学」のなかで、名前を挙げてハイチ革命に言及していることも裏づけと考えたい（これについてもほとんど注目されてこなかった[119]）。

ヘーゲルがその時代のラディカルなフリーメイソンとつながっていた、というフランスの哲学者ジャック・ドントの主張を再考してみることも新たな知見を開くだろう。というのも、フリーメイソンは私たちの物語のいたるところに顔をのぞかせているからである[120]。『ミネルヴァ』の編集者アルヘンホルツがフリーメイソンであったばかりか、同誌の定期的な寄稿者コンラート・エンゲルベルト・エルスナー（ヘーゲルと一七九四年に会っている）や、ゲオルク・フォルスター〔22〕（ヘーゲルは彼の著作に注目していた）のほかにも、ヘーゲルと知的交流のあった多くの者のなかにフリーメイソンがいた[121]。ハイチ独立の歴史について著作を著わし、そのうちの一章が翻訳されて一八〇五年に『ミネルヴァ』に掲載されている、イギリス軍の将校レインズフォードもフリーメイソンであった[122]。それどころか、フリーメイソンはサン＝ドマングの蜂起における決定的要素であった（この点についてドントの説明は沈黙している）。

白人植民者の子どもである「ムラート」たちが、（ときに正式な妻となった母親とともに）フランスに連れ帰られ、教育を受けることは珍しいことではなかった。フランスのラディカルなフリーメイソンたちの人類平等主義的ロッジ〔フリーメイソンの支部〕は、人種、宗教、さらには性による差別が少なくとも束の間は克服されることが可能であったかのような空間だった[123]。ソントナとともにサン＝ドマングの行政官ポストを務め、同時に一七九三年には同植民地内での奴隷制廃止宣言の共同責任者でもあった人物であるポルヴェレルは、一七七〇年代にボルドーにいたときからフリーメイソンであった[124]。その時代、奴隷貿易都市だったその港町には、のちにサン＝ドマングの反乱の主導者となる若いムラートが驚くほどいた[125]。そのなかの二人、ヴァンサン・オジェとジュリアン・レーモンは、フランスで法律家としての教育を受け、フランス革命の最初の年にムラートの権利を申し立てている。それが成功しなかったため、彼らはまったく異なった方向へと進むことになる。オジェは〈黒人の友の会〉の支援と、おそらくロンドンとフィラデルフィアのフリーメイソンや奴隷制廃止論者の人脈の支援を受け、一七九〇年、自由民のムラートの市民権を求める反乱を指揮するために植民地へと戻る。失敗した彼は拷問にかけられ、翌年、植民地裁判所で死刑となった(126)。レーモンは、一七九六年、フランス政府から植民地行政官に任じられ、最初はソントナの側近として働くが、のちにトゥサンの側近として一八〇一年憲法の草案作成を手伝った。三人目のボルドー育ちのムラート、アンドレ・リゴー〔23〕は、アメリカの独立戦争でフランス軍と戦い、その後、一七九〇年代の一〇年間のイギリス軍に対するサン=ドマングの闘争では、おそらくトゥサンに続いてもっとも重要な司令官であった(彼はトゥサンのライヴァルとなった(127))。四人目のアレクサンドル・ペション〔24〕は、デサリーヌとともにフランス軍と戦い、一八〇六年のデサリーヌ暗殺後は、イスパニョーラ島南部に建国されたハイチ共和国の大統領となった。ペション大統領は、ラテン・アメリカの独立闘争において奴隷制廃止を要求するようシモン・ボリバルを励ましたが、そこでもフリーメイソンは重要な役割を果たしていた。歴史家ド・コーナは、サン=ドマングのこうした傑出した指導者グループについて書いている。「彼らもまたボルドーのメイソンのロッジに出入りしていたのかどうか、調査してみるのは興味あることだろう。その調査はまだ終わっていない(128)」。さらに、相互に影響を与えあっていた可能性についても目をつぶってはいられない。フリーメイソンの秘密の合図自体が、サン=ドマングで革命を起こした奴隷たちの儀礼から影響を受けていたのである。一七九一年八月の奴隷蜂起をひき起こしたサン=ドマングの奴隷たちの秘密祭儀ヴードゥーを、「一種の宗教的で舞踏的なフリーメイソンの儀式」とする興味深い言及もある(129)。

ブラック／ブラウン／ホワイト・アトランティックにおけるフリーメイソンについて、私たちが知っていることはあまりに少ないが、これこそが混淆と文化変容の歴史のなかの主要な章なのである。

一一

「ミネルヴァの森の梟は夕暮れに飛び立つ」。このよく引用されるヘーゲル『歴史哲学』講義（一八二二年）〔正しくは『法哲学講義』緒言〕からの一文は、雑誌『ミネルヴァ』のことが念頭にあったのかもしれない。実際にこの言明は、『精神現象学』のラディカルなポリティクス——フランス革命に対するヘーゲルの立場というひとつの主題ばかりがどれほど長く議論されてきたことか——からの後退を表わしている[130]。少なくとも奴隷制廃止に関するかぎり、ヘーゲルが革命的ラディカリズムから後退していることは明らかである[131]。

アフリカ文化を非難し、新世界の奴隷制をアフリカ人自身のせいにしたことで悪名高いヘーゲルは、奴隷制が「絶対的[132]」である祖国アフリカにいるときより植民地にいるほうが奴隷たちは裕福である、という凡庸で護教論的な議論を繰り返し、漸進主義を是認している。「奴隷制が即かつ対自的に不正であるのは、自由が人間の本質だからだが、しかし人間はそれに向かって成長しなければならない。したがって奴隷制は少しずつ廃止するほうが、急激に除去するよりも理に適っており、実際的であ

図版 **8.**「解放を記念して黒人たちによって建立された寺院」。マーカス・レインズフォード『ハイチ黒人帝国の歴史』（1805 年）に掲載されたイラスト。著者の記述をもとにした J. バーロウの線描画。同書に掲載されたバーロウの作品については，Honour, *From the American Revolution to World War* I, 95 を見よ。

図版 9. 18 世紀末のフランス人フリーメイソンのエプロン。

る[133]」。しかし、この態度はその講義のなかでとくに目立つものではない。むしろ目立つのは、サハラ以南のアフリカすべてをこの「野蛮と未開」の「子どもの土地」として、世界史にとってのいかなる意義をも棄却する容赦ない徹底性であり、ヘーゲルの思想から当然導かれるのはアフリカ人における「精神」の欠如である[134]。

この変身は、ベルリン時代のヘーゲルの全般的な保守主義の一部にすぎないのだろうか。あるいは、ヘーゲルはここでも最新の出来事に反応していたのだろうか。ハイチは一八一〇年代、二〇年代にもニュースで取り上げられ、イギリスの新聞では奴隷制廃止論者とその反対者とで熱い議論がなされていたが、そのうちのひとつ『エディンバラ・レヴュー』については、ヘーゲルが当時確実に読者であったことが知られている[135]。

奴隷制廃止への継続的圧力のなかでハイチの展開は「偉大な実験」として注目されつづけたが、以前のハイチ支持者たちからさえしだいに批判が起こるようになった[136]。問題となったのは、伝えられたアンリ・クリストフ王〔25〕の残忍さと[137]、自由民の労働というシステムによって同島の生産性が低下したことであった（後者の点については、マルクス主義的な批判が登場すべきタイミングだろう[138]）。ヘーゲルが、これらの議論によってハイチの「偉大な実験」を見直すことになったのかどうかについては、確かめるだけの記録がない。現在明らかなのは、ヘーゲルが一八二〇年代にアフリカ研究について見聞を広めようと努めるなかで、〔奴隷制廃止については〕実際にますます無口になっていったということである。

図版 10. 18 世紀末におけるフランスのフリーメイソンの宇宙論的ダイアグラム（国立図書館，パリ）。ジャン・バプティスト・ウィレルモによる秘教的デザイン。リヨンの実業家ウィレルモは，厳格遵守〔Strict Observance〕と呼ばれたテンプル騎士団の長で，人類をアダムの原罪以前の状態に再統合するという目標を掲げた神秘的フリーメイソン団，エリュ・コアン騎士団の創設者マルティネス・ド・パスクアリーに強い影響を受けた。マルティネスはグルノーブルに生まれ，1774 年にサン＝ドマング島で死去している。Serge Hutin, *Les Francs-Maçons*（Paris, 1960），pp. 85-90 を見よ。

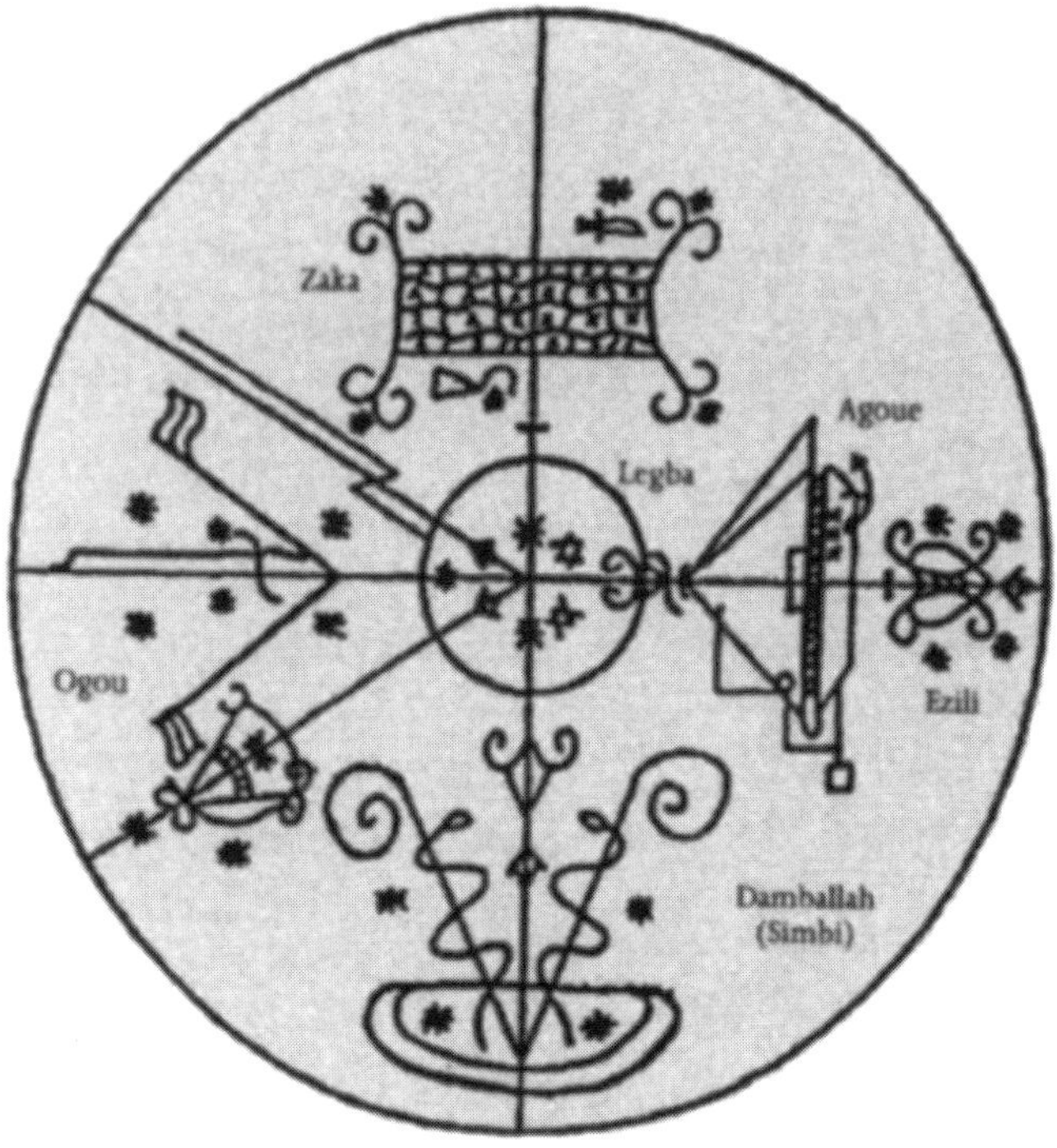

図版 **11.** 20 世紀ハイチのヴードゥーの宇宙論的ダイアグラム。儀式の際に地面に描かれる絵（vèvè）であり，ヴードゥーの神々が十字の軸に沿って配置されている。出典は，Desmangles, *The Faces of God*, 106。ヴェヴェは，踊りがおこなわれる庭の中央に粉状の物質を使って描くもので，「その構図は，フォン人およびコンゴ人の神聖な地上絵の伝統からきている」。「歴史的なプロセスを経て，ヴェヴェという地表図の多数にはその十字に伸びた軸の上に，聖ヤコブの十字，聖母マリアの心臓などラテン・アメリカのカトリックの象徴のほか，フリーメイソンのコンパスと直角定規さえもが配置されるようになった」（Thompson, “The Flash of the Spirit,” 33. 強調は筆者によるもの）。

図版 12. 18 世紀のフレンチ・フリーメイソンにおけるスコティッシュ・ライト（rite écossais）の最高階級である 33 階級の最高法院のエンブレム，王冠をかぶった双頭の鷲（国立図書館，パリ）。

図版 **13.** Seneque Obin, *Haitian Lodge Number 6*, 1960.スコティッシュ・ライトの双頭の鷲が描かれている。1801 年，サウス・キャロライナのチャールストンで，アメリカとフランス双方の兄弟が集まって最初の 33 階級最高法院が開設された。そのうちのフランス人のひとり，フランソワ・ド・グラス〔フランス海軍提督〕は，「サン・ドマング島に新たな最高法院を設立した」（Hutin, *Les Francs-Maçons*, p. 103）。

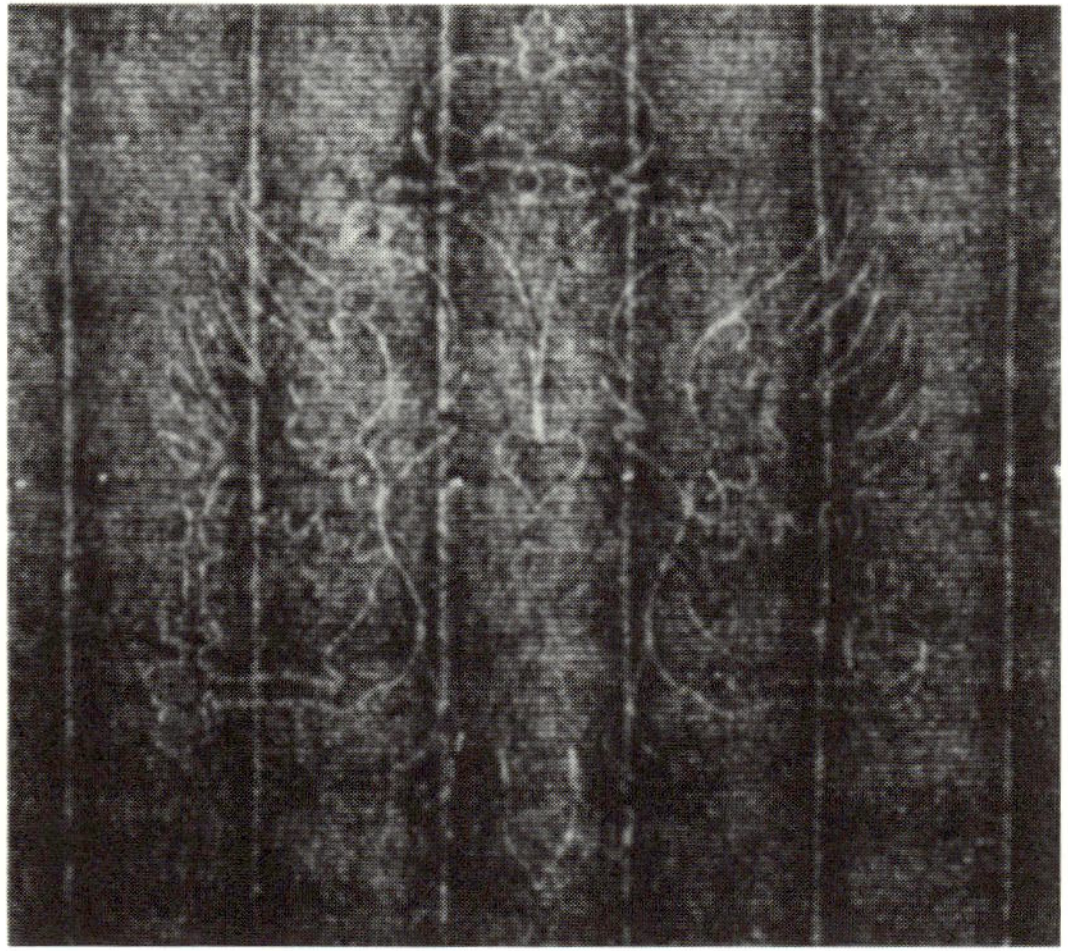

図版 14 と**図版 15.** ヨハン・エフライム・シュタール氏（1799 年よりテューリンゲン州シュヴァルツァ川沿いのブランケンブルクで操業していた）によって製造された紙に漉き込まれた，王冠をかぶった双頭の鷲の透かしマーク。その紙を，イェーナ時代のヘーゲルは『人倫の体系』草稿（1803 年）の後半 3 分の 1 に用いている。同じシュタール製造の紙を，ヘーゲルは 1802 年 9 月と 11 月に，当時の政治動向を記録するのに用いている。Ziesche and Schnitger, *Der Handschriftliche Nachlass*, 1: 91-92, 2: 31-32, 86 を見よ。

一八二二年から一八三〇年まで、ヘーゲルは歴史哲学の講義を一年おきにおこない、世界史についてのヨーロッパ人専門家の著作から得た実証的材料を加えていった[139]。悲しいアイロニーは、ヘーゲルの講義がアフリカ社会についてのヨーロッパの在来の学問的知を忠実に反映すればするほど、その講義がますます啓蒙的でなくなり、頑迷になっていったことである[140]。

一二

ヘーゲルとハイチについての沈黙に終止符を打つことが、なぜ重要なのだろうか。ヘーゲルが奴隷制の存続に最終的に譲歩したとしても、さらに言えば、ヘーゲルの歴史哲学が二世紀にもわたってヨーロッパ中心主義というかたちの最大の自己満足を正当化してきた事実があるとしても（ヘーゲルはひょっとするとつねに、生物学的にではないにしても、文化的にはレイシストであったかもしれない）、この歴史の断片を、私たちのもとから逃れつづけてきたその真実を忘却から回復するということが、なぜ一部の専門家の問題にとどまってはならないのだろうか。

いくつもの答えが考えられるが、間違いなくそのひとつは、人類の普遍的な歴史という理念を、白人支配がそれに与えてきた用法から救い出す可能性である。自由をめぐる歴史的事実が、勝者によって語られたナラティヴから切り離され、私たち自身の時代に救出されるとすれば、普遍的な自由というプロジェクトは放棄される必要がなくなり、むしろ取り戻され、異なった基盤にもとづいて再構築されなければならないことになる。ヘーゲルが思考において明確にした契機は、トゥサン・ルヴェルチュール、ワーズワース、グレゴワール神父、さらにはデサリーヌといった同時代の他の人間の思考の契機と並べて考えなければならないだろう。白人に対して残忍性と復讐を尽くしたデサリーヌは、反対に、ヨーロッパ人のレイシズムの現実をきわめて明瞭に見ていた。さらに、ヘーゲルにとっての契機は、行動として明確に表われた契機と並べて考えなければならないだろう。ナポレオンによって植民地に送られたフランス軍兵士は、かつての奴隷たちが《ラ・マルセイエーズ》を歌うのを聞いて、闘う相手が間違っているのではないかと声に出して訝しんだ。ルクレールの指揮下にあったポーランド人連隊は、命令に背いて、捕えられた六〇〇人のサン＝ドマング人を溺死させることを拒否した[141]。そのような明確な例はたくさんあるが、彼らはどちらの側にもどの集団にも完全には属さない。個人の意識が現在の権力の布置関係を越えて自由の具体的意味をつかもうとするたびに、たとえ束の間であったにせよ、これこそが絶対精神の実現の瞬間だと評価されていたとしたら、どうだろうか。ほかにどのような沈黙が破られなければならないのだろうか。まだ学問体系のなかに組み込まれて飼い馴らされていない、どんな物語が語られるのだろうか。

第Ⅱ部　普遍的な歴史《ユニヴァーサル・ヒストリー》

第Ⅱ部への序論

はじめに

第Ⅱ部「普遍的な歴史」では、今日の新自由主義が優勢となっている状況を背景として、第Ⅰ部「ヘーゲルとハイチ」で得た着想を保持しながら、近代の歴史的起源を取り巻くいくつかの抑圧をあばいていく。今日の現実世界においては、文明を衝突させたり、他者を無視して一方的に救済したりすることを空想するのではなく、歴史地図をつくり直すことが必要である。この論文は、諸事実を支配的システムや一律の前提のもとに押し込めるのではなく、システムの縁、諸前提の限界、私たちの歴史的想像力の境界といったものに注意を傾け、そうした境界線を侵犯し、攪乱させ、破壊することによって普遍的なものに接近し、特定の経験の歴史的特殊性を徹底操作しようとするものである。この作業のためには、私たちにとってのグローバルな公共領域はまだ時期尚早で、実現していないということを認識しつつ、普遍的な歴史という啓蒙主義的プロジェクトをつくり直さなければならない。これは新たなヒューマニズムと呼ばれるかもしれないが、もしそうだとしても、接尾辞のイズムが通常含意するようなイデオロギー的意味合いはない。言いたいことは、グローバルな異議申し立てをするには、きわめて物質的なレヴェルからきわめて道徳的なレヴェルにいたるまで、普遍的な歴史をつくっていくことが重要だということだけである。

三つのイメージ

弁証法の精神で形勢を逆転させ、ハイチをヨーロッパの犠牲者として見るのではなく、ヨーロッパの構築に影響を与えた行為主体と見るとき、何が起こるだろうか。この疑問には、三つのイメージからなる判じ絵(rebus)、すなわち絵解きパズルというかたちで取り組むことができる。

最初のイメージはヴォルテール『カンディード』からのもので、これは一七八七年出版の最初のヴォルテール全集に添えられた、画家ジャン゠ミシェル・モロー・ル・ジュンヌによる一連の挿絵の一部である(1)。モローが『カンディード』のなかで挿絵を描こうと選んだ四つの場面のひとつは、オランダ植民地のスリナムで主人によって片手片足を切断された奴隷と主人公が出会う場面である。奴隷はつぎのように説明する。「これは、しきたりなんだ。……製糖工場で働いていて、石臼に指をとら

図版 16. ジャン=ミシェル・モローによるヴォルテール『カンディード』(1787 年)の挿絵。

れると、あいつらに手を切り落とされる。逃げようとすると、片足を切り落とされる」。モローの挿絵のキャプションには、奴隷が最後に言った言葉が使われている。「これはヨーロッパ人が砂糖を食べる代償だ」[2]。

モローは一八〇三年版全集のために新たな版画集を構成したとき、この場面を完全に削除してしまった。この点について、メアリー・ベルハウスの主張は説得力がある。すなわち、ヴォルテールの『カンディード』(最初の出版は一七五九年)におけるオランダ領スリナムは、砂糖生産が盛んなフランス植民地サン=ドマングの代わりに描かれたものであり、挿画家が後でその絵を削除したのは、その島で奴隷革命が起きたことが原因だというものである。ベルハウスは、ハイチ革命の勃発にともないフランス視覚文化の特徴に全般的な変化が起きたことを調べ上げ、「子どもじみた、卑屈で、手足に欠損のある」すがたで描かれていた黒人が、白人を「ばらばらの身体」にするような肉体的に乱暴で性的に危険な人物として描かれるようになり、ヨーロッパの白人男性にとって去勢されるのではないかという心理的脅威となった、と説明している[3]。ベルハウスは解釈のツールとして精神分析の論理を応用しながらモローの最初のイメージを微細に分析し、白人が手にするもののうちに「『ファロス的』力をもったさまざまなシニフィアン」(カンディードの杖、ライフル、両足)を見いだす一方、対照的に傷ついた奴隷は影におかれ、「暗い皮膚の色が手足切断と結びついている」としている[4]。

この独特なイメージに対するモローのアプローチに、抵抗があるのはなぜだろうか。もちろん、フロイトの解釈学的方法が理論的に役立つものであることは長いあいだ認められてきたのだから、フロイトの解釈のせいではない。しかし、精神分析の理論的装置が集合的無意識の政治的分析へと直接に展開されると、何かが失われてしまうのである。それは、（心理学的な）個人と（社会的な）政治という解釈のプロセスの両側にとっての損失である。たしかに、ベルハウスは絵画に「ひとつの固定した読み」はできないことを認めている。[5] それに、感情移入的な読みをまったく否定し、もしモローが最初の挿画を再掲したとしたら一八〇三年のフランス当局の検閲を通過しなかっただろうと、解釈を単純な事実に還元するのも粗雑であろう。あるいは、マーカス・レインズフォードのハイチ史（一八〇五年）に添えられたジェームズ・バーロウの挿画は、解放された奴隷を模範的で穏やかな革命の英雄として描いていると反論したり、パリの群集は圧倒的に白人ばかりであったにもかかわらず、社会的にも性的にも無秩序なものとして描写されていることに言及したりしても同じである。それでもやはり、手足を切断された奴隷のイメージに表現された不安が存在するなら、社会状況の現実に立脚した考察を排除すべきではないだろう。社会状況の現実は男性の去勢恐怖に還元できないのである。[6]

モローの絵のなかでは政治的無力さと経済的無力さとがひとつになっている。収益性のある制度としての奴隷制の存在は、手と足をともに失った奴隷のすがたにはっきりと見てとれるが、それ自体がヨーロッパ人をぞっとさせるものだったのであり、その恐怖にともなうものが何であったかは社会経済的階層のなかでの立ち位置によって差異があった。[7] すべての罪悪感の起源が性的というわけではない。カンディードという人物が表現しているのは、私たちの日常世界を規定している諸原則にきわめて大きな間違いがあるのを見たときに、私たち人間が感じる罪悪感という否定しがたく政治的な経験である。公認された秩序の何か——明白ではあるが正式に認められておらず、語られてはいるが理解されていない何か——が、本来の意味での道徳的正しさと矛盾することがある。しかし、全体を代弁する官憲がそれを黙認し、実践し、そこから利益を得ているがゆえに、その秩序は続いている。意識的な知覚でとらえられる真理は、シビル・フィッシャーによる適切な言葉を用いれば、それと同時に「否認」され、道徳的想像力は社会的服従との矛盾を感じる。[8] 政治的罪悪感はそれ自体矛盾を抱えている。正しいことをおこなうために社会的に定められた義務を果たすことを拒否すれば、(国民や階級、宗教や人種といったものを通して)所属する集団にとっての裏切り者となり、その結果、集団の保護を失う恐れがあるからだ。

これこそ、私が「ヘーゲルとハイチ」においてサン＝ドマングのフランス軍兵士の例を取り上げたときに考えていたことである。サン＝ドマングのフランス軍兵士たちは、政府から敵と名指された自らの解放のために戦う奴隷たちがフランスの革命歌を歌っているのを聞き、戦っている相手を間違っているのではないかと疑った。あるいは、ポーランド人連隊はサン＝ドマングでの捕虜を溺死させることを拒み、のちに、感謝したデサリーヌから「ブラック・ハイチ」の市民と認められた。[9] そうした行為が訴えている道徳の普遍性は、自分自身の道徳を他人に押しつけるものではなく、否定的なものの領域——状況は、公認された価値観それ自体にしたがって判断されるなら正しくない——に存在する。[10] そうした罪悪感の源泉は、現実と個人の幻想とのギャップにあるのではなく、現実と社会的幻想とのギャップにある。事物の間違った状態を是認している公認の沈黙を破ることによって、解釈的分析は政治的批判に変わりうる。

第二の判じ絵は、解釈するのにラカン理論を必要としない。それは、一六六四年、スピノザが目覚めているときに見た「まったく会ったことのない、あるみすぼらしい黒いブラジル人の」幻影であり、友人のオランダ人商人に宛てた手紙によって伝えられている。[11] スピノザは同時代人ホッブズの原子論的個人主義をたえず批判し、ヘーゲルより一世紀以上も前に人間の相互関係性を主張した人物である。スピノザは、哲学者として身体的権能を与えられた「マルチチュード」の諸権利を擁護しているが、しかしそれでも後の啓蒙主義の思想家と同じように、マルチチュードをふるいにかけていた社会的排除には目をつぶっていた。「このブラジル人は誰なのか」とワレン・モンタグは問う。「[そのブラジル人が]、スピノザが合法的に声を奪っていたかもしれない人びとすべてを圧縮したものでないとするならば、……女性、奴隷、賃労働者、外国人といった、どこの社会においても集合的に多数派を構成する人びとすべてを圧縮したものでないとするならば。彼らは、いかなる法律も、いかなる政体もその現実的力を消失させることのできないマルチチュードであり、政治哲学がまさにもっともリベラルな顔をして積極的にその存在そのものを否定しようとしているマルチチュードである[12]」。

歴史を批判的に書くということは、自らの存在の条件を忘却している共同体の無意識から過去を解放するたえざる闘いである。ヴォルテールの奴隷は、それらの条件を私たちに思い起こさせる。奴隷の失われた手は、ヘーゲルの分業の影響についての説明を表わしている。ヘーゲルは、急速化したテンポと単調な反復が精神と身体を蝕み、そのために社会的なものと心理学的なものとは解きがたく絡み合っている、と述べる。近代の労働の過程を表わすためにヘーゲルが選んだ言葉には、その連想的結びつきが表われている。すなわち、「鈍磨（Abstumpfung）」（「成長させないこと」、「鈍化させること」、「切り詰めること」）である。英語訳では「無力化（emasculation）」ともされている[13]。

最後のイメージは、三番目の判じ絵としてぴたりとくる。パリとサン＝ドマングでの革命の直前に死んだアダム・スミスは、奴隷の労働は自由人のそれより主人にとって高くつくと記し、奴隷制は人類の進歩にとって耐えがたい障害であると非難した。しかし彼は、そこでの労働がすべて奴隷によっておこなわれているという事実にもかかわらず、砂糖プランテーション――とくにバルバドスとサン＝ドマングの――が巨大な利益をもたらすことを十分に理解していた。すると、スミスの唯一の弱点である砂糖に目がなかったということは、否認の事例にあたるのではないだろうか。ある目撃者は、つぎのように振り返っている。

ある特別な夜のことはけっして忘れないだろう。アダム・スミスが、お茶の席を取りしきる初老の未婚女性を不愉快な困惑に陥れたときのことだ。スミスは、着席するよう誘った彼女をまったく無視してぐるぐると歩き回り、ときおり立ち止まっては砂糖の入った鉢から角砂糖を一つずつ盗んでいたのだが、スミスの不経済な略奪から砂糖を守る唯一の手段として、敬うべき独身女性はようやく鉢をとって自分の膝の上に置いたのだった。果てしなく砂糖をくすねつづけるスミスの様子は何とも言いがたいものだった[14]。

普遍的な歴史

一　ハイチとヨーロッパの創造

ヨーロッパの奴隷制

ヨーロッパの大都市を植民地化するときに奴隷制が根づくということはありえただろうか。この問いに対する答えは確かなものではなく、議論の余地が残る。植民地の奴隷制を近代的なものにするのは、その資本主義的様式であった。この様式が、習慣性のある製品それ自体（タバコ、砂糖、コーヒー、ラム酒）によってつくり出される、飽くことをしらない消費者の需要を満たすため、土地と労働者の双方を疲弊させながら最大の価値を引き出していた。では、もっとも新しい経済的諸力によってつくり出されたとすると、プランテーション・システムは、なぜ植民地においてと同じようにヨーロッパでも産業労働の支配的様式にならなかったのだろうか。今日、アフリカ人、アイルランド人、イングランド人の奴隷の力に支えられたマンチェスターの繊維業における産業革命というものを想像することは困難であろうし、「自由」な労働力と同義ではない資本主義の様式とか、西洋の（白人の）諸国民によって発明されたのではまったくない経済的近代化といったものを想像することも困難だろう。それが何を物語っているかというと、人種、ネイション、近代的進歩といった概念はいま挙げたようなオルタナティヴの可能性をほとんど閉め出すためにつくられた境界的なものであり、それによって私たちの歴史的想像力には効果的に限界が定められているということである。

「奴隷制は機能的ないし功利主義的な国家の理想とは相容れないはずだという主張に内在的根拠はない」と述べるのは、デイヴィッド・ブライオン・デイヴィスである。彼は英国の事例について、カリブ海の奴隷制、奴隷廃止運動、資本家階級の利益、自由な労働者の両義的勝利といった要素が相互に結びついていた様子を描き、それらの要素の歴史的合体は偶然であると強調している[1]。ヨーロッパ人の奴隷化は、一七世紀から一八世紀初めにはまったくショッキングな考えではなかった。当時、労働力としての奴隷制を評価するにあたっての主な問題は、利潤を最大化することではなく、社会秩序を維持するということであった。職のない者、犯罪者、浮浪者、貧困者といった、増えつづけるいわゆる「主人なき人びと」にいかに社会的規律を課すかという問題に対し、国内の奴隷制がその有益な解決策としてトマス・ホッブズ、ジョン・ロック、ザムエル・プーフェンドルフによって支持されていた[2]。刑罰としての奴隷労働は一般的であった[3]。契約による強制労働は、植民地に労働者を供給するための手段として認められており、労働者は身体を売られ、その労働力は奴隷と同じように情け容赦なく搾取された。

しかし、一八世紀半ばになり、きわめて突然に変化が起こった。つまり、「一七六〇年代になると、もっとも熱烈な社会的効用の提唱者でさえ、奴隷制をイングランドの貧民にとっての最適な境遇として推奨することをやめるようになった[4]」。国内奴隷に対する疑念が増大した理由は、植民地における奴隷の人口が急増し、生産量が急増したことで、新世界の奴隷制の現実が知られるようになったからである。制度の残酷さが人びとにショックを与えただけでなく、同時に労働の規律訓練のテクニックとして明らかに効果的だったため、奴隷制のもつ意味を無視することはできなかったのである。新世界のプランテーションにおける奴隷労働システムは、英国の産業経営者の実験やアダム・スミスの描いた製造業の革新と、「控えめに言っても表面的な類似性」を有していた[5]。近年の歴史家は、資本主義的近代化は非効率的な奴隷労働とは相容れないと主張するだろうが、当時も、そればかりかつねに、問題はいかに労働者からもっとも効率よく搾取するかではなく、いかに労働者たちに服従を強制するかなのである。

国内奴隷の否定がはっきりとわかる事例として、アフリカ人奴隷の数が増えれば増えるほど、結果的に奴隷がいる植民地と奴隷を拒否するヨーロッパとのあいだの境界線はより多孔的（したがって虚構的）になり、そのため境界線を強化するためのより厳しい法律が可決されたということがある。植民地の奴隷が自由を求めている証であるかれらによる暴動の発生がより頻繁になればなるほど、ヨーロッパ人は、ニグロは生まれつき奴隷になるのが運命なのだという理論を受け容れるようになった[6]。

「人種差別から奴隷制が生まれたのではない。むしろ、奴隷制から人種差別が生まれたのである」とエリック・ウィリアムズが書いたのは一九四四年だが、最近の研究もそれを立証している。[7] ヨーロッパ人はヨーロッパの自由人を植民地の慣行から分離するために、ネイションと植民地とのあいだの空間的区別、人種によるニグロ奴隷の区別、人の保護に関する法律上の区別というかたちで概念上の差異の壁をつくったのである。とくに裁判の事例は興味深い。というのも、ヨーロッパ内のアフリカ人奴隷が古くからある自由の原則を用いて自身の奴隷状態の適法性に異議申し立てるということは、その国に足を踏み入れた者は誰でも自由が保障されるというフランスやイングランドの慣習的信念を試すことでもあったからである。判例の詳細はそれぞれ異なるが、結論は同じであった。すなわち、自由を愛するには、人種にもとづく差別が必要だろうというものである。奴隷とニグロ（nègre）が同義のものとして現われはじめたのは、そうした言説上においてであった。

　フランスでは裁判所は、一六八五年の〈黒人法典〉を植民地のために「必要かつ認可されたもの」として認めることで、自由の原則には地理的区別があると長いあいだ考えてきた。[8] しかし、フランスの大地はヨーロッパのなかでも特別で聖なる土地であると主張された。奴隷が一定の範囲内で主人とともに居住することを認めた一七一六年の勅令は議会ではやはり無視されたが、その一方で議会は、たんにフランスでは奴隷制は違法であるという人種と関係のない理由で多くの奴隷に自由を認めた。フランス国内のアフリカ人がまだ比較的少なかったときは、そのような寛大さは多少のコストはともなったが、フランス自身のネイションの観念には一致していた。しかし、その動機は制度としての奴隷制を排除することではなかった[9]。「フランスに入国した者に自由を附与した意図は、本国に奴隷制が入り込むのを防止するためであり、植民地において奴隷から解放された自由人を増加させるためではなかった」、とスー・ピーボディは述べている。ピーボディの著作は、一八世紀を通じて人種のカテゴリーが法的言説に登場することになった変化をたどったものだが、「フランスに奴隷はいない」という原則は、だんだんとアフリカ系黒人を例外とするものとして解釈されるようになったという[10]。

　人種の区別が現われることによって主人の財産権は保護されたが、その一方で奴隷と自由の境界線は管理されることになった。画期的だった判例はフランシスク対ブリニョンの裁判（*Francisque v. Brignon*）（一七五九年）で、フランシスクは肌が褐色であったが、インド出身であったためニグロではないとされ、自由の原則が適用された[11]。一七七七年には、黒人管理法（Police des Noirs）として知られる一連の命令がニグロおよびムラートの移民を禁じ、自由の原則が依拠している人種の区別を曖昧にしかねない社会的および人種的統合を防ごうとしている[12]。

　イングランドにおいてきわめて重要な法廷闘争は、裁判所が奴隷ジェームズ・サマセットに有利な判決を下した一七七二年の裁判[26]だが、その際、彼の弁護士であったデイヴィ上級法廷弁護士が「イングランドの空気は奴隷が息をするにはもったいないほど澄んでいる」と弁じたことは有名である。これは、「フランスに奴隷はいない」という主張と同じくらい歴史的には正確でない神話であり[13]、その動機も似ている。「［デイヴィは］イングランドの空気は奴隷が息をするにはもったいないほど澄んでいるとはっきり言った。ニグロの流入を防ぎたかったのである[14]」。サマセット裁判では、奴隷制は本質的に「非イギリス的」であり、せいぜい大目に見られているにすぎない「外からの侵入物」であり、商業主義的で植民地主義的な「よその世界」の不幸な一部分であると規定していた[15]。驚くのは、サマセット裁判の判決が、植民地の奴隷制を新しい「コモン・ロー」にとって未知の新発明であり、古来の隷農制とは『まったく異なった』もの」として認めたうえでなされていることである[16]。奴隷制それ自体は、イングランドに古くからある権利によっては保護されていなかったし、奴隷貿易と植民地の統治をすでに規制していたように、奴隷制も議会が実定法によって思うとおりに規制することができた。サマセット裁判におけるイギリス人の判決はその自己満悦的な道徳的高潔さによって歓迎されたにもかかわらず、「イングランドの裁判所は植民地の奴隷制に関する法律を無効にするどんな原則も書き込まなかった[17]」。

ヨーロッパにおいて違法に雇われた奴隷労働者はいたのだろうか。きちんとした資料が欠けているのは驚くにはあたらない。違法な移民労働力というのはそういうものだからである。判決が国全体で一様に適用されていなかったことを示す証拠は豊富にある。司法の分散化が習慣となっており、とくに港湾都市では奴隷の取り締まりは手ぬるかったようである。ヨーロッパにおける奴隷労働の存在を示す証拠は法律それ自体であり、それによれば奴隷労働は禁止されるべきものとみなされていた。デイヴィスによると、「一七七三年、ポルトガルはブラジルからの奴隷もしくは黒人自由人の入国を、国内労働者との不公平な競争になるとして禁止した[18]」。記述的というよりは行為遂行的なレトリックのようだが、一七七一年の英国のある判例はアメリカ大陸の奴隷制には不幸ながら必要性があることを認めたうえで、「しかし、ニグロの奴隷はイングランドには不要である」と述べている[19]。ドイツの詩人クロップシュトックのある書簡は興味ぶかいもので、「人間はもはや商品（Waare）のように扱われてはならず、デンマーク人は今後その農作業（Feldarbeit）にニグロの奴隷を用いてはならないと、すべてのヨーロッパの権力者に先んじて命じた」デンマーク王を賞賛している[20]。クロップシュトックのいうデンマーク王の奴隷制禁止は、「人間」を商品として扱うこと全般に関するものであり（デンマークは奴隷貿易を廃止したヨーロッパで最初の国であった[21]）、先に触れた判例とは異なりアフリカ系奴隷の労働を例外とすることに反対しているが、デンマーク人が一八四八年まで植民地の農場で奴隷労働を禁じていなかったことを考えれば、クロップシュトックの言及している「農作業」とはデンマーク国内のものと思われる。クロップシュトックの書簡は一七九三年一月に『ミネルヴァ』に掲載されたもので、サン＝ドマングにおける奴隷の自己解放の後で書かれた。ハイチ革命の成功そのものは、一〇年もたたないうちに、ヨーロッパをグローバルな出来事の衝撃から隔離するための手段としてのレイシズムを強化することになった。しかし、物語は一方の側だけで起こったのではない。

未完の革命

トゥサン・ルヴェルチュールの一八〇一年憲法は、自由の原理を、人種を超えてすべての居住者に拡張したという点で、間違いなく普遍的な歴史をもっとも進歩した地点へともたらした。自由を認められた者には他国の奴隷制からの保護を求めた政治的難民も含まれており、さらには（少なくとも一時的には）フランスのジャコバン派に対しても自分たちに倣うよう要求した[22]。奴隷の身分に終焉をもたらしたことは、いくら評価してもしすぎることはない。拷問や身体的残虐行為はいかなるものであれ否定された。法的身分が重要視された。しかし、ハイチの経験はヨーロッパにまた別の教訓を与えることにもなった。すなわち、自由な労働が訓練のいらない労働である必要はないし、ムラートの優位と国家から附与された特権がハイチ社会の永続的特徴となったように[23]、人種隔離を憲法において排除することは、皮膚の色と階級による社会的ヒエラルキーの維持を妨げないということである。ルヴェルチュールも、デサリーヌも、プランテーションの労働システムを継続することを何より望んでいたのであり、これからは自由人を賃金労働者として雇うことになるが、やはり輸出用の生産量を最大化するように適応していかなければならなかった[24]。そこでモデルとなったのが、奴隷反乱を組織するにあたってその力を示した軍事的規律であった。デュボイスはつぎのように述べている。「男性奴隷が兵士になるというモデルは、フランス領カリブ諸島において解放の実現に重要な役割を果たしていた。兵役は、元奴隷にとって自由を得るためのもっとも手近な領域であった[25]」。それによって出自に関わらない社会的流動性がいくらかは増したが、他方でプランテーションの労働搾取を続けることにイデオロギー的正当性を与えることにもなった。のちに「農業軍国主義（caporalisme agraire）」と呼ばれるようになったシステムである[26]。南北アメリカ大陸において、社会成層は植民地独立のイデオロギーに統合されていった[27]。このように、歴史はハイチの徳行とヨーロッパの罪というだけではない。どちらの近代の経験にも「暗い側面」があるのである[28]。

革命の時代、自由《リバティ》と平等はどこでも無条件なものではなかった。イギリスの反奴隷制活動家たちは労働者の規律をもっとも気にしており、そのためトゥサンの体制における労働力の開発を仔細に追っていた。「改革者たちが何よりも恐れていたのはある種の制御のきかない行動であり、それはただちに手に負えない白人――すなわち『無職の浮浪者』階級――を連想させた。［一八世紀半ば以前の］リベラルたちは……そうした白人を奴隷化することを望んでいた」[29]。デイヴィスは、イギリスの反奴隷制を主張する著作に「階級的秩序を理想化することへのほとんど強迫的な関心」を見いだしており、その集団のひとりであるジェームズ・ラムゼイ師について、「砂糖プランテーションにおける規律への賞賛を隠そうともしていない」と評している[30]。デイヴィスは、奴隷制廃止論者のパンフレット類がどのような文脈にあったかを強調しながら、つぎのように結論する。「改革者たちが犯罪、貧困、そして労働者の規律の問題に取り組む際、彼らは無意識のうちに奴隷制プランテーションのイメージにとらわれていたように思われる。……奴隷所有者と産業家が共通してますます関心を持つようになったのは、労働者の監視と統制だけでなく、労働者の性格と習慣を修正することであった」[31]。デイヴィスはイングランドにおける奴隷制廃止論の経過をたどりながら、社会組織の原則としての自由《リバティ》というものがいかに複雑であるかをはっきり示すことができた。自由それ自体が、新たに形成されつつあった産業社会という構造によってつくり出されたものであり、その帰結として「労働の搾取にとってきわめて都合のよい反応」を生み出したのである[32]。一八〇七年にイギリスの奴隷貿易を終わらせた奴隷制廃止論者の勝利は、「自由《フリー》」な労働という観念の誕生と一致するものであるが、それまでイギリス

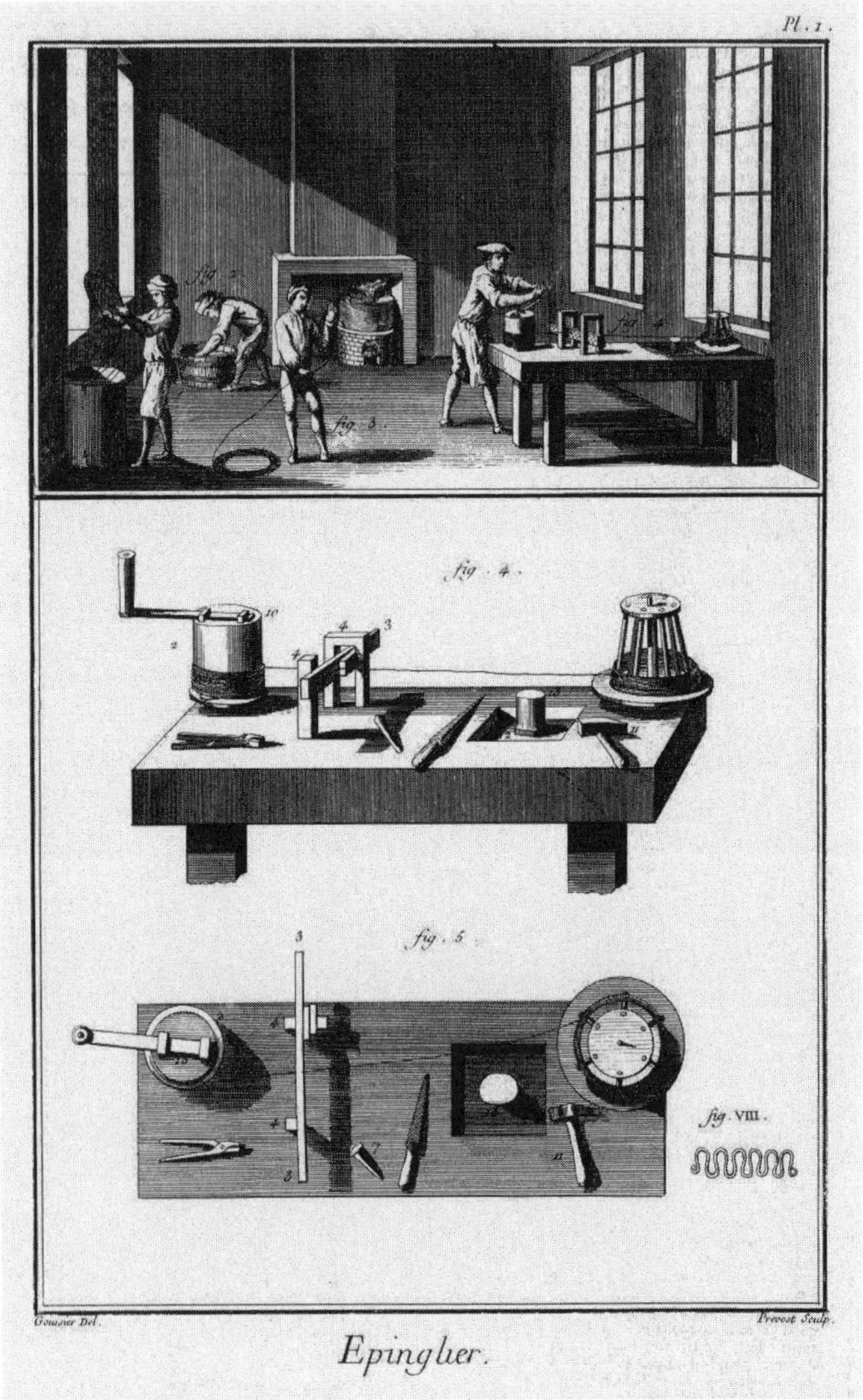
Pl. 1.
fig. 2.
fig. 3.
fig. 4.
fig. 4.
fig. 5.
fig. VIII.
Goussier Del.
Prevost Sculp.
Epinglier.

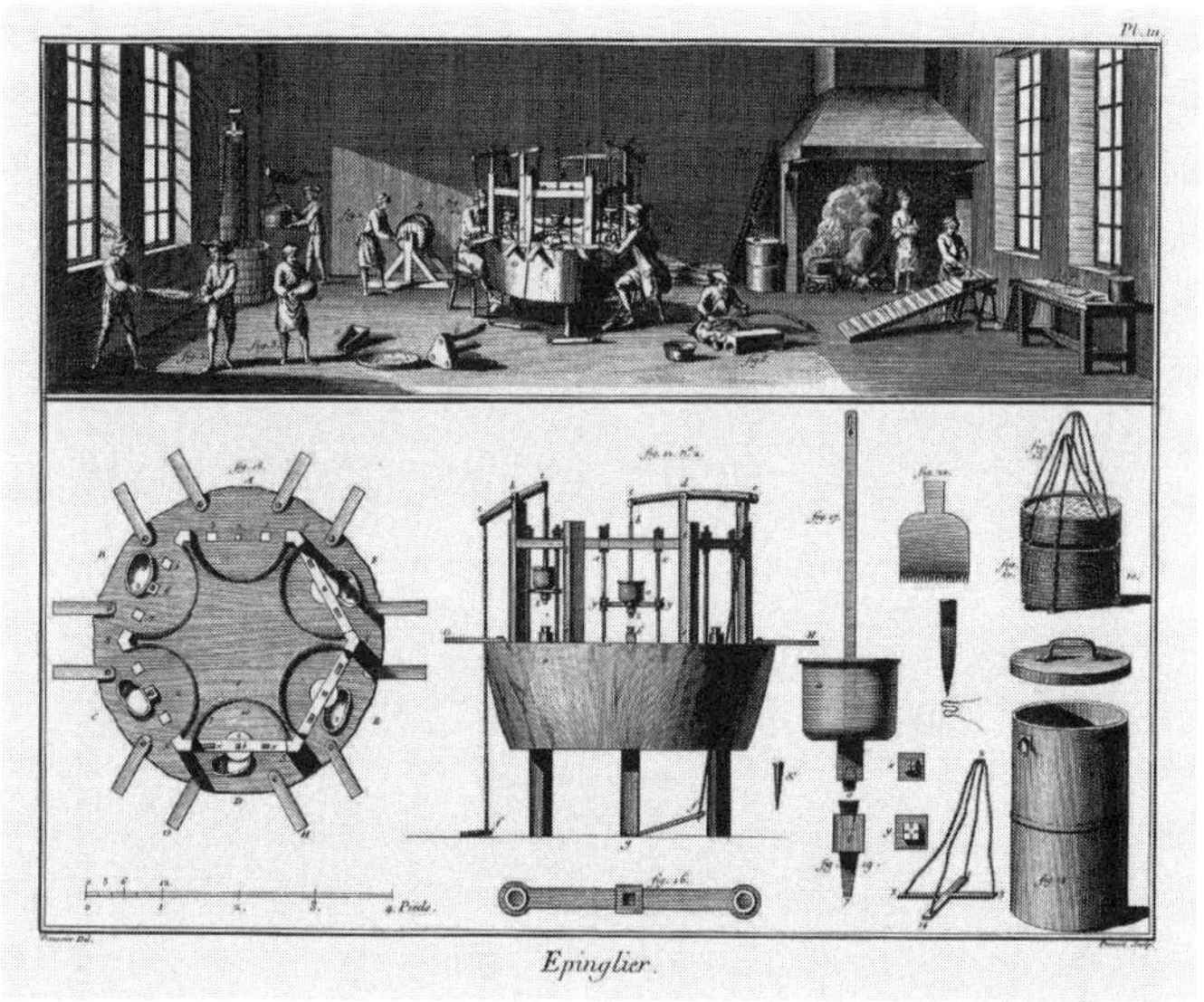

図版 **17.** ピン製造所（Epinglier）。ディドロとダランベール『百科全書』第21巻より。

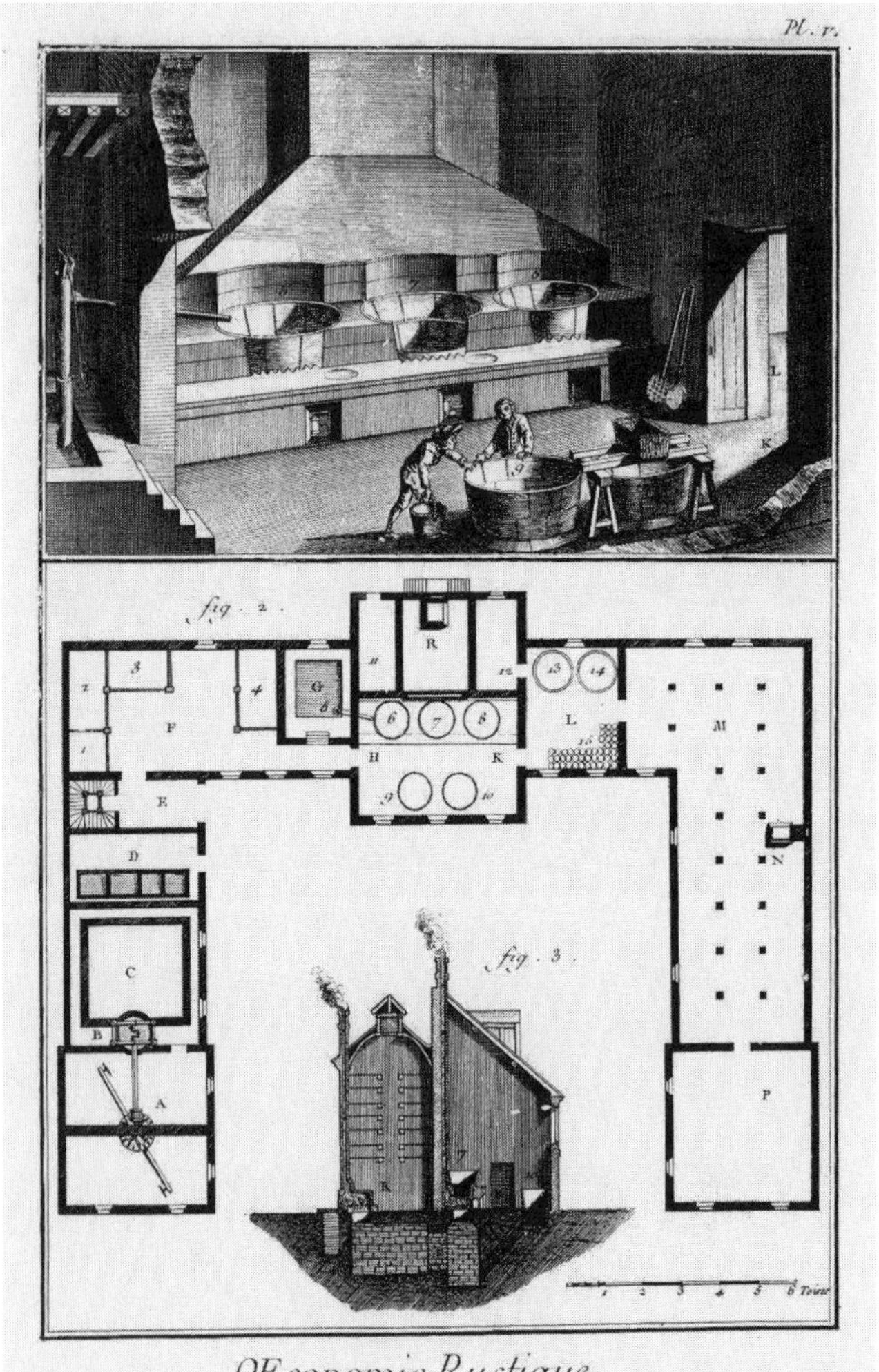
Pl. V.
fig. 2.
fig. 3.
Œconomie Rustique,
Affinerie des Sucres.

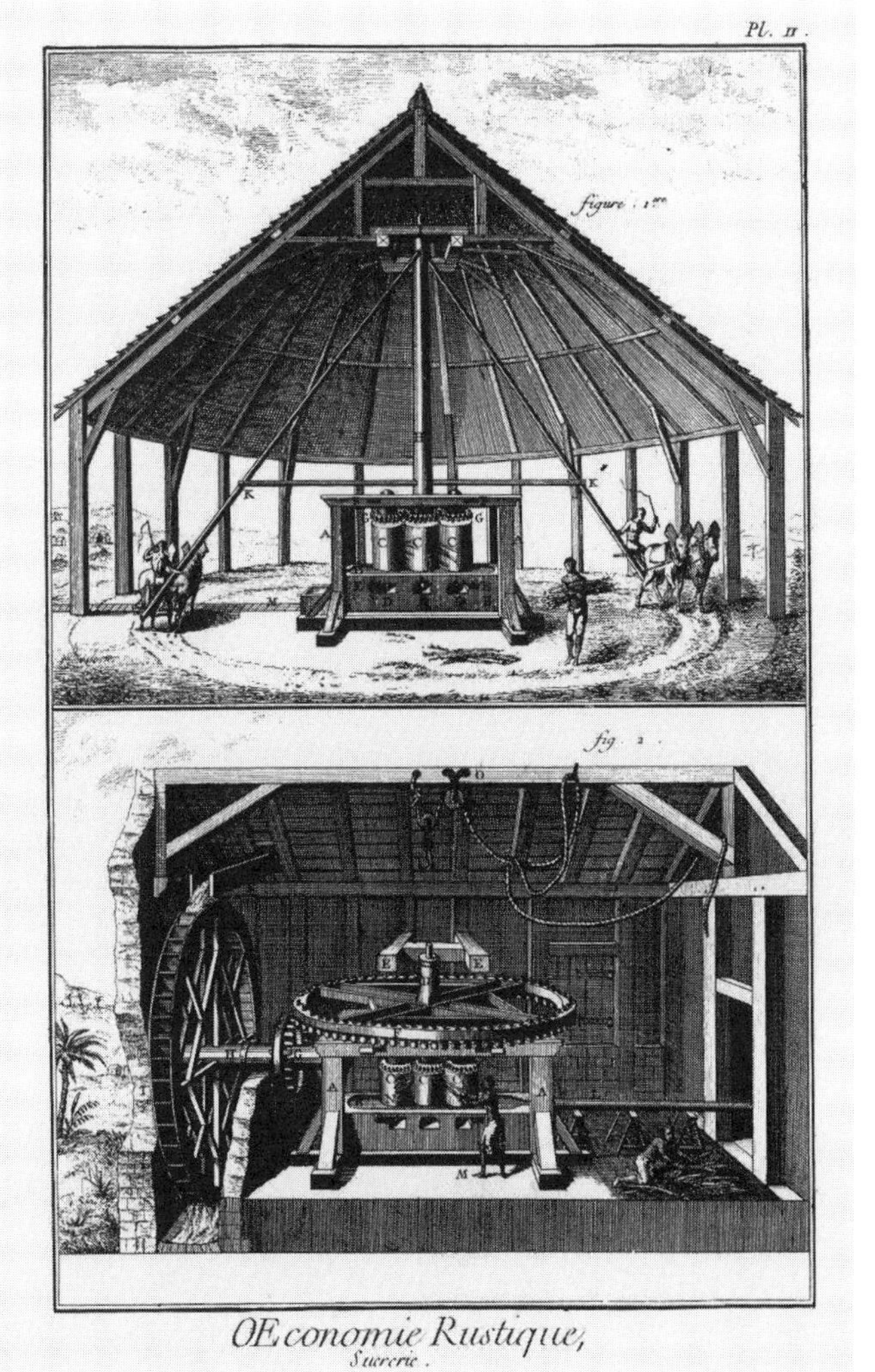

図版 **18.** 砂糖製造所（Sucrerie）。ディドロとダランベール『百科全書』第 18 巻より。

の労働者を保護していた法律も一貫して削除されたため、新しい時代にあわせた労働規律の形式をつくる必要があった(33)。

そこで問題となったのは労働の搾取ではなく、その労働に自発的に服従させるためのフィクションを維持することであった(34)。「炭坑および製塩所に生活を拘束されていた」イングランドやスコットランドの労働者が起こした訴訟において、裁判所は「産業奴隷を人権の侵害として非難しなかった」。というのも、「労働者はたとえ実際上永続的な従属状態にとどまろうとも、わずかな賃金であれ承諾したのであれば自由人と定義されうる」からである(35)。自由労働というイデオロギーは、ヨーロッパではレイシスト的な差別の観念に支えられたものであったが、イギリスの労働者階級にとっては敗北であった。というのも最終的に、イギリスが自国は「道徳的・経済的進歩をめざす諸勢力を牽引する」よう運命づけられているとその歴史的優越性を主張するにあたって、自由《フリーダム》がその中心的用語となったからである(36)。自由財産と自由労働に自由貿易を足し合わせたものが、新たにとらえ直された自由《リバティ》の近代的基準であった。イギリスに登場した労働システムは「多くの非自発的労働者に依存していたが、それでも定義上は『自由世界』なのであった(37)」。

重要なのは、これらのことすべてが大規模な機械労働の導入以前に起こっていたということである。私たちは近代をヨーロッパと同義なものとして想像することで、近代資本主義が植民地システムの産物であったということをどれほど誤解してきたことだろうか。植民地システムは、さまざまな点でヨーロッパの発展に先行していた。エメ・セゼールは「サン゠ドマングを研究することは、起源、すなわちヨーロッパ文明の源泉のひとつを研究することである」と書いている[38]。しかし、私たちはこの洞察のさらに先へと進まなければならない。もしカリブ海の反乱者たちに公平を期すとしたら、西洋文明それ自体も反乱者たちが活動した開かれた多孔性の空間へと溶解していくことになる。

ファクトリーのヨーロッパ侵攻

「工場／ファクトリー（factory）」という言葉は産業の進歩と同義となっているが、私にとって驚きなのは、その言葉そのものがヨーロッパの植民地主義的プロジェクトによる発明であったことに歴史家たちがほとんど関心を払っていないことである。マンチェスターで産業上の飛躍が起こる数世紀前、最初の「ファクトリー」とはポルトガル語のフェイトリア（feitoria）、すなわち交易場（trading post）であった。その役割はアフリカの沿岸港に拠点を供することであり、国内製造業（fabricação）の体制とはまったく異なった事業のことであった[39]。この言葉は、イギリス人にもまさにその意味でとり入れられた。ファクトリー〔在外商館〕とは、外国や植民地において王室により独占を認められた商事会社であり、彼らは代理人（「仲買人（factors）」）をその海外に送り込んで、会社の支店、倉庫、卸売りセンターとしての機能を担う拠点とした。イギリスのファクトリーといえば、ハドソン湾、サンクトペテルブルク、リスボン、ベナンのウィダの商館、そしてインドへの東方政策が有名であった[40]。彼らは、株式組織《ジョイント・ストック》を通じて資本を集め（それは国内製造業に対しては投機的すぎるとして禁止されていた）、長期にわたる「貿易」というリスクをともなうビジネスの資金調達をおこなう近代的な形式の企業を創始した。海外にある価値を搾り取ることの婉曲語法というわけである。ファクトリーは帝国的プロジェクトの代理人であり、同じ敷地の中に要塞を持ち、完全に植民地戦争に巻き込まれた。そして、ファクトリーは莫大な利潤を得ており、それも国内生産であれば何が「公正」な利益かが問われるだろうが、ファクトリーにはそのようなことは無意味であった。マンチェスターの初期の工場を植民地システムの延長として理解するのは間違いではない。植民地のシステムが、今度は母国を侵略するのである。

「一八一五年のマンチェスターは問屋の町」で、「生産よりは卸売りや市場での売買や交換に支配された変化のパターン」を経験していた。[41] マンチェスターが綿業都市（Cottonopolis）という名称を獲得したのは、植民地の綿花プランテーションと再輸出向けの紡績糸を結びつけるグローバル事業において、この都市がヨーロッパの最終販売地への卸売りをおこなう中継地として中心的役割を果たしていたからである。[42] この海外志向の貿易ビジネスは、その生産を周囲の村落の家内労働者に外部委託していた国内の製造業者からは不信の目で見られていた。しかし、国内業者はマンチェスターの卸売り問屋とそのスペースを共有しており、問屋の方でも生産を外部委託している国内業者と貿易向けに紡績糸を扱う商社という二つの事業双方に場所を貸していた。この二つの形態の資本主義に利害関心を共有する感覚および現実が育っていくには、もう少し時間を要する。[43] 私たちが焦点を当てている革命の時代は、まだその時期ではなかった。マンチェスターの工場労働に典型的な、高度に機械化された生産が生まれた時代もそれには当たらない。[44] ここで指摘したいのは、民族や人種の区別、あるいは奴隷対自由人という政治的地位の区別なしに近代的労働力が考察されるとき、その発展には顕著な一貫性と継続性がみられるということである。

その一貫性は当時の観察者にはわからなかったというわけではないが、歴史家たちがそれぞれ一貫した観点から歴史を語ろうと企てるようになるのは、現在のグローバリゼーションの時代にいたってからである。ピーター・ラインボーとマーカス・レディカーは、「さまざまな色の船乗りたち《モトリー・クルー》」[27]と呼ばれる一七世紀や一八世紀の労働者たちが共有していた生きた経験と政治的知覚を接ぎ合わせ、環大西洋研究の力作を書き上げている。ここでいうモトリー・クルーとは、「環大西洋のプロレタリアート」を形成していた賃金労働者階級に属する「多様な人びと」のことであり、そこにはつぎのような人びとが含まれる。すなわち、船乗り、奴隷、年季奉公人、歩兵、いわば「薪を切り、水を汲む者たち」〔旧約聖書、ヨシュア記、九章二一節〕というべき、港を建設したり、船を走らせたり、森林を更地にしたり、戦闘に参加したり、農作業をしたりした者たち、そして自由を求めて逃亡や暴動などたえず脅威を与えつづけた者たちである。それは、まさに非自発的労働者と主人なき人間からなる下層階級であり、植民地においても、母国においても法と秩序を預かる勢力にとってはきわめて厄介な存在であった[45]。ハイチの新体制が近代の奴隷制と近代の自由労働とのつながりや共通性を認めなかったとしても、モトリー・クルーは真相を分かっていた。

モトリー・クルー

ラインボーとレディカーの研究書『多頭のヒュドラ』は、イギリス支配下の大西洋に焦点を当て、新しいグローバルな秩序を形成するにあたって労働者階級が果たした役割を、彼らの反乱の事実を調べ上げながら明らかにしている。多民族的モトリー・クルーの原型となったのは水兵であり、彼らの多くは国内および海外で強制的にイギリス商船艦隊の任務につかされたり、徴用されたりしていた。アフリカやアジアの沿岸に停泊した「ファクトリーの船」は「国際化を促成栽培する温室」であり、「大陸間のコミュニケーション手段というだけでなく、それらさまざまな大陸から来た労働者たちが最初にコミュニケーションをとる場」となった[46]。船上で反乱が起これば、それは政治的行動となる。海賊となったクルーたちは、多人種、多民族の「多頭体制」をつくり、司法を執行し、財を共有し、戦争をおこなう自治的対抗勢力となった[47]。植民地沿岸部の都市においては、逃亡奴隷たちがヨーロッパ系移民に合流し、海岸部の暴徒たちの自主的な集まりを組織した。一七四一年のニューヨークの暴動で過激派を形成したのもそういった人びとであり、それはアメリカ独立戦争でも同様である（ラインボーとレディカーは、対照的にジョージ・ワシントンや、土地を所有し、奴隷を抱える上層階級を反革命勢力として描いている[48]）。

ラインボーとレディカーは、一七世紀の魔女狩り、非国教徒の亡命、平民の囲い込み、財産の侵害に対する厳罰を、大西洋両岸にわたる権力体制による抑圧行為として結びつける[49]。著者たちは、一つ頭を切り落とすと二つの頭を生やしたという聖書のなかの怪物ヒュドラになぞらえて、この時代に、共産主義的な水平派、宗教的無律法主義者、暴徒と化した奴隷、革命主義的急進派たちによる抗議運動が繰り返し起こった様子を描いている。「このように、モトリー・クルーたちは、下からの革命は恐ろしいというイメージをもたらした。……植民地の上層階級は、暴徒を『ヒュドラ』『頭の怪物』『爬虫類』『多頭の勢力』と呼び、ただちに怪物的イメージを抱くようになった。多頭性というのは、民主主義が野蛮に走るということを含意していた[50]」。しかし、反逆者の行動に組織的かつ理論的な一貫性がないわけではなかった。ラインボーとレディカーは、モトリー・クルー全体に代わって声を上げたと主張する代弁者たちの著作を引用し、そうした旅する歴史的行為者に啓蒙された意識があったことを強調している。「この多民族のプロレタリアートは、語の本来の意味における『コスモポリタン』であった[51]」。人種的ナショナリズムではなく、グローバルなヒューマニズムこそ、彼らが伝えたかったことである。

デイヴィッド・ブライオン・デイヴィスは、奴隷制廃止論者たちの法的議論が、いかに自由と労働、奴隷労働者と自由人労働者との間に「くさびを打ち込んだ」かを説明しているが、彼もラインボーとレディカーと同じように、植民地の奴隷制とイギリス国内の労働者の奴隷的な労働条件との間に動かしがたい結びつきがあると考え、その両者の廃止を訴えた急進派の思想家を発見している[52]。アイルランド人で「プロレタリアの理論家」エドワード・デスパードは、アメリカ大陸植民地で兵士だったときにアフリカ系アメリカ人の妻キャサリンと出会い、一七九〇年代に、判事の言葉を借りれば「万人の平等という野蛮な階級打破思想」を煽動するための謀議をロンドンで企てた反逆者として有罪判決を受け、絞首刑になった(53)。ムラートでメソジスト派の聖職者ロバート・ウェダーバーンは、イギリス植民地の農園主に対して「サン＝ドマングと同じ運命が待っている」と警告し、聖書に書かれた祝祭《ジュビリー》とは植民地と本国の双方における政治的かつ経済的解放を約束するものだと解釈した。彼は、一八一九年にマンチェスターでデモ参加者が殺されたピータールーの虐殺の後、イギリスのプロレタリアートに武装することを提唱した(54)。

革命の時代において、そのような「下からの普遍主義《ユニヴァーサリズム》」の支持者たちは、人種はひとつ、人類というものしかありえないという、のちの時代に現われたその手の思想よりもはるかに大きな広がりを持った思想を語った。オラウダ・イクイアーノ〔28〕、リディア・ハーディ〔訳註29を見よ〕、トマス・ハーディ〔29〕、ウィリアム・ブレイク、トマス・ペイン、ヴォルネー伯爵コンスタンタン＝フランソワ・シャスブーフ〔フランスの哲学者、オリエンタリスト〕といった書き手たちは、自分たちのことを「世界の市民」と呼んだ(55)。支配者のつくる歴史が「革命の普遍主義的な主張を狭くレイシスト的なナショナリズムへと縮小した」のに対し、上述の作家たちの急進的でコスモポリタンな著作は対抗的テクストとして地球中に流布した(56)。現代のコスモポリタンであり、グローバルな搾取のもっとも新しい犠牲者とともにある闘士、ラインボーとレディカーは、そうした「人類のための陰謀」が失敗に終わってきたことを遺憾としている。「イギリス人の労働者階級、黒人のハイチ人、アイルランド人のディアスポラなど、のちに残ったのはナショナルで偏狭なものであった(57)」。

二　境界を越えた歴史

歴史記述のポリティクス

ラインボーとレディカーの描く歴史は、デイヴィッド・ブライオン・デイヴィスの仕事を補完するものであるように思われる。デイヴィスは、イギリスの法理論の観点や、奴隷廃止論者による文書において共通する多くの争点をたどり、少なくともいくつかの場合には奴隷制と自由労働とのあいだに人種的差異を超えた結びつきが存在していたことを示している。その際、彼らが公開の場で鋭く対立したことは驚きである。デイヴィスは『多頭のヒュドラ』に批判的な文章を発表し、それに対してラインボーとレディカーが激しく反論したのである。デイヴィスは『ヒュドラ』の「環大西洋的観点」を評価し、（デスパード夫妻、ウェダーバーンなど）「魅力的な個人史」を含めいくつかの部分は「高い賞賛に値する」と述べているが、他方で著者たちの研究が事実誤認や間違った解釈に満ちている点を非難し、それは「マルクス主義」的メッセージを発したいがためだとする。それに対してラインボーとレディカーは、デイヴィスが「アカ狩り」をしていると批判している[58]。

　どちらの論評も的外れである。実際は『多頭のヒュドラ』は、プロレタリアートというものを産業革命以前の環大西洋世界を視野に入れてとらえ直したという点、女性リーダーの重要性を強調している点、キリスト教急進派に共感している点、階級と同じように人種にも関心を持っている点、政治組織の形態としての前衛主義に対する嫌悪感といった点で、正統派マルクス主義に対する重大な挑戦である。[59]さらにいえば、同書の主題は、商業資本による搾取に反対したプロレタリア労働者の失敗した革命運動なのであり、けっして階級闘争や産業資本の発展という鉄の法則ではない。[60]デイヴィスについていえば、彼自身は自分を「まったくの中道左派」のひとりに数えており、ラインボーたちをその政治的関心から非難しているのではなく、むしろ彼らの紹介のされ方の政治的影響を非難しているのである。デイヴィスは、歴史を善悪という道徳の物語として政治化するような書き方に慎重である。それによって、出来事の偶然性と複雑性、人間的行為者の不完全な知識や意図せぬ結果とが見失われ、歴史を英雄と悪役の理想化された闘争にしてしまうからである。左翼と右翼による歴史の説明がしばしば政治的濫用を導いてきたことを考えれば、デイヴィスの慎重さも納得がいく。しかし、著者たちの熱いやりとりも、一方が専門家の基準に引きこもり、他方がアカ狩り攻撃だと訴えるという冷戦期のような展開を反復していては、読者はかえってしらけてしまう。こうした古い新左翼的な膠着状態は、論争の両方の側で著作を実際に読んでみるという経験には的外れなことだと思われる。

ずさんな研究であれば誰も擁護できない。ヒューマンエラーは完全に取り除けないだろうが（そして、ある分野における最初の試みは、のちの批評による修正の力を受けていないのだからいちばん脆弱だろうが）、正確さへのほとんど神経症的強迫は、歴史を書く者にとって職業上必要なものであり、読者の信用を得たいのであれば果たすべき最低限の責任である。しかし、ラインボーとレディカーが、専門家としての基準のほかにも重要なことがあると主張するのは正しい。デイヴィスは、事実とイデオロギー、真実と歪曲をあまりに厳密に区別しすぎることで、歴史研究の意味に関するより根本的問題を避けてしまっている。私たちは不可避的に歴史哲学に深く巻き込まれており、その中心にある問い、すなわち、私たちは人間の集合的生の時間的展開をどのように理解すべきなのかという問いを考えざるをえないのではないだろうか。今日、その問いはグローバルな文脈において、すなわち普遍的な歴史として再考する必要がある。しかしそうした必要性は、何世紀にもわたってそれほど強くは感じられてこなかった。おそらく、ヘーゲル、ハイチ、革命の時代以来、ずっとそうだったのかもしれない。

私たちは、なぜ歴史を書くのだろうか。それによって明らかにされる真実とは何だろうか。事実を提示したとしても、それが雑な記録かどうかにかかわらず、それだけでは適切な答えを与えることはできない。さらにいえば、歴史の意味の中心にある問いは時間の外からは問われえず、人間の行為のまっただなかからしか問われえないものであるため、問いのたて方、探究方法、何をもって正当な答えとするかは、すべて政治的意味をもつ。デイヴィスにとって（西洋の奴隷制に関する彼の多くのすぐれた著作においては）、事実とは脱神話化を目標とするポリティクスである。彼の厳密な研究によって、公式の歴史に編み込まれ、権力者が自分たちの支配を正当化するために使われている通俗的誤解は逆撫でされる。しかし、ラインボーとレディカーはさらに歩を進めて、支配的説明を動揺させるだけでなく、現状の批判を超えて、現状を変える行動を促すような対抗的ナラティヴをつくり出そうとしているのである。彼らの明確な目標は、今日のグローバルな抵抗と過去のそれとを結びつけ、「プロレタリアの身体を怪物的分節化［ヒュドラ］から救い[61]」、ルヴェルチュール、デスパード夫妻、ウェダーバーンたちと、「アフリカからカリブ、そしてシアトルにいたるまで、つねに奴隷制に抵抗し、コモンズを回復しようと身構えている」今日の「地球規模のさすらい人」とをつなぐことにある[62]。対抗的神話といえども所詮は神話にすぎない、とデイヴィスは論じるであろうし、そのような危険を指摘することは正しい。しかし、概念なき事実は無意味なのだから、厳密な実証主義的経験主義が歴史認識における選択肢になることはない。イングランドというのも、「ヨーロッパ」「啓蒙」「経済」「進歩」「文明」などと同様、事実ではなく概念である。そうした概念が神話的であるかどうかは、歴史的に変化する集合的価値判断である。それこそまさに、政治的争点なのである。

歴史の集合的主体とは誰か、あるいは何か。ネイションだろうか。文明だろうか。階級だろうか。ヘーゲルのいう理性という狡猾な行為者だろうか。これら理解のカテゴリーのそれぞれは、たしかに現在の現象に意味を与えるとしても、ユートピア的夢想や文化的盲点が堆積した歴史を含め、多くの過去の残滓までもたらす。歴史的に受け継がれた諸概念は、つぎに歴史をつくり出す行為者たちの集合的意識をかたちづくる。逆説的なことに、集合的行為者たちが自分たちは普遍的な歴史の旗手だと宣言するときでさえ、いやむしろ、自分たちこそが前衛だと主張するときにこそ、彼らは自分のアイデンティティを他の人間、すなわち外部の人間と対照的に打ち建てているのである。このことは、ここでの考察を本書第I部「ヘーゲルとハイチ」の末尾の思考へと立ち返らせる。普遍的な歴史を排他的な概念枠組みの外側で再想像することは可能なのだろうか。私たち人間は、いわばヘーゲルを転倒して、自分たち自身を歴史の道具として見ることを拒絶することはできるのだろうか。すなわち、私たちの特殊的な行為は、歴史的に展開していく何らかの支配的概念——たとえそれが人間の自由という概念であっても——に包摂されたときはじめて意味あるものとなるという見方を拒絶することはできるのだろうか。集合的主体性を、人類そのものと同じくらい包括的なものとして想像することはできるのだろうか。今日、普遍的な歴史に通じる道はあるのだろうか。

多孔性

その第一歩となるのは、歴史的出来事の偶然性だけでなく、私たちがそれを把握するための歴史的カテゴリーもまた不確定であることを認識することではないか。この一歩は、ポール・ギルロイのような歴史家によって踏み出されている。ギルロイは、ブラック・アトランティックにまたがるアフリカ系ディアスポラを理解しようという試みにおいては、人種ないしはネイションというアイデンティティを確認するための概念はどれも適切ではないと論じるにいたった。具体的で特殊的な人間の集合的経験は、彼らの生活の部分的側面をとらえるにすぎない「ネイション」「人種」「文明」といったアイデンティティ確認のためのカテゴリーとは相容れない。彼らは、文化的二項対立の双方にまたがって移動しているのであり、さまざまな概念枠組みの間を出入りし、そして新しい枠組みを創る過程のなかにいるのである。多孔性こそ、彼らの世界を取り囲む境界の特徴である（今日の私たちの世界もそうである)。エスニック・アイデンティティは、「基本的に同質な国民国家の境界と同じ枠をつねに文化にも当てはめるという無思慮な仮定[63]」にもとづいて考えていると、政治的に誤った判断を導くことになる。

ここでも弁証法が役立っている。逆にいくつかの事実を重視しながら、概念の多孔性に注意を向けてみるならば、多孔性という概念の持つ意味論的な力がわかる。オランダ商人がスペインの貿易を支え、ポルトガルの植民地に居を構えたということが突如重要性を帯びてくる[64]。「一五世紀ポルトガルは……メタファーである[65]」。おそらく、「イギリス」海軍の半分以上がイギリス人ではなかった[66]。〔北米大陸北東部に居住していた〕アメリカ先住民のうち、「一六六九年におけるオナイダ族の三分の二がアルゴンキン語族とヒューロン語族であった。イエズス会士ですら、イロコイ諸族に彼らの言葉で説教するのは難しいと嘆いていた[67]」。奴隷制を復活させるためにハイチに送られたナポレオンの「フランス」軍には、ドイツ人とポーランド人が含まれていた。貿易仲間を形成したのは都市どうしであり、陸地の大半は関係がなかったため、領土の境界線が無視されるのは当たり前で、密輸は通常のビジネスであった[68]。

多孔性の概念は、統制できない接続関係を露わにするために、フェミニズムの問題とも関係している。「交渉(commerce)」という語は、複数の言語において性的意味を持っている。女性の売買は商業的《コマーシャル》な奴隷制の原型であった[69]。性的交渉《コマース》は、それこそ人種の概念的境界を動揺させる脅威であり、そのため「人種混交」の程度に応じて細かい下位区分が発明されるにいたった。それは「同化不可能」な集団という概念であり、それが雑婚として分類された特定の同類集団に社会的死を宣告した。[70]伝染への恐怖は、まさに概念的区別に対する脅威として生じた。[71]ナポレオンは、黒人と寝たすべての白人女性をサン＝ドマングから追い出すようルクレールに命じた。[72]そうした恐怖はたんなる心理的幻想ではなく、経済的力をもち、政治的統制をすり抜けていく女性の性的行為能力が、実際に境界を混乱させる潜在力を持っていたことに根ざしていた。ここにその姿を現わすのが自由人であるムラート女性であり、それについてはジョアン・ダヤンがそのハイチ史研究において見事に描いている。[73]

拡大する社会的空間としての大西洋をめぐって、異種混交の、以前はつながりのなかった無数の人びとによって共有された生きられた経験は、既存の集合的意味の秩序すべてに揺さぶりをかけるものであった。いかなる文化的遺産も、徹底的な変容を被ることなしに大西洋をまたいで伝播することはできなかった。すべての参与者にとってまさしく新世界であった空間に存在した境界線の特徴は多孔性である。その再編成は暴力の結果であったかもしれない。しかし、移行過程の不確定性のなかで、新たな視角も現われはじめていた。この時代にふさわしい知を生み出そうとさまざまな努力がなされていた。多様な歴史的伝統を再創造するために、それらのなかに深く入り込もうという試みである。歴史が、性的、社会的、経済的、政治的な関係を同時に含んだ人間のネットワークに沿って想像し直されたとき、そこでは神話的衝動も必然的にひとつの役割を果たした。その相互承認が先例のない人びとの織りなす布置は、この新世界を有意味なものとして考えようと試み、宇宙論的思弁を噴出させるようになった。このようにして歴史の哲学が現われるとき、普遍的な人間性こそがその主題である。

限られた地平

カントは、その生涯の終わりも近づいた一七九八年の著作において、多くの人びとが人間には自分たちでつくった憲法によって自治をおこなう権利があるという考えを抱くようになったことについて、フランス革命がいかに影響を与えたことかと、彼らしからぬ情熱をもって述べている。革命を観察している人たちは、たとえそれが彼ら自身の利害関心や金銭的利得に反する場合でも、革命家たちの立場に立った。この「大いなる政治的変革のドラマ」は、「悲惨な出来事や残虐行為」があったにもかかわらず、「そこに参加していないすべての目撃者の心情の内にほとんど熱狂ともいえる共感をひき起こした」。こうした集合的熱狂という歴史的経験は、たとえ革命が失敗したとしても「忘れ去られることはない」。というのもそれは、人類の歴史的進歩への希望の源泉となる「人類のなかにある道徳的性向」を証明するものだからである。ここに、「果てしない未来への展望が開かれる(74)」。

そうした熱狂こそ、サン＝ドマングにおける革命に対する若きヘーゲルの反応の特徴であったというのが、本書第I部「ヘーゲルとハイチ」の主張である。ヘーゲルは報道を通した目撃者として（『目撃者《スペクテイター》』や『観察者《オブザーヴァー》』といった名の新聞はよくあるものであった(75)）、グローバルな展望を垣間見ることができた。ヘーゲルは普遍的な自由の実現こそが歴史の意味と構造そのものであると考えており、サン＝ドマングの奴隷たちの蜂起はヘーゲルにとってその普遍的自由の表われとして映った。しかし、ヘーゲルは一度はハイチ革命の意味をそのようにとらえたが、経験主義的歴史学を「怠惰な存在〔faule Existenz〕」として相手にしなかったように(76)、それの扱う単なる事実問題について根気よく取り組もうとはしなかった。内容より概念が優先されたのであり、ヘーゲルの哲学体系そのものへの熱中の前には、歴史的事実への関心もかすんでしまった。

ヘーゲルは大陸の岸を離れたことのない書斎の観察者にすぎず、「世界を哲学的にみた歴史」[77]を展開しようとヨーロッパの地平の外へ目を向けるには適任とはいえなかった。理性の支配する発展過程のなかでつぎつぎと継起する対立と矛盾が世俗のあり方に具体的に表われるという彼の弁証法的綜合のアイデアは、神の国の到来を述べる教会の黙示録的ナラティヴからの離反を示すものではあったが、やはり神の計画にもとづくキリスト教的目的論がその下地となっている。ヘーゲル哲学は理性の衣をまといながらも明らかにプロテスタンティズムを肯定していたのであり、彼が人間の幸福を歴史の主題とみなすことを却下したところにも、キリスト教における現世での禁欲主義の要素が残っていた[78]。ヘーゲルは、政治的実践（そこでは、偉大な人物の行為が奇跡の介入の代わりとなる）を進歩の道具と考え、それがグローバルな規模で現実化していく舞台を心に描いた。ヘーゲルの考えでは「近代」における歴史の主な行為主体はヨーロッパ、およびヨーロッパ人に植民地化されたアメリカであり、植民地化の事業は世界における理性の展開として正当化される[79]。共通の目的に向かって進歩することが必然の全人類にとって、西洋こそが歴史の前衛であると断言された[80]。

ロバート・バーナスコーニは、ヘーゲルが一八二〇年代におこなっていた『歴史哲学』講義の複数の異本を分析し、それらをヘーゲルが参照したアフリカについての資料と比較した結果、ヘーゲルが自分の歴史の図式を事実の上に置くために、どれほど自分の進歩の公式に適合しない反証を無視したかを証明している。[81] ヘーゲルは、彼が「本来のアフリカ（das eigentliche Afrika）」と呼ぶサハラ砂漠以南のアフリカについて、彼の読んだ資料がイスラーム商人の貿易ルートから情報を得ていたことは問題にせず、「孤立した」ものとして扱い、「非歴史的」、すなわち静止しており、歴史のなかで変化しないものとした。[82] バーナスコーニは、多くの研究者に反対して、ヘーゲル哲学に染み込んでいる文化的レイシズムは、ヘーゲルが研究に用いた資料を非難することで許せるものではないと主張している。[83] むしろ、（カール・リッター、[30] T・E・ボウディッチ[31]などの）専門家の書を翻案しているヘーゲルは、写字生として「信頼できない」[84]。ヘーゲルは、カニバリズムや生贄の物語を「脚色」し、「無理やり数を増やす」など、特定の発展図式を論理的に見せようという自分の哲学上の目的のために、恣意的に歪曲や誇張をおこなったのである。[85] ヘーゲルは非常に限定的な知識しか持っていなかったが、呪物崇拝的なアフリカ人の「感性（Sinnlichkeit）」から優れたキリスト教的精神性へと上昇する物語としての歴史哲学を構築するために、アフリカに「計画的意図を抱いて」接近した。[86] その図式は、ののちのヨーロッパ人によるアフリカ大陸の搾取に、「強力な言い訳」を与えることになった。[87]

一八四二年、アシャンティ国王クワク・ドゥア[32]は「イギリス領ゴールド・コースト（一八二一－一九五七年）の」イギリス人総督につぎのように語っている。「子どものころの思い出なんだが、イギリス人が奴隷を積み込むための船でアフリカの海岸にやってくるのは、奴隷たちをイギリスに連れて行き、食べてしまうためだといわれていた。だが、噂が嘘だってことは随分前から知っていたよ」[88]。ヘーゲルが、だまされやすいヨーロッパの聴衆に対して残忍なアシャンティ族というわざと誇張した説明をおこなっていたとすると、対照的にクヮク・ドゥアは実に冷静に見える。しかし、ヘーゲルがヨーロッパ史にハイチは組み込み、アフリカは重要ではないと切り捨てた歴史的瞬間に立ち戻って考えることにおいて重要なのは、ドイツの哲学者を非難することではなく、むしろ私たち自身の名誉回復への一歩を踏み出すことなのである[89]。

今日ヘーゲル主義者を自称する者はほとんどいないだろうが、ヘーゲルのさまざまな考え方は今でも広く共有されている。暴力的な政治行動があったかどうかが、人類の集合的歴史において重大な出来事かどうかの基準とされている。他国に対して軍事的プロジェクトで民主主義を押しつけることは、進歩思想によって正当化される。文明的で進んだ人びとと未開で遅れた人びとという人間の区別はまだなくなっていない[90]。全世界が従うべきひとつの道として、いわゆる現世的な普遍史という図式を案出したのは（キリスト教的な）先進国であり、それはいまだに西洋の政治的言説に染み込んでいる。文化的レイシズムは克服されていないのである。

生存競争だけの社会ダーウィニズム的基準で人間の集団を評価することには何の科学的根拠もない。集合的英知は文明による支配の産物であるというよりも、むしろ文明と英知という二つの変数は反比例の関係にあるのかもしれない。すなわち、ある文明が世界で権勢をふるえばふるうほど、そのなかにいる思想家は自分たちのもつ信条の単純さを認識できなくなるのかもしれないということである。人間とはよくしたものである。

三　新しいヒューマニズム

大西洋のコスモロジー

カントは、星を眺めると心が「感嘆と畏敬」の念でいっぱいになると述べている(91)。ヘーゲルはより傲慢で、星には関心を示さなかった。詩人ハインリヒ・ハイネは、この高名となった哲学者をベルリンに訪ねたときのことを回想している。二人は窓際に立ち、ハイネは星をちりばめた夜空への感動を語る。すると、ヘーゲルは咳払いをしながら不満そうにいった。「星なんて、空の吹き出物が輝いているだけだろう(92)」。しかし、大西洋横断という困難に耐えた者にとって、星とは生き延びることそのものと結びついていた。経度を測定する海事クロノメーターが発明されるまで、大西洋の船員たちの運命は星空に左右されていた。航海は南の空の星座、古代は水夫のしるしとされていた海蛇座《ヒュドラ》を目印にしていたのである(93)。南北アメリカ大陸において売られていた奴隷の出身地を確認する方法は、彼らがアフリカ大陸海岸から陸路を旅していたときに星々がどこにあったかを思い出させることであった(94)。

占星術は、新世界における位置測定に大きな力を発揮した。しかし、天空の時間は人間の歴史を考察するのにふさわしい道具とはいえない。それでも、多数の文化がそれを利用していたという証拠はすぐに集められる。新世界には共通の言語は存在しなかったし、共有された意味を表わす音声学システムもなかった。これは、モトリー・クルーたちのあいだでもアフリカ人奴隷たちのあいだでもそうであったし、アメリカ大陸入植者たちのあいだでも同じであった[95]。フリーメイソンはこうした環境のなかで生長した。フリーメイソンの運動は、非言語的コミュニケーション手段の魅力の奥義を教え、記号、象徴、人工物や、過去の建築物の不思議のなかに普遍的な人間的知を探し求めるように導いた。そして、そういったものを秘教的に、英知の隠された源泉として解釈したのだった[96]。エジプトのピラミッドから先住インディアンの記号言語にいたるまで、イメージによる視覚的世界は、聖書のいうバベルの塔崩壊以前に存在していた共通の人間性へといたる鍵がそこにあるのではないかと、探求の対象となった[97]。

大西洋をはさんだ多孔的空間において、フリーメイソンの結びつきは、国、民族、さらには人種のそれよりもしばしば強く、革命の時代における歴史的出来事を理解するためには重要な意味を持った。しかし、一般化は難しい。フリーメイソンが新世界で盛んであったということに、厳密にはいったい何の意味があるだろうか[98]。ロッジと呼ばれた集会の構成員や、会員であった歴史的人物のリストだけからわかることは少ない。その数は印象的でも実質はあいまいで、場合によっては、今日でも生きているフリーメイソンの世界的陰謀神話をあおるような誤解を招いてしまう。フリーメイソンといっても、その実態は時代によって変化する多様なもので、その社会的役割も大きく変化している。フリーメイソンであるということは存在論的カテゴリーであり、その結果としてどのような性質を導き出せるかは決定できない（キリスト教徒だからといって高潔だというわけではなく、マルクス主義者だからといって革命家ではなく、ムスリムだからといってテロリストではないのと同じである)。フリーメイソンというのは誇大妄想の空虚なシニフィアンである。運動の内部に均一性があり、秘密の知識が共有されていたとしても、一八世紀に創設された近代のフリーメイソンは固有の矛盾を含んでいた。トゥサンもフリーメイソンになったが、彼を殺したナポレオンもそうであったといわれている。(99) この友愛によるアソシエーションは平等な者たちの社会であったが、優秀さによるヒエラルキーによって組織されており、社会的に平等な関係は一般にはロッジのドアの前で終わりであった。メイソンはメタファーとしては石工職人や手工業者の系譜にさかのぼるが、実際のメイソンはそのいずれでもなかった。というより、メイソンは「社会の建築家」であったが、その意味はまた実にさまざまでありえた。(100) 誰もがコスモポリタニズムの闘士であり、グローバルな友愛の理念を熱狂的に奉じていた。あらゆる人間を受け入れた者もいた。(101) しかし、人種的に混交していたロッジは少数派にすぎず、黒人だけからなるロッジもあった。(102)

どのロッジも、市民としての行動を鍛錬する場として公民道徳を実践していた。会員たちが社会から一歩退いていたことは、結果として支配的な文化的潮流とは異なる意見を抱かせることになり、外の世界にとってはまだ早すぎるユートピア的思考を助長した。そして、それは行政当局を神経質にさせるに十分な組織的要素となっていた。ロッジの秘密主義はそもそもが政治的であった。というのも、メイソンになれば国境を越えた忠誠心やそれまでとは違った社会的アイデンティティ、対抗的な権威の源泉が得られたためである。しかし、政治的傾向の分布範囲は多岐にわたっている。一八世紀初頭のイギリスのロッジは政治活動に意識的に反対していたが、オーストリアのロッジは王族がスポンサーになっていることを一時誇りにしていたし、また「ヘーゲルとハイチ」で述べたように戦闘的革命家もいた(103)。

フリーメイソンは植民地拡大とともに広まった一方、植民地拡大はフリーメイソンを変化させもした。その背景にあるもっとも重要な側面は、おそらく見知らぬ土地において見知らぬ人間を信頼する必要があったということであろう。「ロッジは最初、港町や取り引き仲間のあいだで商人のクラブないしはビジネス相談所としてはじまった(104)」。フリーメイソンは、他の秘密結社と同じように擬似的親族関係を定め、ロッジの兄弟に相互扶助を提供した（キューバの黒人ロッジは奴隷解放のための資金を提供していた(105)）。それらのロッジは、歴史的にみても交易ルートに沿って拡散する秘密結社の典型といえるものであった。そのような環境では、商取引が共同体の境界を越えておこなわれるため、伝統的な社会的つながりでは、信頼できる人間のネットワークを構築するには不十分なのである。

「今日言われているように、フリーメイソンはその共通点においてヴードゥーの儀式に寄与したのだろうか」と、人類学者のアルフレド・メトローはハイチの宗教祭儀についての研究書で述べている(106)。ヴードゥーは時代に応じて変化しており、それに応じてハイチのフリーメイソンとの関係も変化している。しかし、革命の時代の人間は、ヴードゥーが見知らぬ人間を受け入れ、さまざまな世界観が混じり合っていたという点で「踊りをともなった宗教的フリーメイソンの一種」とみなしていた(107)。

区別されることのない一群として描かれることの多い新世界に連れていかれた多数の奴隷たちだが、

図版 **19.** ヴードゥーの儀式（1970 年）。レオン・シャロム（Leon Chalom）撮影。Dayan, *Haiti, History and the Gods* より。

図版 **20.** 19世紀後半のフリーメイソンの入会儀式。

彼らが言語、宗教、慣習、政治機関において多様であることは植民地のヨーロッパ系住民と同じであった。たしかに革命直前の数十年にわたりサン＝ドマングに流入した大量の奴隷は、主としてコンゴおよびベナンの海岸から運ばれた人びとであったが、彼らはアフリカ人どうしでおこなわれた戦争の捕虜として内陸部のさまざまな場所から連れてこられた人びとだった。コンゴの大きな内戦は、一世紀にわたり繰り広げられ、一七八〇年代にピークに達していた。また、ダホメー王国（現在のベナン）がオヨ王国および近隣諸国とのあいだでおこなった数々の戦いも、勝ち負けを繰り返しながら激しさを増していった(108)。こうした一度は敵となった者たちは、戦場で奴隷にされ、アフリカ人商人の手で人間という商品としてヨーロッパ人に売られ、ある種の特別引き渡しを経験した。自分たちのその土地の権力から力ずくで引き渡されたのであり、それは代理人による拷問に等しかった。敗北、奴隷化、追放、そして大西洋横断とプランテーション労働の恐怖といった共通のトラウマこそが、ヴードゥーという文化的創造を爆発させ、それを信頼の共同体へと変容させていった(109)。

ヴードゥーは秘密結社であると同時に開かれた宗教でもあった。フリーメイソンと同じように、共通の言語がない場合に視覚的なコミュニケーションをおこなう必要から、エンブレム、秘密の記号、擬態的パフォーマンス、儀式が重要であった。また、フリーメイソンと同じように、共通の認識は、完全に多様な人類文化からとってこられた諸要素の混合体として構想されていた。それは、ヒエラルキーによって閉じたものではなく、むしろ加算的で開かれたものだった。ヴードゥーの宇宙論的思索は抽象的議論を展開させるのではない。ヴードゥーの哲学的原理は綜合ではなく融合であり、異なったさまざまな文化領域へと横断的に対応していくものである。ヘーゲルが「怠惰な存在」と呼んだ〔ヘーゲルにとっての「世界史」からはみ出る〕この世界の残余は、けっして打ち捨てられることはない。ヘーゲル的綜合では相対立する項もそれらを包含する概念のもとに支配されるのに対し、ヴードゥーでの諸記号は個々別々で、支離滅裂で、分子的なままであり、リゾーム的に結びついて全体をなしている。そうした複数の意味体系が接する境界線が多孔質的なのである。フリーメイソンとヴードゥーのいずれも、その象徴体系には縁がなく、その点で両者は混ざり合うことができるものであり、実際にそうなっていた。〔正教会で用いられる〕八端十字架、大工のコンパス、[33] 虹、蛇、ドクロと大腿骨〔海賊旗のマークとして一般に想像される図像〕といったものは、ヴードゥーとフリーメイソンに共通のエンブレムである。

それでもしかし、これら新世界の二つの活動がけっして同一のものとならないのは、アフリカの人間が何らかの本質的「他者性」を有していたからではなく、近代の奴隷制が本質的に非人間的な経験であったからである。メトローはつぎのように主張している。「今日のハイチ人の祖先であるアフリカの諸部族を特徴づける政治的および社会的枠組みは粉々に破壊された」。[110] それに比較される経験は、ヨーロッパのフリーメイソンにはない。

アレゴリーによる世界観

エンブレムとは解釈を通してのみ理解できる物言わぬ記号であり、その点でどのように解釈するかが決定的となる。ヴードゥーは、歴史の経験をカタストロフィとみなすアレゴリーによる世界観に基いて構築されたものである[111]。歴史の敗者となり、そのもともとの社会的つながりを切断され、異郷に生きる者たちにとって、世界は物理的距離と個人的喪失によって貧困化しており、意味は事物から消失してしまっている。ヴードゥーにおいては、一つではなく多数の文化の集合的生が打ち砕かれてしまっており、残ったのは砕けて荒廃した姿であった。エンブレムは中身が空っぽになり、それらの意味は恣意的なものとなっていった[112]。ヴードゥーのドクロと交差した二本の大腿骨のエンブレムは、広範に用いられている死者の頭のエンブレムの変種であるが、ヴードゥーの場合、それが表わすのは生の儚さだけではなく、意味の儚さ、すなわち真理そのものが永遠ではないということでもある[113]。神々は途方もなく遠いところにいる。神々は生きている者を見捨ててしまっている。そこで、神々は呼び戻されなければならない。身体でもういちど体現することによって。すなわち、ヴードゥーの儀式をおこなうたびに、神々が信者の身体を文字どおり「所有」することによって。それはちょうど、ヴードゥーの宇宙観を精緻に表現した図像ヴェヴェ（vèvè）が、地面に〔トウモロコシなどの〕粉を撒いて描かれては、踊り手によって踏まれて消されてしまい、毎回新しく創造されなければならないということに表われている[114]。

それこそがアレゴリー的経験というものであり、そこでは文化は廃墟として存在する。対照的にフリーメイソンでは、宇宙論的思索は歴史を超えた象徴の領域に位置づけられており、その目標は永遠の真理を明らかにすることである。フリーメイソンは、知を近い過去の文化の断片に求めるのではなく、古代や遠く離れた文明の偉大なモニュメントに求める。エンブレムについては、象徴は時間を超えたもの、そして体系的全体を表わすものだと考えられている。「フリーメイソンの教えは、……人は『人間性の神殿』を築くことに努めなければならないということであった。それは、そのなかにあらゆる価値ある知識が保存され、失われた過去が記憶されつづけるところである」[115]。こうした意味の永続性に対する信頼は、生き生きとした現在のなかで安らいでいる人間が享受するぜいたくである。そうした人間にとって、時間の前進は進歩であり、物質的腐朽はあっても歴史は完全な姿で保存されつづける。これは、アフリカ系アメリカ人奴隷の経験とは対極にある経験である。

これまでにもいくつもの印象的な民族学的研究が、アフリカの宗教的および社会的要素がハイチ的文化形態のなかに再現されていることを確認している[116]。私は、新世界においてはアフリカにおける元の意味は何も残っていないというつもりはない。しかし、暴力的に奴隷にされ、故郷から引き離された人びとが、奴隷船の船倉にほとんど手荷物と同じ扱いで押し込められながら、あたかも文化交流を目的とした外交任務に当たるかのように自分たちの儀式や神々を運んだというのは、人間の営みとして想像しがたい。ダホメー王国（のフォン人）およびヨルバ人（のナゴ族）の神々は、コンゴ人の神々とともにハイチの祭壇にふたたび現われているが、どれもローマ・カトリック教会の聖人と置き換え可能になっており、似たようなもので代替可能であるということは、神々の独自のオーラは失われ、神々の力にも大きな変容があったことを意味している[117]。ハースコヴィッツは、ハイチで信じられている生ける死者ゾンビという幻影をダホメーの伝説に由来するものと位置づけている[118]。しかし、このゾンビという形象は「自由を奪われた魂なき抜け殻」であって、「喪失と剝奪の究極的な記号」だ

図版 **21.** エクトル・イポリット『前進，前進！』(1947 年ごろ)。

と論じるダヤンは間違いなく正しい。彼によれば、それは植民地奴隷制の「感覚を支配されたことの特異な烙印」と、ハイチ独立後に強制された自由労働という境遇とに影響を受けて、先例のない意味を帯びている[119]。

北コンゴの秘密結社レンバ（Lemba）を、ハイチの同じレンバという名のヴードゥーの儀式の「正統な起源[120]」と呼ぶことにどういう意味があるだろうか。前者は奴隷商人の組織であったが、ヴードゥーの儀式はまさに彼らに売り飛ばされた人びとによっておこなわれていたというのだろうか。バントゥー語のレンバは、両者のどちらにおいても「調和」、「平穏を保つ」ことを意味するが、使われる文脈はひどく異なっている。アフリカのレンバは、大西洋貿易で銃と奴隷を交換して物質的利益を得た結果としてもたらされる個人的および社会的苦痛を癒すものであった（「ヨーロッパ人の武器庫から古くなって払い下げられた」一丁の銃が、武器貿易によって拍車のかかった戦争の結果として奴隷にさせられた一人の人間と等価であった[121]）。内陸に交易ルートが展開するにしたがって、商人のつながりは沿岸の町から奴隷を産出する内陸奥深くへとネットワークを形成し、その商人一族のあいだでレンバは生じた[122]。そのなかでもエリートであった「裕福な（あるいは裕福になりつつあった）力のある商人、裁判官、祈禱師、占い師、族長[123]」は、婚姻関係の承認、市場の取り決めの是認、富の儀式的な再配分、争いを解決し、社会を統制するためのイデオロギーとなる呪術の行使という聖職者的な役割が与えられていた[124]。こうした成員は、「とりつかれたとさえいえるほど商売繁盛、影響力の行使、社会での名声をがむしゃらに追い求める人物」であった[125]。「強い平等主義的な倫理」を持った社会において、彼らの商業活動はさまざまな社会的病弊をひき起こし、それを癒すためにレンバが必要とされたのである(126)。

アフリカのレンバは儀式による贖罪であった。レンバは、ヨーロッパ大西洋の交易によって地域の社会構造が完全に破壊されるのを防ぐために、裕福な商人の罪悪感を軽減し、不運な人びとの嫉妬を和らげるものであった。ジャンゼンらが主張するように、新旧の両世界のレンバ儀式に著しい連続性が認められうるとしても、両世界のレンバの歴史的役割については根本的な非連続性が存在する。アフリカのレンバは、新世界の奴隷たちが被ることになった不幸を生み出したのである。サン＝ドマングに連れてこられた奴隷たちのあいだで必要とされた和解の課題は、富の再分配といった問題ではけっしてなく、かつての戦争で敵どうしであった者たちのあいだで、そして同じ労働者グループに押し込まれながら共通の背景もなく、互いにほとんど知ることもなかった者たちのあいだで、信頼をともなった友愛の同盟関係を築くことにかかっていた。実際、彼らはこうして交わることがなければ、互いの文化の存在を知ることはなかったかもしれない。

かりにヴェヴェやハイチのヴードゥー寺院の祭壇の配置がアフリカの草原でレンバのメンバーによって描かれたコスモグラムをミニチュアで再現したものだとしても、そしてダホメーの神々の名前がヴードゥーのロア（loa〔精霊の総称〕）で人気のあるラダ（Rada〔ロアの分類のひとつ〕）信仰のなかにも登場しているとしても、要するに文化的言語の語彙と構造が保たれているとしても、この言語のなかで歴史的出来事に応答して語られたことはまったく新しいものであった(127)。このことがどこよりも明らかなのは、ハイチ革命の一翼を担ったといわれている戦士たちの秘密結社のケースである[128]。戦士の結社はコンゴ、ダホメー、およびその他のアフリカ地域に存在したが、その目的は奴隷の反乱を起こすためではけっしてなかった。反対に、戦争で捕虜になると商人に売られてしまうため、「奴隷貿易はダホメー人の戦士としての生活のあり方をますます強化した[129]」。アフリカにいたヴードゥーの先行者の誰もが、主人と奴隷という制度化された対置をすっかり廃絶してしまうことなどまったく考えてもいなかった。ヨーロッパ人も同様であった。サン＝ドマングで表明された過激な反奴隷制は、政治的に先例のないものであった。

ここに姿を現わしはじめる普遍的な歴史とは、つぎのように定義できる。それは、さまざまに異なった文化を等しく公平に扱い、複数の集団の文化的アイデンティティを調停することで、間接的に人びとが人類の一部として承認されることなどではない。そうではなく、人間の普遍的な歴史とは断絶点における歴史的出来事のなかで現われるものなのである。まさに歴史の非連続性においてこそ、自らの文化を緊張の限界にまでさらされた人びとが文化の境界を超えた人間性を表現する。そして、そうした剝き出しで解き放たれ、無防備な状態に対して感情移入しながら同一化することによってこそ、彼らの声を理解する機会が得られるのである。共通の人間性は、文化とその差異に関係なく存在する。ある人間が集合的なものに同一化していないということが、隠された連帯を可能にするのである。この連帯は、普遍的で道徳的な感情に訴えるチャンスを持っている。そうしたものこそ、今日の熱狂と希望の源泉である。共通の人間性というものが意識にのぼるのは、文化を通してではなく、文化に裏切られるという脅威を通してである。

交差点

ハイチの宗教儀礼の正統な始まりは、一七九一年の反乱まで続いた奴隷制の経験である。しかし、普遍的な歴史の始まりは、とくにハイチで具体的に起こった反乱という出来事にあるのではないし、それがフランス革命のナラティヴを吸収したことにあるのでもない。普遍性は、奴隷たちが人間として耐えがたい状況にあるということを自ら意識したその瞬間にある。この状況は、文明の裏切りと文化理解の限界を示している。それは、その非人間性において、文化的アウトローが考案しうるいかなるものをも凌駕するほど非理性的で、しかも理性的に解釈しがたい人類史の過程である[130]。それと同時に、私たちはヘーゲルの主と奴の弁証法が沈黙してしまう地点へと押し出されている。自己意識は行為へと導かれざるをえない。しかもそれでいて、行為はまさに普遍的な人間性の観念において問題になっているものそのものを危険にさらすのである。今も昔も反乱のジレンマとは、暴力による抵抗は一見して道徳感情によって正当化されるように見えるが、その道徳感情とは相容れない新たな残忍な行為を準備してしまうことである。なぜなら、人類の敵に対しては、あらゆる残忍な行為が許されるからである。いかなる弁証法的理解が、あるいはいかなる政治的闘争が、この矛盾から解放してくれるのだろうか。

黒人たちの肩をもつために歴史的判断を持ち出しても、この道徳的ジレンマはふたたび現われる。

反乱の始まりとなったボワ・カイマン〔カイマンの森〕での奴隷たちの儀式がよい例である（図版22を参照）。一七九一年八月にサン＝ドマング北部のボワ・カイマンで起こったこの出来事について、書かれた資料は貧弱で当てにならない。たとえそれが実際に起きたのだとしても、何が起きたのかという議論は尽きない[131]。しかし、それはハイチ革命の始まりの瞬間として、さまざまな立場の主張によって歴史的証拠として挙げられている。そこに伝えられる断片とはつぎのようなものである。共謀。夜、ボワ・カイマンで大人数の集会。森のなかに集った奴隷たち。ブークマン[34]という体の大きな黒人が激烈な演説。兄弟の契りを結ぶ血の宣誓。〔セシル・〕ファーティマンという黒人女性司祭による聖なる儀式。一匹の黒豚の屠殺。歌とダンスによる儀式、というものである。衝突がはじまるのは数日後である。この集会は「真正」なヴードゥーの儀式だったのだろうか[132]。集会はアフリカのさまざまな伝統の「混成」ではなかったのか。そして、かりにそうであるとしたら、その動機は何だったのだろうか[133]。ダンスは、ヴードゥーが農園主たちに恐れられているという噂を意識して、指導者たちがこっそり武器を配り、仲間に合言葉を教えるためにおこなった隠れ蓑にすぎなかったのではないだろうか[134]。それは「下からの革命」といえる行動、「自立した大衆行動」だったのだろうか[135]。それは、前近代的労働者たちが小作農の抵抗という伝統的形態を脱して、ついには奴隷制というシステムそのものを打倒しようと目論んだ事例だったのだろうか[136]。あるいは、この儀式をはじめた中心的指導者たちは、「援軍を動員することを意図して」いくつかのアフリカ的モチーフを用いたのだろうか[137]。この出来事は、入念に計画された組織の存在を示すものだろうか、それともその欠如を示すものだろうか。

図版**22.** ウルリク・ジャン＝ピエール『ボイス・カイマンと題された絵Ｉ（1791年8月14日，ハイチ，サン・ドマングの革命）』（1979年）。油彩，40×60インチ。フロリダ州マイアミ，Dr. and Mrs. Jean-Philippe Austin所蔵。

それは、「早まって勃発した革命」、すなわち共謀して計画されていた開始時期より前に、勝手に規律を破っておこなわれたものだったのだろうか[138]。

そして、反乱はどのようなイデオロギーによるものだったのだろうか。あるいは、反乱者を後押ししたのは、パリからの、ひょっとすると人権宣言のしらせだったのだろうか。反乱の指導者たちが望んでいたのはフランスの共和主義ではなく、「すべての者の解放」だったのだから、フランス革命は反乱の指導者にとってすらあまり重要ではなかったのだろうか[139]。ボワ・カイマンでの血の盟約はダホメー人に特有のものだという見方は、この地域ではコンゴからの奴隷が多数を占めており、革命前夜にはコンゴ語の政治的シュプレヒコールが聞こえたという記録がある事実と「調和させることは困難」である[140]。ブークマンの説教で使われた「ああ、神よ（Good Lord）」は、異教の、それもとくにダホメーの中心的神を指すものとみなされてきたが、多数派のコンゴ人はカトリックのポルトガル人宣教師が一四九一年にコンゴ王を改宗させて以来、公式にはキリスト教徒とされていた[141]。

これらの解釈はどれも、もしかしたら起こってすらいなかったかもしれない出来事について唱えられてきたものである。それはまるで、とにかく解釈が存立せんがために起こらなければならなかったかのようである。ボワ・カイマンの集会は、根本的に異なるさまざまな政治的見解に対して大きな影響力を持ってきた。この出来事は、ある説明ではハイチが紛れもなく近代に突入したことを意味するとされる。それが、唯一認められた物語であるヨーロッパ的物語に合致するからである。あるいは別の説明では、これは、ハイチとともに歴史はヨーロッパ的物語を凌駕し、ヨーロッパを置き去りにしたことを意味するとされる。あるいは、それはハイチがひとつのネイションになったことを意味するとされる。すなわち、ヨーロッパのような他のネイションと同じく、自分たち自身の軍事的名誉、「建国の父たち」という起源、人命という至高の犠牲を払った血で贖われた国家創成物語を、すべて備えたネイションになったというのである。ハイチ革命という過去の栄光を自分の側に引き寄せようとするこうした争いは、現在のハイチの悲惨な現実から眼をそらしている。今日ハイチは西半球の最貧国であり、またハイチ国民がその政治的意志を表明しても、それは二〇〇年を経た今日もなお海外のさまざまな圧力の介入によって骨抜きにされつづけていることを考えると、ハイチを歴史上重要な砦として論じることは粗雑なことではないだろうか。

グローバル経済に従属した貧困化についての初期の経験、大量虐殺という西洋の手段に対する初期の闘争、ポスト植民地社会における社会的エリートの階層化といった点において、ハイチは実際に近代の歴史の先駆者であった[142]。ハイチの経験もまた近代的現象であったというのではなく、最初のそれであった。ハイチの建国の父たちは、解放された奴隷をプランテーションでの労働と輸出品の生産という境遇に押し戻すために、愛国主義的一致団結を求める言説をイデオロギー的に用いたのであり、これは今日でも少しも時代遅れになっていない戦略である。ハイチのエリートたちは、歴史上はじめて「ブラック」という語を政治的アイデンティティを示すものとして取り入れたが、これは皮膚の色にもとづいた社会的ヒエラルキーと当時は（そして今も）完全に両立する立場だった[143]。徹底したコスモポリタンであるフリーメイソンたちがすでに奴隷解放の主張を擁護してくれていたので、ハイチ国内のフリーメイソンも世界の動きに合わせて現状の権力構造に長らく不安をおぼえることはなかった。ハイチの政治的指導者たちは、独立以前にもヴードゥーの聖職者を迫害していた。（トゥサンの命令のもと、デサリーヌは五〇人以上のヴードゥー儀式の参加者を殺害している。彼らは、ヴードゥー信者の考えている反乱が自分たちの権力の独占を脅かすと考えていた。）[144] ヴードゥーの儀式は「近代的」なハイチ人のエリートにとって悩みの種であり、周縁的地位に追いやられたが、貧しい小作農をなだめる手段でありつづけ、そのため政治的に対立するすべての党派の力の源泉となったのである。ハイチの歴史を善対悪として語ることは、私たちの道徳的判断能力の発展を阻害する。過去の苦難は未来の徳を保証しない。道徳的に純粋なものとは、歪められた歴史にすぎない。

共通の非人間性

批判的知識人は、こうした言談のなかのどこに立脚点を見いだせるだろうか。ヨーロッパ中心主義に吸収されていたハイチ史を救い出したことで十分だろうか。〔普遍性《ユニヴァーサリティ》ではなく〕「多世界性（diversality）」あるいは「複数世界性（multiversality）」のポリティクスといった「複数の近代」を認めようという呼びかけがあるが、実際はそうした多様なものの非人間性はしばしば驚くほど同じだとしたら、私たちはそれで満足していられるだろうか。今日、批判理論の活動は自身のアカデミックな議論の檻に囚われている。アーティストがグローバルに一体化したアートの世界にいるように、私たちはグローバルに拡張された理論的世界に閉じ込められている。私たちのヘゲモニー闘争を過去に投影し、ずいぶん前に死んで沈黙している歴史上の人物の背後でそれを演じるというのは無益である。私たちが過去の特定のナラティヴにおいて彼らを英雄に仕立てようが、悪者に仕立てようが、彼らは応答できない。

今日、若い世代の研究者はシニシズムに誘惑されやすい。歴史的真実の探求の行き着く先が「目もくらむような」多義性であり、時間とは「非決定性と流転」にすぎないとしたら、どうして政治的な文化産業がたえず喧伝している歴史健忘症に屈服しないでいられるだろうか[145]。自分の都合に合わせて過去をつくり上げるやり方は、とくにさるアメリカ合衆国大統領がこの技法は権力を獲得し、維持するのに有効だという見事な例を提供してくれたからには、どうして使わないでいられるだろうか。

批判的思考に力が与えられるのは事実によってであり、それも事実がそれを包含している言説世界の縁を越えて押し出されることによってのみである。ボワ・カイマンでの夜の集会の問題へと戻ろう。ブークマンという名の大柄な黒人男性はつぎのように語ったとされる。「われわれの涙に飢えた白人たちの神の肖像は投げ捨て、われわれ全員の心のなかで語っている自由の声に耳を傾けようではないか（couté la liberté li palé nan coeur nous tous）[146]」。この演説の情報源は怪しい間接的なものだが、その真正性は歴史家のあいだで広く支持されている[147]。この演説はブラック・ジャコバン派の自由のナラティヴと合致しており、王党派支持のカトリック司祭からは見事なほど自立している。そして、もしボワ・カイマンがブルジョワの空間に包含されえないものであるなら、あるいはブークマンの連帯の呼びかけがパリで革命に向けておこなわれたテニスコートの誓い〔一七八九年〕を圧倒するほど強いものであったとしたら、伝統的に語られてきたように、ブークマンの演説はやはり普遍的な解放というナラティヴのなかにあるものとして読むことができる。

しかし、英語圏のジャマイカに生まれたブークマンは、読み書きができ、かの本を読むことができたためにブークマン（すなわちBookman）と名付けられたのだが、そのかの本がキリスト教の聖書ではなかったとしたら、どうなるだろうか。ボワ・カイマンで「われわれ全員の心のなかで語っている自由の声に耳を傾けよ」と人びとを高揚させる言葉を語り、主人に対する武装蜂起を鼓舞したブークマンという大柄の黒人が、ムスリムとして生まれ育ったことを事実が示しているとしたら、どうなるだろうか。というのも、大西洋を渡った全アフリカ人の四〜一四パーセントはムスリムであり[148]、ボワ・カイマンでのいわゆるヴードゥーの儀式に司会進行役を務めた女性司祭ファーティマン（すなわち、ファーティマであり、この名前はムスリムの女性に多い）もムスリムであり、マルーンによる反逆の先駆者となった奴隷マッカンダルもムスリムだったのである。マッカンダルとは、奴隷労働のせいで手を切断されており、一七五〇年代に多くの農園主家族の毒殺を企てたとして植民地裁判所で有罪とされ、火あぶりの刑（異教徒に対するキリスト教の刑である）に処せられた人物である[149]。

プランテーション奴隷のなかでは数の少ないマイノリティだが、教育を受けた者が多く、そのためにしばしば召使いとして好まれたムスリムが、新世界での数々の奴隷反乱の指導者となっていたということは知られてはいたが（最良の例は一八三五年ブラジルのバイーアで起こった反乱である）、注目されてはこなかった[150]。そうしたムスリムの存在を強調することは、西洋の解釈のポリティクスをほ

図版 **23.** ジャック＝ルイ・ダヴィッド『ヴェルサイユ宮殿の球戯場での誓い』，スケッチ，日付なし。

ぼただちに二分する小さな知的爆弾を仕掛けることになる。ひとつの方向の向かう先は、反乱奴隷の行動をイスラームの影響によるものとし、少し都合の悪い側面を軽視しようとする誘惑である。例えば、白人に対する無差別虐殺を復讐的な正義とすることがそれである[151]。この線で対抗テロのナラティヴを立てるなら、サン＝ドマングの反乱奴隷たちに見られた、農園主たちが「自殺熱」と呼んだ戦場での死へと恐れずに突進するさまは、自爆攻撃の一種となる[152]。

もうひとつの選択肢もある。ブークマンをジハードの説教者とみなすこともできる。しかしその方向に進むと、ラディカルな自由という由緒ある批判的ナラティヴは危うい拡張に曝されることになる。デサリーヌが人種差別的虐殺を「私はアメリカに復讐したのだ」と正当化したことをハイチの擁護者が熱狂に満ちた道徳感情をもって引用するとき、そして知識人が「たっぷりお返しをしてやる」と述べたデサリーヌを擁護して奴隷たちを免罪するとき、その自由の物語から政治的ジハードの「目には目を、歯には歯を」的論理を削除しているのにはいかなる誠実な理由もない。そこにあるのは、ジハードという手段を否定するのではなく、敵に対する暴力的応報という政策を否定するのでもなく、むしろ宗教的目標を拒絶するという不誠実な理由だけである。まるで、広く一切を包み込むグローバルな文化からなる多文化世界において、純粋に救いがたい悪がひとつあるといわんばかりである[153]（ことによると一〇億以上の人間がそれと同一視されることになるのだが）。この歴史的出会いから生じる、緊急に取り上げられるべき政治的問題とは、つぎのようなものである。つまり、「自由か、しからずんば死か」という欧米で尊ばれた革命のスローガンが、評判の悪いイスラームのジハードの伝統から切り離され、西洋的思想と実践の内部に隔離されるようになったのはどうしてだろうか。

普遍的な人間性の名のもとに、前衛は自身の暴力をより高い真理として正当化する。この交差点において、ウサーマ・ビン・ラーディンがジャン＝ジャック・デサリーヌと出会い、ウラジミール・レーニンがジョージ・W・ブッシュと出会うのである。その道を進みたくないのであれば——私は進みたいとは思わない——、歴史の見取り図を作成するツールを根本的につくり直さなければならない。

復讐する天使たち

われわれはこの本物の人喰い人間にお返しをしたのだ。戦争には戦争を、犯罪には犯罪を、暴行には暴行を。そうとも、私は祖国を救ったのだ。私はアメリカに復讐したのだ。

デサリーヌ、一八〇五年四月二二日(154)

われらハイチの絵描きは神と天使を黒く描き、悪魔を白で表わす。

バロン・ド・ヴァスティ、一八一六年(155)

ハイチ革命が普遍史に勝利を収めたのは、私たちの想像のなかだけである。これは意味のないことではない。感情移入的な想像は、おそらく人間性に対する私たちの最善の希望であろう。問題は、この人間性を私たちが十分に包括的なかたちで想像しているようにはけっして思われないことである。むしろ、私たちは対置される他者、人間性の境界の外側にいる集合的敵を排除することによってしか人間性を想像できていない。その結果、死者の頭（歴史の犠牲者たちの遺骨）を天使の顔（歴史を贖う者）に変えようと試みる政治的運動は、かえってこの世の地獄の扉を開く可能性が高い。世界を正そうと目論んでいる想像力は、暴力を行使する者に対する暴力はやむをえないと考える。啓蒙された批判がそこで立ち止まるなら、自らに課した自滅的障壁のなかに閉じこもるのと同じである。人間性を犠牲者と復讐者とのあいだで繰り返される循環を越えて進歩させようとするなら、そうした障壁は壊されなければならない。

ハイチ革命における出来事は、歴史による贖いの物語――それがヘーゲルのであれ、マルクスのであれ、ムスリムのであれ、何であれ――には封じ込められない。実際、奴隷蜂起の当の内部から眺めるなら、いかなる明確な歴史的ナラティヴも生じない。「奴隷たちのあいだではエスニックな衝突が革命の間中、やむことはなかった」[156]。反逆者たちはけっして一枚岩ではなかった。「戦争内部の戦争」[157]といわれたのももっともで、一〇年にわたる闘争の期間中、対立するさまざまなグループが、時に応じてイギリス、スペイン、フランス共和派、フランス王党派に支援を求めており、そのたびに忠誠心は変化していた。奴隷の指導者たちは互いに戦ったり、裏切ったりしていた。（スペインに対して）奴隷と銃を交換するというアフリカでの先例に先祖返りした実例の記録もある[158]。そうした状況下での個人間の信頼は、ほとんど維持不可能だったであろう。政治的に抽象化することによって、すなわち、すべての白人（あるいはすべての黒人）を敵とみなすことによって複雑に絡みあったこのゴルディアスの結び目を切り離そう、という誘惑にも抗しがたいものがあるだろう。ハイチ革命では、内戦と外国による占領という状況下でおこなわれた解放闘争がもつ、あらゆる実存的不確実性と道徳的両義性が経験された[159]。

歴史上の登場人物が舞台上の人物のように一貫して行動していると考えるのをやめれば、彼らの人間としてのジレンマはより普遍的なものとして接近できるようになる。おそらく帝国主義に対するもっとも致命的な一撃は、普遍的な人間性というアイデアへの忠誠を公言しつつ、何らかの政治的、宗教的、民族的、階級的、文化的な集団が普遍的な人間性という考え方を排他的かつ独占的な所有物として体現するという仮定を捨てることであろう。そのような専有の正統性を信じることは政治的狂気である。C・L・R・ジェームスが「〔フランス革命という〕出来事の精神[160]」と呼んだ自由のロア〔精霊〕は、戦利品として紐で縛って引きずり運ぶことも、最高値をつけた入札者が買うこともできないものである。

皮膚の色や人種にかかわらずすべての市民を「黒」と宣言した一八〇四年のハイチ憲法は、「大胆で、イデオロギーとして魅力的な試み」と言われている[161]。たしかに魅力的だが、問題含みでもある。ハイチ憲法が想像していたのは実在しない統一であった。そのことは、一八〇六年にデサリーヌ自身が新しいハイチ市民のなかの対立グループによって暗殺され、その結果、国が二つの政体——北部のアンリ・クリストフによる王国と南部のペションによる共和国（どちらの指導者も自分こそ革命の立役者だと主張していた）——に分裂したことに示されている。[162] さらにいえば、ハイチの黒人というアイデンティティは、イデオロギー面では国民的神話として機能したが、革命が生んだ普遍的解放という考え方とは軋轢が生じていた。[163] クリストフの助言者にしてスポークスマンであったバロン・ド・ヴァスティ〔サン＝ドマング出身のムラート〕は、ロバート・ウェダーバーンとトマス・ペインの言葉をなぞって、つぎのように宣言した。「私が弁護する理想とは、人類全体のそれである。白人、黄色人、黒人。私たちはみな兄弟である」[164]。しかし、ヴァスティたちがハイチ国民は自らをヨーロッパの国民と同じ水準の国民に高めたという言説をつくり出したとき、「国民の境界線に大きな意味はない」という本来の解放のプロジェクトは、「国民の利益と国境の重視が優先された排他主義」に替えられた。[165]

ハイチ人は自らを「黒人の尊厳と黒人の力の象徴」と考えていたのであり、その点は「明らかにエスニックな国民」であった。[166] ハイチをその敵と比較して定義し、ヨーロッパ文明の文脈のなかで「黒人も白人と同じ人間」[167] であり、「ヨーロッパの基準にしたがって文明化された国家」[168] ——すなわち、（男性中心主義的）軍事力、（輸出志向の）商業、（プランテーションによる）農業、（強制的な「自由」労働により建立された）立派な宮殿を完備した国家——を創設する能力があると主張することによって、ハイチ革命において生じた普遍的な人間性という理想への貢献は視界から消えてしまった。[169] 開放区、誰にとっても安全な天国というハイチの政治的空想は、統制主義的政策にとってはあまりにも壮大すぎた。自由と公民権を人種や民族を越えてまったく新しく拡張することと、それをナショナル・アイデンティティの定義として政治的に専有することとは適合しないのである。[170]

定義上一時的なこととはいえ、歴史的断絶の経験とは何かが明瞭になる瞬間だと理解するなら、サン＝ドマングの奴隷たちがおこなった世界史的貢献を見失うという危険はないだろう。奴隷制的関係を終わらせるという考えは、既存のヨーロッパの啓蒙思想のはるか先を行っていた。それどころか、それは今日のグローバル経済の状況下でもまったく実現されていない。今日でも、性奴隷はびこり、いわゆる文明社会のどこでも借金をかたにとられた移民の労働力は利用されており、マルクスが賃金奴隷と呼んだ「自由労働」という神話は労働者階級に属する多くの人間にとっての現実である。[171] ラディカルな反奴隷制は人間の考案したものであるが、それはすべての人のものであるがゆえに、誰のものでもない。このような考え方は特定の集団の所有物というよりも、ハイチ革命の残余であり、たとえハイチ革命が失敗に終わっていたとしても、けっして忘れられることがない。

普遍的な歴史というプロジェクト

ここでいう人間の普遍性へのアプローチとは、西洋の進歩もしくは文化的連続性、階級闘争もしくは支配的文明といった、一貫したナラティヴのなかからは逸脱しているように見える集団的行動を視野に入れることで、まさにヘーゲルによって退けられた「非歴史的歴史」に価値を認めることである。いまや、歴史的に異例なものが中心的な重要性を持つようになる。それはたとえば、トゥサン・ルヴェルチュールの新しい「軍による土地改革」システムのもとでプランテーション労働を再開すると告げられたときに、解放奴隷たちが抵抗したことだけではなく、女性たちが自分たちの仕事は時間も条件も男性のそれと変わらないと主張して、同一労働には（ヨーロッパの「文明的」規準であった三分の二ではなく）同一賃金を払えという先例のない要求を掲げたことである。「わかりやすくいえば、女性たちは自らを対等な独立した労働者と考えていた」のであり、そして男性たちも反対しなかった[172]。フランスから派遣されたポルヴェレルは、彼女たちを納得させるために、より古くさいジェンダー観に訴えるよりほかなかった[173]。

一方でハイチの経験の異例性をその進歩的契機とみなすならば、他方の奴隷制の蛮行は歴史的にはありふれたものであることがわかる。私たちは、「プランテーションでおこなわれた残虐行為は、もしヨーロッパ人自身が全体主義的体制のもとで同様の行為の犠牲者とならなければ、信じられないと思われるかもしれない[174]」という、メトローの一九五九年の言葉によく耳を傾けなければならない。同様に、「ヘーゲルとハイチ」で論じたことだが、ヨーロッパの啓蒙思想家は奴隷制を実際は目の前にあることは忘れて厳しく非難しており、私たちもその姿勢に対するサラ＝モランスの道徳的憤激を簡単に共有してしまうかもしれないが、同時にそれと同じくらいの別の道徳的憤激が起こるのも否定できない。それは、未来の世代はただ嘆かわしいと思うだろうが（それが私たちの道徳的希望である）、あたかも人間性それ自体が自分たち特権的メンバーの占有物であるかのように、政治的な諸集団が自分たちこそ人権と法の支配の擁護者であると公言し、敵と定めた例外者のリストすべてを否定することである。すなわち、自分たちの戦争は正義の戦争であり、自分たちのテロ行為は道徳的義務であり、自分たちの虐殺と破壊行為は理性や進歩や神によって正当化されるという具合に、である。

普遍的な歴史は、歴史的現象の解放と、私たち自身の解放という二重の解放に関わっている。過去を解放することによって、私たち自身を解放するのである。私たちの想像力の限界は、レンガを一つずつ取り崩すように壊していかなければならない。文化のなかに埋め込まれ、過去の意味をあらかじめ規定しているレンガは、現在においても何らかのかたちで私たちを捕えているものであるから、それを少しずつ崩していかなければならない。事実をそれが埋め込まれている集合的歴史から解放する闘いとは、グローバルな広がりをもった社会的領域の多孔性を露わにし、拡げていくことと同じであり、そこにおける個人の経験は、異種混交《ハイブリッド》的であるというよりも、まず人間的なものである。集合的アイデンティティへの排他的忠誠心から自由になることこそ歴史において進歩を可能にするのであるが、それはグローバルな貿易が国際理解や平和や普遍性を促進するという意味ではない（グローバルな貿易は武器の輸出、戦争の端緒、労働力となる人びとの困窮や解雇と直接結びついている）。そうではなく、遠隔地との貿易について恐れられている「リスク」のひとつ（これは帝国主義者と反帝国主義者の双方から同じように利用される）は、自分自身の世界とその自己理解の文化的縁から転落するのではないかという恐怖だと論じるべきなのである。この恐怖も、地球は平らであるという信念にしがみつくのと同じくらい素朴で原始的に思われる日がくるかもしれない。

　権力以外には何者も、歴史を一義的なものとして維持することはできない。歴史上の登場人物がどのような意図をもっていたのかについて、私たちが決定的な答えをもつことはけっしてないだろうし、たとえそれができるとしても、その答えは歴史の真理ではないだろう。これは真理が複数あるとか、真理とはそれぞれ部分的観点をもった複数の集合的アイデンティティのアンサンブル全体だとかいうことではない。真理は単数であるが、それは動く大地たる現在の上に建てられるために、継続的な探求の過程である。歴史はたえず私たちの手を逃れ、私たちたんなる人間が予見しえない場所へと向かう。私は研究のポリティクスとして中立性を提唱するが、それは「真理は中庸にあり」という類いの無所属性ではない。むしろ、敵対する両者のあいだにある空間の多孔性を強調するラディカルな中立性である。たしかにその空間は論争の的となる不安定なものであるが、人間性という考え方を手放さないでいるためには十分に自由である。

　歴史的意味の統一性と不確定性とのあいだには過去との弁証法的出会いがある。私たちの道徳的想像力の境界を拡張するには、それを検討するまえに歴史的空間を見る必要がある。犠牲者と侵略者とで繰り返される循環から私たちを解放することのできる過去と現在の相互承認が起こりうるのは、承認されるべき過去を歴史的見取り図の上に位置づけることによってのみである。それは、正鵠を射ているとは言わないにしても、問題の核心近くにいる。過去の解放とは、国境を越えておこなわれるのではなく、国境なしにおこなわれる発掘作業である。そのもっとも実りある発見は国境の縁にある。普遍的な人間性は、この縁において現われるものである。

　このプロジェクトに終わりはなく、ただ際限なく繋がっていくリンクがあるだけである。そして、そのリンクが支配関係なしに結びつけられるべきだとすれば、それは〔ヘーゲルのように〕綜合的にではなく、水平的で、加法的で、混合的なものであるだろう。普遍的な歴史というプロジェクトに終わりはない。それはふたたび、どこか別のところで始まるものである。

原　註

第Ⅰ部　ヘーゲルとハイチ

第Ⅰ部への序論

（1）　エコノミーの起源、その神秘的な不可視性、そしてヘーゲルがアダム・スミスを感激とともに受容したということに関する探究の結果は、Buck-Morss, "Envisioning Capital," 434-67で論じられている。エコノミーが歴史をもたない審級であって、アリストテレス以来不変である、という考え方が間違っているのと同じように、ヘーゲルの奴隷制理解はアリストテレスにもとづくという主張も間違っている。

（2）　クリスティアン・ガルヴェ〔ドイツの哲学者〕によるきわめて優れたドイツ語訳が出版されていたが（一七八四－一七九六年）、ヘーゲルは原著の英語版を用いていたようである。スミスの原著とガルヴェの翻訳版のどちらも、最終的にはヘーゲルの終生の蔵書となった。

（3）　ヘーゲルは、スミスのピン製造の事例をなんども引用している。しかし、ほとんどそのたびごとに数字を間違えている。ヘーゲルが興味をそそられたのは、その新しい学問の詳細ではなく、スミスの革新的な概念化であった（Buck-Morss, "Envisioning Capital," 458n57を見よ）。ピン製造に関するヘーゲルの数字の間違い、ヘーゲルがスミスの英語原版を用いていたことの指摘も含め、ヘーゲルのアダム・スミス読解についてはWaszek, *Scottish Enlightenment*を見よ。「近年発見された、一八一七／一八年にP・ヴァネンマンによって書かれたノート群は、ヘーゲルがスミスの計算を正しく再現している唯一の機会を記録しているという点できわめて興味ぶかい」（*Scottish Enlightenment*, 131）。

（4）欲求充足一般を表わす「欲求の体系」という用語が最初に登場するのは『人倫の体系』（Hegel, *System der Sittlichkeit*, 1803, 80-84〔邦訳一四三―五五頁〕）であり、ゲオルク・ラッソン編の一九七六年版から引用されている。「欲求の充足とは、すべての人間が相互に普遍的に依存し合っていることである」という記述は一八〇三―四年の草稿断片二二にあり、ホフマイスター版全集では*Jenenser Realphilosophie I*として収められている。本書ではつぎの、より近年の版を利用した。Hegel, *Jenaer Systementwürfe I: Das System der spekulativen Philosophie*, eds. Klaus Düsing and Heinz Kimmerle（1986）, 229（323）〔邦訳九八頁〕. このテクストは歴史的批判版ヘーゲル全集（*Gesammelte Werke*）第六巻をもとにした廉価版ペーパーバックであり、研究者のために（　）内に全集第六巻のページ数を記した。

（5）Hegel, *Jenaer Systementwürfe I*, 230（324）〔邦訳一〇一頁〕.

（6）Hegel, *Jenaer Systementwürfe III*, 222-42（242-65）. これは、歴史的批判版全集第八巻にもとづく廉価版である（前記註4を参照）。

（7）Riedel, *Between Tradition and Revolution*, 44. 近代になり「市民社会（die bürgerliche Gesellschaft）」という言葉の内部で、伝統的な意味での「市民社会（civil society）」における政治的概念としての「市民（citizen）」（citoyan）と、非政治的な私人としての「市民（Bürger）」（bourgeois）との分化が進んだことに最初に気づいたのはクリスティアン・ガルヴェ（アダム・スミスの翻訳者）であった。後者の「市民

（Bürger）」とは、都市在住の商人と職人からなる中間身分（Stand）であり、その社会関係は経済的交換によって規定される。言葉の意味がこのように分化しているということは、英語の翻訳語である"civil society"には織り込まれていないために、さまざまな混乱をひき起こしている。ヘーゲルはその二重性を認め、*Jenaer Systementwürfe III*, 238（261）においては、近代人を公共的人格と私的人格との弁証法的統一だと解釈している。こうした含意を跡づけた優れた論考として、Riedel, "*Bürger*," 672-725を見よ。

（8）Petry, *Hegel's Philosophy of Subjective Spirit*, I: xvi に引用されている。この職はヘーゲルの出世の助けにならなかった。ペトリーは、若いエストニア人貴族の述懐を引用している。彼は一八一七年にハイデルベルク大学に到着したとき、「いちばん立派な書店に行き、そこに置いてあったヘーゲルの著作をいくつか買い求め、その晩、ソファーでくつろいで買ってきた本を読もうとした。……しかし、読めば読むほど、読書に集中することに骨が折れるようになり、理解できる部分は少なくなり、一文ごとに数時間も無駄に格闘したあと、すっかり腹が立って本を投げ出してしまった。のちに興味をもって講義に出席してみたが、正直にいうと、自分がノートに書いたことを自分でも理解できなかった」（*Hegel's Philosophy of Subjective Spirit*, I: xvi）。

（9）Waszek, *Scottish Enlightenment*, 150, 152 に引用。また、Hegel, *Jenaer Systementwürfe III*, 208（227）を見よ。欲望に「出現の権利」を与えるのは、分業の相互依存関係である（Hegel, *Jenaer Systementwürfe III*, 208［227］）。

（10）競争的なグローバル貿易を底で支える非人間的な労働の搾取に加え、その「欲求の体系」を生み出すにあたっての植民地の役割（*System der Sittlichkeit*, 77-80［485-88］〔邦訳一三七－四三頁〕）、消費者が「海外」の製品に依存することによる不安定性（*System der Sittlichkeit*, 83［491］〔邦訳一四八頁〕）についてのヘーゲルの理解をみると、ヘーゲルの議論は、商業活動の増大は国際平和と相互理解をもたらすだろうという啓蒙思想家のあいだで多くみられる穏やかな予想とは一線を画すものである。カントらは植民地主義の「不正」に対して強い道徳的批判をおこなったが、それでは新たな社会を哲学的に理解したことにはならない。カント、ディドロ、ヘルダーに関する詳細で好意的な議論としては、Muthu, *Enlightenment Against Empire* を見よ（もっともヘーゲルについては気づいておらず、不当に無視しているようだ）。

（11） Hegel, *Jenaer Systementwürfe III*, 223（244）. Buck-Morss, "Envisioning Capital," 458 も見よ。これらヘーゲルの初期著作におけるブルジョワ社会の理解がマルクスのそれにぴたりと適合するほど驚くべき水準にあったことは、マルクーゼの『理性と革命』やルカーチの『若きヘーゲル』の主題である。

（12） Riedel, *Between Tradition and Revolution*, 45.

（13）「人びとの絶対的絆、すなわち人倫的なもの（das Sittliche）は消え去り、民族（Volk）は解体される」（Hegel, *System der Sittlichkeit*, 84〔邦訳一五〇頁〕）。新たな社会は、別の形式の倫理を生み出す。ドイツ語の〈Sittlichkeit（人倫）〉は「倫理的生（ethical life）」と英訳されているが、人類学的な意味での「文化」ととらえる理解も間違いではない（一方で、「文化（culture）」と英訳される〈Bildung（教養）〉というヘーゲル用語は、教育を受けている（educated）、あるいは「教化されている（cultivated）」ことを意味する）。新たな〈人倫〉とは文化にかかわるものであるが、それはエスニックなものではなく、社会形態の文化である。たとえば、ヘーゲルは〈教養〉が近代の新しいエートスになったと考えている。すなわち、個々人を理性あるいは自己意識へと高める教育が、集団的で、慣習的で、ほとんど反省されていない、家族にもとづいた倫理的生活という形態に置き替わるのである。私の主張は、そうした〈人倫〉理解があったからこそヘーゲルは、アフリカ生れの奴隷たちが自己意識的な近代の政治的生活のエートスを取り入れるさまを想像できたのではないかということである。

(14) これがアダム・スミスの著作の一貫した主題である。たとえば、商業資本は本質的に非愛国的である。「これまでもきわめて適切にいわれてきたように、商人は必ずしも特定の国の市民ではない」(Smith, *The Wealth of Nations*, 519)。

(15) ヘーゲル『イェーナ体系草稿Ⅲ』の最終節「体制(Constitution)」(Hegel, *Jenaer Systementwürfe III*, 238 (261). 前記註7を参照)に先取りされているこの主題は、『法哲学』(一八二一年)にまとめられている。イェーナでの講義における主題の多くが、一八一七/一八年度から一八二五/二六年度までへーゲルがほぼ毎年おこなっていた法哲学講義で反復して取り上げられている(学生による講義録が残されている)。

(16) Riedel, *Between Tradition and Revolution*, 125〔邦訳一〇一頁〕.

(17) 本書「へーゲルとハイチ」註(114)を見よ。

(18) その詳細については、「へーゲルとハイチ」第八節の本文と註で述べた。

(19) Hegel, *Jenaer Systementwürfe III*, 203 (222).

(20) 「人びとが自分たちの旗を掲げたように、へーゲルは自由の概念を持ち上げ、それを自分の哲学の『基本原理』にして『唯一の問題』とした。……へーゲルはこのようにして哲学を時代の理論とした」(Ritter, *Hegel and the French Revolution*, 48〔邦訳二七-八頁〕)。

(21) Riedel, *Between Tradition and Revolution*, 125〔邦訳一〇一頁〕. また、「へーゲルとハイチ」註(93)を見よ。

(22) Huntington, *Clash of Civilizations*, 136〔邦訳二〇四頁〕.

(23) それらの論文を閲覧させてくれたピエール゠フランクラン・タヴァレとハイチ文化省のアンリ・ロベ

ール・ジョリボワに感謝する。それらは、タヴァレが博士論文（Tavarès, "Hegel, critique de l'Afrique"）から発展させたものである。"La Conception de l'Afrique de Hegel," 153-66; "Hegel et l'abbé Grégoire," 155-73; "Hegel et Haïti," 113-31; "Hegel, philosophie anti-esclavagiste" を見よ。現在タヴァレは、同時代の象牙海岸における危機について書いている。これは、エピネー＝シュル＝セーヌ市長の庁舎における、フランス系アフリカ人に関する公的な事件である。

（24）Nesbitt, "Troping Toussaint, Reading Revolution," 18-33.

（25）ネスビットはもっともラディカルなヘーゲル読解をおこなっている。フランス語文献を通したタヴァレの読解は、ヘーゲルの政治哲学をトーンダウンさせ、ヘーゲルはつねに漸進主義者であったと述べている。ヘーゲルの考えでは、奴隷たちは労働規律によって自由を獲得するものであり、それに対してトゥサンによるあまりに早急な奴隷解放宣言は奴隷たちの「第二の敗北」であったとしている（Tavarès, "Hegel, philosophie anti-esclavagiste," 27）。

（26）タヴァレのいくつかの論文が掲載されている雑誌『シュマン・クリティーク（*Chemins Critiques*）』はハイチの出版物である。私の発表にコメントをしてくれたハイチ共和国、国立ハイチ・パンテオン博物館のマリー＝ルシー・ヴァンドリエスに感謝する。

（27）Nesbitt, *Voicing Memory*, 21に引用。ネスビットは、ヨルバ／ヴードゥーとヘーゲルの歴史哲学を接合させ、ヘーゲルの『精神現象学』をエメ・セゼールの一九六三年の戯曲『クリストフ王の悲劇』に照らして議論している（*Voicing Memory*, 143）。

（28）Nesbitt, *Voicing Memory*, 120.

（29）Tavarès, "Hegel et Haïti," 119.

（30）D'Hont, *Hegel Secret* を見よ。とくに第一章「ミネルヴァ」では、この雑誌のフランス革命に関する報道を扱っている（しかし、頻繁に登場するサン＝ドマングについての記事は扱っていない。そのために、タヴァレはヘーゲルと『ミネルヴァ』のつながりを見落してしまった）。ドントについては、「ヘーゲルとハイチ」註(121)を見よ。

(31)「ヘーゲルとハイチ」第一〇節を見よ。

(32) Saine, *Black Bread - White Bread*, 292 に引用。セインの実証によれば、当時このように野蛮と食人をなぞらえることは多かった。セインは繰り返し証拠を挙げて、ドイツのリベラル派が革命によるフランス共和国を肯定するとき、そこに大衆は含まれていなかったと論じている。〈民族（Volk）〉は、一八世紀のドイツ思想においては積極的なカテゴリーではまったくない。セインは『ミネルヴァ』の読者のひとりであったヘーゲルには言及していないが、この雑誌、それもとくにエルスナー（ヘーゲルとはベルンで会っていたことがわかっている）による記事の重要性を強調している。「むしろ、この時期［一七九二年八月］におけるドイツのリベラル派のフランス革命観に何よりも影響を与えていたのは、『ミネルヴァ』――間違いなく、同時代の事件についてもっとも影響力があり、広く読まれていた雑誌であった――に掲載されたエルスナーと若い「自由の戦士（Freiheitssoldat）」（名前を伏せた自由のために戦っていたある兵士）による長く詳細な報告であった可能性を重視しなければならない」（*Black Bread - White Bread*, 361）。

(33) Rainsford, *Historical Account*, x-xi. ハイチにも明らかにそれ自身の革命的テロルがあったのだから、レインズフォードは対照を強調しすぎている。

(34) こうした非難についての議論は、Fischer, *Modernity Disavowed* を見よ。

(35) Fischer, *Modernity Disavowed*, 28. フィッシャーは、奴隷革命の賞賛者としてのヘーゲルという私の解釈と対照させて、ジュディス・バトラーによるこの沈黙に対する考察に言及している。バトラーの結論では、ヘーゲルによる弁証法の解決は「暗黒郷的（dystopic）」であり、「主体とはまさに抑圧の効果としてのみ存在するものであるから、厳密にいえば主体が抑圧から解放されることはありえない」というフーコーの見解と似ている（*Modernity Disavowed*, 28）。バトラーは歴史的な意図について論じているのではなく、そのテクスト上の解釈を、現在と意識的に媒介させているのであり、その点では批判理論の別の観点からおこなわれている私の解釈も同様である。バトラーと私は方法の点では違いがあるにしろ、私たちの研究の政治的志向に関するかぎり、「イデオロギー的コミットメント」（*Modernity Disavowed*, 28）においては、見た目ほどの対立はない。

（36）　フィッシャーはヘーゲルの沈黙を精神分析的に解釈している。「これが、私に強い印象を残した『ヘーゲルとハイチ』の物語である。それは深い両義性の物語である。おそらくは魅惑的で、たぶん恐しくもあり、究極的には否認されている」（*Modernity Disavowed*, 32）。

（37）　Pinkard, *Hegel*, 230.「一八〇六年、ついにゲーテはヘーゲルに一〇〇ターレル［カント『純粋理性批判』の例で有名になったあの金額だ！］の俸給を受け取らせた」が、その「金額はほんの謝礼程度のものでしかなかった」（*Hegel*, 223）。ヘーゲルは、のちに正式な結婚によってブルジョワ階級の社会的地位を得たが、結局、非嫡出子の息子ルートヴィヒへの金銭的責任を負うことになった。青年になったルートヴィヒに対してヘーゲルはオランダの商船に乗ることを勧めた。ルートヴィヒは、ヘーゲルが死んだのと同じ一八三一年に東南アジアで死んでいる。

（38）　ヘーゲルは、戦いの前日にイェーナに入城したナポレオン——「この世界精神」——を見て感嘆した（一八〇六年一〇月）。「世界に手を拡げ、それを支配する者が、馬にまたがり、まさにここにいる。そのような人物を目にすることは、じつに不思議な気持ちです。……この並はずれた男を賞賛しないわけにはいかないでしょう」（ヘーゲルの一八〇六年一〇月一三日付けニートハンマー宛書簡。Pinkard, *He-*

gel, 230 に引用〔邦訳『ヘーゲル書簡集』八五頁〕)。しかしピンカードは、今日では伝説にもなっているこの出会いを過大評価するのは神話だと記している。というのは、ヘーゲルはそのときすでに『精神現象学』を書き終えており、またヘーゲルも戦闘の悲惨さを経験していたからである。「戦争がこのようなものだとは誰も考えていませんでした」(Pinkard, *Hegel*, 230 に引用〔一八〇六年一〇月二四日付けニートハンマー宛書簡。邦訳『ヘーゲル書簡集』九三頁〕)。

(39) Pinkard, *Hegel*, 228 に引用。

(40) Pinkard, *Hegel*, 242-43. ヘーゲルは「私は世界の出来事を好奇心をもって追いかけている」と積極的な期待を込めて書いている。ヘーゲルは「とりわけドイツ人が要求する報道の衒学性と公平性」を保ちながら、同紙をフランスの報道機関の水準に高めることを望んでいた。

(41) その最初の編者(ルドルフ・ハイム)によって、(一八五七年に)出版されたこのテクストのもととなった講義草稿は「たんなる途中経過」へと格下げされたが、ハイムによって無視されたその経過がサン゠ドマングでの出来事に関連していることは少なくとも見てとることができる。「ヘーゲルとハイチ」註(91)を見よ。

(42) 「ヘーゲルとハイチ」註(90)を見よ。

(43) 「ヘーゲルとハイチ」註(82)を見よ。

ヘーゲルとハイチ

* 本章は、以前に "Hegel and Haiti," in *Critical Inquiry* 26 (Summer 2000): 821-65 として発表されたものである。わずかな変更のみを加えて、ここに再掲する。

(1) 「この主題について考察した一八世紀の思想家にとって、奴隷制は人間精神を堕落させるあらゆる力を表わす中心的メタファーであった」（Davis, *Problem of Slavery in the Age of Revolution*, 263）。

（2）Schama, *Embarrassment of Riches*. この新たに豊かになった国民にとっての問題は、「いかに地上の楽園の内部で道徳的秩序を創造するか」というものであった（*Embarrassment of Riches*, 125）。

（3）スペイン王室のアシエント〔asiento〕とはスペイン領アメリカにアフリカ人奴隷を供給する排他的特権を個人に与えるものであったが、スペイン王室自体の貿易の統制はゆるやかなものにすぎなかった。アフリカの海岸の奴隷取引地には、ポルトガル、オランダ、フランス、イングランド、デンマーク、ブランデンブルクの旗も立っていた。オランダの商船は北海諸国間の海運を支配し、他国の物資を運んでいたが、アシエントによる奴隷貿易にも参加していた。

（4）Schama, *Embarrassment of Riches*, 228. 私が見たところでは、現実の奴隷制についての言及はつぎの二箇所しかない。オランダ人の祝宴の習慣についての議論で、「スープ状の食物」の「ごたまぜ（mengel-moes）」は「奴隷や赤ん坊の粥」として嫌悪されたという話がある（*Embarrassment of Riches*, 177）。もうひとつは、オランダ西インド会社は「［ポルトガルに対抗してブラジルの］レシフェとペルナンブコの足場を守るために、年に一〇〇万ギルダーを超える出費を強いられていたが、奴隷売買、および砂糖、木材のプランテーションの売上げからは四〇万ギルダーしか得られなかった」とある（*Embarrassment of Riches*, 252）。

（5）「オランダ人にとっての出エジプトの物語は、聖書のなかのユダヤ人にとってかつてそうであったのと同じものとなった。過去の切断、偉大な歴史的断絶を正当化することによって、遡及的に集合的アイデンティティを創出することが可能となったのである」（Schama, *Embarrassment of Riches*, 113）。スペイン国王フェリペ二世は、エジプト捕囚時代のファラオになぞらえられた。「一方でヤコブの家［イスラエル人］は奴隷として屈服させられ／他方でオランダ人は暴政に虐げられている」（105）。カトリックの神父バルトロメ・デ・ラス・カサス〔スペインのカトリックの司祭で、ドミニコ会士。「新大陸」に渡り、司祭をつとめるなかで、スペイン人の先住民に対する扱いを告発し、『インディアスの破壊についての簡潔な報告』（一五五二年）を出版した〕が植民地の奴隷制をスペインの「悪行」として痛烈に非難したことはオランダにも知られていたとシャーマは述べているが、オランダ人が奴隷制を実行していたことには触れていない（*Embarrassment of Riches*, 84）。

（6）「逆説的に、教会がその信徒をヘブライ人の生まれかわりと呼ぶ偏愛ぶりも、本物に味方することへは向かわなかった」（Schama, *Embarrassment of Riches*, 591）。

（7）Schama, *Embarrassment of Riches*, 565-608を見よ。シャーマは、オランダ人が非ヨーロッパ人とタバコ、セクシュアリティなどの過剰な放蕩を結びつけ、それが国内でオランダ人を堕落させることを恐れていたと書いている。「たとえばブラジルとフロリダにおける先住民を図版やテクストで紹介するありふれたアンソロジーでは、インディアンたちが葉を巻いて喫煙をする姿が表紙に取り上げられ、性交、カニバリズム、人前での放尿などさまざまな汚らわしい行為が決まって裏に続いた」（*Embarrassment of Riches*, 204）。

（8）シャーマは、資本主義のもとでは金が金を生むと述べたトマス・マン〔イギリスの経済学者〕の魔法のような空想を、研究対象であるオランダ人に影響を与えたものとして批判的註釈もなしに引き合いに出して満足している。「資本は驚くほどやすやすと資本を生むのであり、そしてその果実を資本家は否定するどころか、資本家は手に入れた物質的安楽に耽溺する。世紀の中ごろには、オランダ艦隊の守備範囲にも、オランダ企業家の資源の無尽蔵さにも、少なくともたしかに地理的には限界はないように思われていた。ある消費者の需要が満たされたり枯渇したりするよりもはやく、別の有望な資源が発見され、供給は独占され、需要は刺激され、市場は国内外で食い物にされた。絶頂にある繁栄はいつ衰退するのだろうか」(*Embarrassment of Riches*, 323)。
(9) Schama, *Embarrassment of Riches*, 47, 203.
(10) Schama, *Embarrassment of Riches*, 62.
(11) もちろんグロティウスは現実の奴隷制について論じている。しかし、シャーマはグロティウスを別の(戦争、自由貿易、オランダの運命、結婚、捕鯨といった)文脈でしか引用していない(本章註15を見よ)。この沈黙はシャーマ自身のものではないかと考えてもおかしくはない。こうした、植民地政策の多く、またはすべてを削除した選択的な国民の歴史《ナショナル・ヒストリー》が、ヨーロッパの歴史記述の主流となってきた。
(12) しかしながらこの点については、当時のオランダにおける黒人に関して図版による証拠を示している Blakeley, *Blacks in the Dutch World* を見よ。
(13) イギリスはユトレヒト条約(一七一三年)の際、スペインにアシエントの特権を寄こすよう強要した。「その後数十年間にわたって、ブリストルおよびリヴァプールにおける奴隷貿易で多くの富を築く計画であった」(Palmer and Colton, *History of the Modern World*, 171)。
(14) ホッブズのいくつかの修辞的例はメタファーという仕組みを利用して人工的に構築された国家を表わしているものだとすると、『リヴァイアサン』という標題が旧約聖書からとられているのと同じように、長期議会についてのホッブズの著作『ビヒモス』という標題も、専制的支配者を表わすために旧約聖書からの名前が与えられている。しかし、それはすでにオランダの国民の歴史において用いられていた。「スペイン国王の名においておこなわれた[オランダの市民に対する]非道な行為は、……共同体の絆や、さらには家族の絆までまとめて破壊せんとするビヒモスとみなされるようになった」(Schama, *Embarrassment of Riches*, 92)。
(15) ホッブズは、「二人の敵対者のあいだの根源的な闘争」が「奴隷制を社会制度として必然とさせる自然状態」と考えている（Davis, *Problem of Slavery*, 120）。この点についてホッブズは、先行する思想家プーフェンドルフとグロティウスにしたがっている。グロティウスの著作『戦争と平和』（一八五三年）は奴隷制賛成の見解を示しており、奴隷制は法律的に容認できると主張している。

（16）Davis, *Problem of Slavery*, 263.

（17）Hulme, "The Spontaneous Hand of Nature," 24. ヒュームは主に、ホッブズが植民地土着の「野蛮人」をどのように叙述しているのかということに関心を持っている。

（18）Locke, *Two Treatises*, 141〔邦訳一二七頁〕.

（19）Davis, *Problem of Slavery*, 118. ロックは、彼のパトロン、シャフツベリー伯を通して植民地政策の展開に関わっており、その事業の強力な支援者であった。ロックは一六七三―七五年のあいだキャロライナの「貿易およびプランテーションに係わる委員会」の書記として、キャロライナの憲法を書いている。キャロライナ憲法にはつぎのように述べられている。「キャロライナのすべての自由人は、所有するニグロ奴隷に対する絶対的権力と権威とを有するものとする」（Davis, *Problem of Slavery*, 118）。

（20）「ロックの考えでは、奴隷制の起源は、自由と所有権の起源と同じように、全面的に社会契約の外部にあった」（Davis, *Problem of Slavery*, 119）。ロックの哲学的議論では、自然状態における平等の普遍性が、社会契約がおこなわれうる以前の合意の必然性によって適度に抑制されており、子どもと白痴が、またそこからの推論によって教育を受けていない者や教育不可能な者も明らかに排除されている。Mehta, "Liberal Strategies of Exclusion," 427-53 を見よ。

（21）デイヴィスは、「奴隷が法律によって財産と規定され、そして財産が自由の基礎と想定されたことは不幸な事実」であると記している（Davis, *Problem of Slavery*, 267）。「奴隷所有の普遍的な合法性がもはや自明の考えではなくなった」のは、「一七七二年サマセット裁判」〔訳註26を参照〕以降のことであるが（*Problem of Slavery*, 470）、この裁判の弁護士ウィリアム・デイヴィは先行する判例を支持してつぎのように主張した。「エリザベス女王統治の御代の一一年目に、『イングランドの空気は奴隷が息をするにはもったいないほど澄んでいる』という決定がなされている」。しかし、実態はそうではなかった、とデイヴィスはいう。「実際には、エリザベス朝およびスチュアート朝時代の宮廷では、ニグロ奴隷が展示され、売られていた。ほぼ一八世紀全体を通して、奴隷の販売は公然と宣伝されていた。奴隷は、遅くは一八二〇年代まで、遺言による遺産相続の対象だった」（*Problem of Slavery*, 472）。一七六五年、ウィリアム・ブラックストン〔イングランドの法学者。その著作『イギリス法釈義』（*Commentaries on the Laws of England*, 1765-69）は、その後のコモン・ロー解釈に大きな影響を与えた〕が「奴隷あるいはニグロは、イングランドに上陸した瞬間から法の保護下におかれ、あらゆる自然権に関してただちに自由人となる」と主張したとき、それは植民地の奴隷には適用されていなかった。「サマセットの弁護士でさえ、イングランドの裁判所が海外での奴隷購入契約を有効とせざるをえないことを認めていた」（*Problem of Slavery*, 473, 474）。

(22) Mintz, *Sweetness and Power* を見よ。

(23) Davis, *Rise of the Atlantic Economies*, 257.

(24) ルイ・サラ＝モランスは、フランスの商業活動の三分の一が奴隷制度に依存していたと述べている。Sala-Molins, *Le Code Noir*, 244 を見よ。もっと保守的な見積りは、その値を二〇パーセントとしている。

(25) 啓蒙の議論に奴隷制を持ち込み、論調を定めたのはモンテスキューであった。彼は、哲学的には奴隷制を非難する一方、実践的、風土的、そして露骨にレイシスト的な根拠（「平らな鼻」、「頭からつま先まで黒い」、「『常識』に欠けている」）にもとづいて「ニグロ」奴隷を正当化した。モンテスキューはつぎのように結論する。植民地の奴隷制によって「アフリカ人になされる不正をあまりに強調するのは愚かである」(Montesquieu, "Spirit of the Laws," 204〔邦訳(中)第三部第一五編第五章、五八-九頁〕)。

(26) 例外としてもっともよく引用されるのはレーナル師で、彼の著作(ディドロも共著者のひとりである)『両インドにおけるヨーロッパ人の植民と通商についての哲学的・政治的な歴史』(一七七〇年)〔訳註(1)を参照〕は、自然権の復讐として、新世界で黒人のスパルタクスが立ち上がるだろうと予言している。この本は広く読まれ、その影響はヨーロッパにとどまらなかった。トゥサン・ルヴェルチュールもこの本に影響を受けている。James, *The Black Jacobins*, 24-25〔邦訳三七-八頁〕を見よ。ミシェル=ロルフ・トゥルイヨはこの一節のあまりに楽天的な解釈に対して、それは奴隷たち自身に対するアピールとしてではなく、ヨーロッパ人への警告として書かれたのだと注意している。「後知恵でそう望む者もいるが、それはルヴェルチュールのようなタイプの人物の出現をはっきり予言したものではない。……その姿勢でもっともラディカルなのは、人類は一つであるということを明白に口にしていることである」(Trouillot, *Silencing the Past*, 85)。

(27) Rousseau, *Basic Political Writings*, 141〔邦訳『社会契約論』一五頁〕.

(28) Rousseau, *Basic Political Writings*, 146〔邦訳『社会契約論』二七頁〕.

(29) Sala-Molins, *Le Code Noire*, 238.

(30) Sala-Molins, *Le Code Noire*, 241. むしろルソーの例は古代から採られている。たとえばペルシャの提督に反論するスパルタの将軍ブラシダス! Rousseau, *Basic Political Writings*, 72〔邦訳『不平等起源論』一一二頁〕を見よ。

(31) Sala-Molins, *Le Code Noire*, 243-46.

(32) Cohen, *The French Encounter with African* を参照。一七六四年、フランス政府は黒人が首都に入ることを禁止した。一七七七年、同法は改正され、植民地の奴隷が主人に伴われる場合は許可されるなど、制限のいくつかが解除された。

(33) Sala-Molins, *Le Code Noire*, 248.

(34) Sala-Molins, *Le Code Noire*, 253. もうひとつの著書 *L'Afrique aux Amériques* の著者でもあるサラ＝モランスは、一六世紀にアメリカの先住民の奴隷制（アフリカ人のそれではないにしても）に対して抗議した神父バルトロメ・デ・ラス・カサスのほうが、二世紀のちのフランスの世俗の哲学者たちよりもよほど進歩的であったと指摘している。

(35) Davis, *Problem of Slavery*, 273. デイヴィスは、ここではバーナード・ベイリンを引き合いに出している。私は、この点についてはデイヴィスの報告にほとんど準拠している。

(36) Jordan, *White over Black*, 289. 彼らの敵、イギリスのトーリー党員たちはそこに飛びついた。サミュエル・ジョンソン〔イングランドの文学者〕はいう。「自由を自由をと言う金切り声が、ニグロを酷使している連中たちからとりわけうるさく聞こえるのは、いかがなものか」(Davis, *Problem of Slavery*, 3)。

(37) 「自由の苗木は、奴隷制の隣では高く成長できないほどかよわい性質のものである」(Benjamin Rush [1773]. Davis, *Problem of Slavery*, 283 に引用)。

(38) トマス・ジェファーソンは、独立宣言では削除された条文〔一七七六年草稿〕において、イギリス国王ジョージ三世を告発して言う。

〔ジョージ三世は〕人間的自然に対する無慈悲な戦いに挑み、彼をけっして傷つけたことのない遠くの人びとの身体の生命と自由というもっとも神聖な権利を侵害し、彼らを捕えて、別の半球へ奴隷として送り、……〈男たち〉が売買される市場を開設すると決定した。……彼は、今度はその当の人びとを扇動して、私たちの国で武器を手に立ち上がり、彼が奪った自由を手に入れさせようとしているが、これもまた彼が邪魔をしていた人びとを殺すことによってなのであり、こうして一方の人びとの自由に対して犯された前の犯罪を、彼らに他方の生命に対して罪を犯させることによって相殺しようとしている。(Davis, *Problem of Slavery*, 273 に引用)〔原文は、*The Papers of Thomas Jefferson*, Volume 1: 1760-1776, Princeton University Press, 1950, 423-8 を見よ〕

(39) 「おれたちには他の人間みんなと同じように、……自由になる当然の権利がある。それは誰にも奪われちゃならねぇ。おれたちだって自由の身で生まれたんだ。おれたちはこの天の恵みを、どんな契約でも何があっても、ぜったいに手放したことはなかったんだ」(Davis, *Problem of Slavery in the Age of Revolution*, 276 に引用)。

(40) アメリカ革命が奴隷制の問題を解決しえなかったとしても、少なくとも問題を理解することにはつながった。奴隷制について一貫した態度をとるべきだという主張は、けっして空疎なレトリックとして言われていたわけではない。それが表われているのは、ニューイングランドのタウンミーティングにおける奴隷制反対決議、一七七七年のヴァーモント憲法、実際に奴隷を解放した個々人の意志、以後の奴隷の輸入を禁止した一七七四年のロード・アイランドの法律、一七八〇年のペンシルヴェニアの段階的解放法などであり、それらはトマス・ペインによって書かれた前文によれば、イギリスの占領から「われわれ自身が幸福にも救出されることの喜ばしい記念」として採択された(Davis, *Problem of Slavery*, 285-86)。

(41) Trouillot, *Silencing the Past*, 85. ディドロとダランベール編の『百科全書』には、現実に存在する奴隷制に関する見出しが含まれていた。「ニグロ(Nègres)」という項目は、たんに「砂糖、タバコ、インディゴの耕作に不可欠」と述べるのみだが、ルイ・ド・ジョクール〔フランスの啓蒙思想家〕の執筆した一連の項目は強烈である。「奴隷制（Esclavage）」の項では、奴隷制は自然の反対であると明言している。「自然的自由（Liberté naturelle）」の項では、奴隷は植民地、プランテーション、鉱山に必要だからと自然権に反した言い訳をする宗教を、非難している。「黒人条約（Traité des Nègres）」の項では、「違法な商品」として貿易される奴隷は「人間性と平等を謳うすべての法により禁止されている」と明言し、したがって奴隷制の廃止は、たとえ植民地を荒廃させるとしても必然であるとする。「これほどの悪の原因となるよりは、植民地を破棄しよう」。しかし、これらのテクストにもレイシズムはやはり存在しており（Sala-Molins, *Le Code Noire*, 254-61）、奴隷に自由の準備させるために、奴隷制廃止は段階的におこなわれるよう勧告している。

（42） この奴隷の陰謀を先導したブークマンはヴードゥーの祭司であった。ヴードゥーは、アフリカの異なった文化から来た奴隷たちをまとめたばかりでなく、西洋の文化的シンボルもとり入れた新しい混合的な宗教であった（「ヘーゲルとハイチ」註129を見よ）。ブークマンは奴隷たちに向けてつぎのように語っている。「こんなにもたびたびわれわれに涙させてきた白人たちの神の象徴を投げ捨てよう。そして、われわれすべての心に語りかける自由の声に耳を傾けよう」（James, *Black Jacobins*, 87〔邦訳九五頁〕）。奴隷の反乱はサン＝ドマングできわめて頻繁に起こっていた（一七九一年の大反乱以前には、一六七九、一七一三、一七二〇、一七三〇、一七五八、一七七七、一七八七年に反乱があった。Dupuy, *Haiti*, 34を見よ）。しかしブークマンの蜂起は、フランス革命の先鋭化という文脈において起こったものであり、ヨーロッパ人の奴隷暴動に対する認識を改めさせた。それはもはや、長くつづく一連の奴隷反乱のひとつではなく、ヨーロッパの革命の拡大であった。「一七九一年の夏のニュースは、フランス王一家のヴァレンヌへの逃亡と逮捕とともに、サン＝ドマングの奴隷の反乱を大きく取り上げた」(Paulson, *Representations of Revolution*, 93)。

（43） 奴隷制は、一七九三年八月に、パリからの指令とは独立した行動として、ポルヴェレルとソントナによって廃止された。この二人の役割は研究者から否定されつづけており、トゥルイヨの適切な表現（Trouillot, *Silencing the Past*）を用いれば、学者の盲目性が「過去に沈黙を強いる」もうひとつの実例である。Marcel Dorign 編による近年のシンポジウムの記録 *Léger-Félicité Sonthonax* を見よ。このシンポジウムは研究状況を正すことからはじまっている。とりわけ Desné, "Sonthonax's vu par les dictionnaires," 113-20 は、二〇世紀を通して、フランスの文献目録からソントナの名がすっかり消えているということを調べ上げた。

（44） イギリス軍は、実際上、味方となって戦うことに同意したサン＝ドマングの奴隷たちに自由を認めざるをえなかった。それは、味方としてフランス共和国のために戦う者たちについてソントナとポルヴェレルがおこなったことと同じである。こうした政策の影響は、奴隷たちには自由になる能力がないという本質論的議論を否定することになり、奴隷制を掘り崩すことになった。Geggus, "British Occupation of Saint Domingue, 1793-98," 363 を見よ。

（45） ゲッガスはつぎのように記している。「一八〇四年の反奴隷制運動の突然の再燃においてハイチの果たした役割は、研究文献においてはまったく無視されてきたように思われる。しかしその重要性は、明らかに無視できないものであった」（Geggus, "Haiti and the Abolitionists," 116）。これもまた、過去を沈黙させる学者の盲目性である。

（46） 一七九六年、ラヴォー将軍はトゥサンを統治者に任命し、彼を共和国の救世主、レーナル師の予言した奴隷たちの救い主と呼んだ（Blackburn, *The Overthrow of Colonial Slavery*, 233）。一八〇二年、〈黒人法典〉はマルチニックとグアドループで復活された（ただし、サン＝ドマングについてはまったく言及されなかった）。

(47) 最初ルヴェルチュールはスペイン国王と同盟し、スペイン植民地だったイスパニョーラ島東側に軍事拠点を置いて活動していたが、フランス議会が奴隷制を廃止したことを知ると、イギリスに対抗するソントナに与するようになり、逮捕されるまでフランス共和国に忠誠を誓っていた。（この論争の的となっている同盟関係の変化については、Geggus, "From His Most Catholic Majesty," 488-89 で分析されている。）

(48) トゥサンは憲法作成を補助してもらうために六人の委員を召集した（そのなかには、後述するボルドー育ちの法律家ジュリアン・レーモンも含まれていた）。

憲法は、最初から最後までトゥサンが考えたものであり、そこには彼の統治の原則が書かれていた。奴隷制は永遠に廃止された。皮膚の色にかかわらずすべての人間は、あらゆる職業に就くことができるようになり、徳と能力のほかにいかなる差別もあってはならないとされた。そして、公職の行使にあたっては、法の定める以上のものはないとされた。彼は、フランスから追放された移民リストにある場合を除いて、植民地に不在の経営者すべての権利を「いかなる理由があろうとも」保護する条項を憲法に組み入れた。その他については、トゥサンはすべての権力を自分自身に集中させた。（James, *Black Jacobin*, 263〔邦訳二六一頁〕）

トゥサンの政権は自治領の地位を期待していた。フランスは啓蒙主義的帝国主義という政策を確立するそのチャンスを逃がしたのである。

(49) Geggus, "Slavery, War, and Revolution," 22.

(50) James, *Black Jacobins*, 346〔邦訳三三九頁〕.

(51) James, *Black Jacobins*, 365〔邦訳三五八頁〕を見よ。エイブラハム・ビショップは、サン＝ドマングの革命を支持してボストンの新聞に偽名で投稿し、「『自由か死か！』の叫びを世界に響かせたアメリカの革命家は、すべての白人は自由であるといったのではなく、すべての人間は自由であるといったのである、と書いている」（Davis, *Revolutions*, 50）。

(52) デサリーヌの憲法は、すべてのハイチ人とは黒人であると宣言し、ムラートやさまざまな人種混淆の度合いのカテゴリーを法律から排除しようとした。デサリーヌが一八〇六年に暗殺されると、ハイチは、北はアンリ・クリストフを王とする「王国」、南はアレクサンドル・ペションを大統領とする「共和国」に二分された。

(53) Geggus, "Haiti and Abolitionists," 114.

(54) トゥルイヨはハイチ革命を「当時もっともラディカルな政治革命」と呼んでいる（*Silencing the Past*, 98）。ブラックバーンは、「ハイチはアメリカの最初の独立国家だったのではなく、その住民すべてに市民的自由を保証した最初の国家であった」と記している（*Overthrow of Colonial Slavery*, 260）。

(55) フランス革命は「たんなる出鱈目な改革」だったのだろうか（イギリス人はそう考えている、とナポレオンは主張していた）。それともナポレオンが死の床でいおうとしたように、フランス革命は「完全な社会的再生」だったのだろうか（Paulson, *Representaions of Revolution*, 51）。ナポレオンは、その生涯の最後にトゥサン・ルヴェルチュールの扱いを悔やんでいた。

(56) Blackburn, *Overthrow of Colonial Slavery*, 230.

(57) Ruof, *Johann Wilhelm von Archenholtz*, 29 に引用。（ルーオフは彼の名前を「Archenholtz」と表記しているが、通例は「Archenholz」である。）アルヘンホルツは続けてつぎのように述べる。「ドイツ人は彼らを尊敬すべきであり、そのことはドイツ人にとって光栄なことである」（*Johann Wilhelm von Archen-*

holtz, 30)。一七九二年、アルヘンホルツはフランスの革命状況を説明するのに、ふたたび奴隷制のメタファーを用いて問いかけている。はたして「地上でもっとも人口の多い民族のひとつ」である人びとが、「この数年間で、奴隷制の泥沼から這い上がり、……自由という甘い果実をとことんまで味わい、……たちまちのうちに、再度、黙って軛の下に頭を垂れ、破壊された鎖をおもちゃのようにみなす」ことがあるだろうか。「……ヨーロッパの勢力が連合しても、この岩にぶつかって砕け散るだろう」(*Johann Wilhelm von Archenholtz*, 49)。

(58) 一七九〇年、サン゠ドマングの植民地議会は参政権を無産階級の白人に拡大した(これによって投票権は首都パリにおけるよりも拡大された)。このようにして、政治的排除の人種的性質が強化された。Blackburn, *Overthrow of Colonial Slavery*, 183 を見よ。

(59) ブラックバーンによれば、西部と南部の二〇〇〇のコーヒー農園はムラートの所有であったが、それと比較すると七八〇のサトウキビ農園はほとんど白人の所有であった。「サン゠ドマングの有色自由人の数は、白人入植者の数とほとんど同じか、むしろ多かったかもしれない」。有色人種の経営者は、約一〇万人の奴隷を所有していた。「南北アメリカにおいて、部分的にしろアフリカ系の出自の人びとが有産階級の地位のなかでこれほど大きな割合を占めたところは、この地よりほかにはなかった」。彼らはしばしば、「フランス系の有名な名前を名乗った」(*Overthrow of Colonial Slavery*, 168, 169)。

(60) ウィンフェン男爵は、入植者たちは奴隷たちの目の前で自由や平等という言葉を口にするのを恐れなかったのかと疑問を呈している。James, *Black Jacobins*, 82〔邦訳九〇頁〕を見よ。しかし、一七九二年でも、共和主義者がソントナのように奴隷制廃止を力強く宣言することはまだ稀であった。「白人と対等な自由人に奴隷と同じ黒人もいるならば、黒人だからといって奴隷制に繋ぎとめておくことはできない」(Jacques Thibau, "Saint-Domingue à l'arrivé de Sonthonax," 44)。

（61）憲法制定議会（一七八九‐九一年）において、約一一〇〇人からなる代議士のうち一〇分の一が、サン＝ドマングに関心を持っていた。Thibau, "Saint-Domingue à l'arrivée de Sonthonax," 41を見よ。

（62）〈黒人の友の会〉（一七八八年設立）がこの問題の議論の背景として重要な役割を果たしていた。〈黒人の友の会〉のメンバーは、人数は多くないが物書きやパンフレット作者として影響力をもっており（コンドルセ〔フランスの数学者・哲学者〕、ジャック・ピエール・ブリッソー〔フランス革命期のジロンド派の指導者〕、ミラボー〔フランス革命初期の中心的指導者〕、グレゴワール神父〔フランスのカトリック聖職者。ユダヤ人、黒人、混血児に対する差別撤廃を訴える言論活動をおこなった〕）、その著作で植民地の奴隷の状況を嘆いていた。マーカス・レインズフォードが一八〇五年に記しているところによれば、彼らの著作が流布した結果、黒人奴隷は「ヨーロッパの都市で、よく話題にのぼることがらであり、その半ばは悲嘆であった」が、それは彼らが「不幸な雄弁」で「奴隷の悲惨さ」を描いたためであった。そして、疑いなく「奴隷のアフリカ人やその子孫のなかで眠っているだけの革命精神を広範な基盤の上で行動へと転換させる一因となった」(Rainsford, *Historical Account*, 107)。〈黒人の友の会〉の立場は、一七九一年、自由人の黒人やムラートの権利を支持するまでは、せいぜい段階的解放を支持するだけであった。奴隷制が実際に廃止されたとき（一七九四年）、彼らはロベスピエールの粛清の犠牲者となって消えていた。奴隷制廃止論は、ロベスピエールの敵であるジロンド派と同一視されるようになっていたのである。「ジロンド派は、イギリスが有利になるよう密かに植民地の騒乱を扇動し、フランスの勢力圏を荒廃させるために奴隷制廃止を支持したと告発された。……ロベスピエール自身はわざと二月四日の国会〔全会一致で奴隷制廃止が決議された国民公会〕をすべて欠席し、法令に署名しなかった」(Fick, "The French Revolution in Saint Domingue," 68. つぎの論文と比較せよ。Bénot, "Comment la Convention a-t-ell voté l'abolition," 13-25)。

(63) Archenholz, "*Zur neuesten Geschichte von St. Domingo*," 340. これは、『ミネルヴァ』の一八〇四年の記事に対するアルヘンホルツによる編集者緒言であるが、同誌は革命の暴力にたいして批判的で、「ニグロ国家」の実行可能性に懐疑的であった。

(64) "Historische Nachrichten von den letzten Unruhen in Saint Domingo: Aus verschiedenen Quellen gezogen," *Minerva* 1 (Feb. 1792) : 296-319. この記事はムラートの権利、ブリッソーの立場、〈黒人の友の会〉を支持している。

(65) 一八〇三年五月、デサリーヌによって宣言されたこのスローガンはアルヘンホルツが書いた記事のなかで報告されている。Archenholz, "Zur neuesten Geschichte von St. Domingo," 506.

(66) 一八〇五年イギリスで出版されたレインズフォードの著作（翌年、ドイツ語の全訳が出版された）は、つぎのように主張している。

ハイチ帝国の出現は、人類の境遇に強い影響をもたらすかもしれない。……他の時代ではほとんど誰も信じないだろう。すばらしい事実が確証されるのを哲学者たちが心静かに耳をかたむけていたのである。この事実はこれまで知られることがなかったか、あるいは、その経験が歴史的真理の一部と認められることがなかったような人びとの曖昧な知識に限られていたものだった。……古代の記録では、ニグロたちは自分たちの敵を自分たち自身の国で活力によって追い払うことができるとしていたし、ある近代の著作家［Adanson, *Voyage à l'Afrique*, 1749-53］は、アフリカの人びとに能力と徳が備わっていることを受け合っていたが、あとは一八世紀の終わりがその光景を実現するばかりだった。すなわち、ヨーロッパの植民地において一群のニグロたちは、自分たちをもっとも下劣な奴隷制から解放し、同時に社会関係を築き、法を制定し、軍を指揮できるということを示したのである。その同じ時代が、偉大で洗練された国民〔つまりフランス〕において目撃したのは、……最初期の時代の野蛮への回帰であった。(Rainsford, *An Historical Account of the Black Empire of Hayti*, x-xi)

(67) レインズフォードは、ハイチ革命を「今日もっとも注目すべき重要な記録」と位置づけている (Rainsford, *Historical Account*, 364)。

(68) Ruof, *Johann Wilhelm von Archenholtz*, 62.

(69) 「奴隷制廃止論はつねにフランス内の小さな党派の話題であり、検閲によって効果的に撲滅することができた。サン゠ドマング再占領の試みによって植民地に関心を寄せる言論が氾濫したが、程度はさまざまであれ、大半は黒人革命に対する廃止論者の影響を非難するものであった。そして、サン゠ドマング遠征がまったくの失敗に終わったとき、植民地に関するすべての著述は完全に禁止された」(Geggus, "Haiti and the Abolitionists," 117)。

(69) 合衆国の報道はサン゠ドマングの経過を詳細に報じた。ジョン・アダムズ〔アメリカ合衆国第二代大統領(一七九七―一八〇一年)〕は、事件を嘆きながらも、ハイチ革命は合衆国の反乱自体がひき起こしたものの論理的帰結であると信じていた。奴隷革命は合衆国においても奴隷制が廃止される必要があることの証明だと考える者もいた。換言すれば、両者ともハイチ革命に世界的意義をみたのである。David Brion Davis, *Revolutions*, 49-54を見よ。戦争特派員はまた、ポーランドの新聞にも定期的にレポートを送っていた。ポーランド政府は、サン゠ドマングの奴隷制を復活させようとナポレンが送ったルクレール将軍指揮の軍隊に兵を送っていたのである。Pachonski and Wilson, *Poland's Carribbean Tragedy* を見よ。

(70) Geggus, "Haiti and the Abolitionists," 113-15を見よ。トゥサン・ルヴェルチュールを英雄視した例外もあったが、それを除けばむしろ大半の報道はそれほど好意的ではなかった。

(71) このソネットは「おそらく一八〇二年八月フランスで書かれた」(Geggus, "British Opinion and the Emergence of Haiti," 140)。ワーズワースはヘーゲルと同年(一七七〇年)に生まれている。両者とも、同じ時代に三〇代前半を送ったのである。ウィリアム・ブレイクもハイチ革命を詩に詠んでいる。

(72) Ruof, *Johann Wilhelm von Archenholtz*, 69-70. アルヘンホルツは、「きわめて厳格な中立性」(strengste Unparteilichkeit)が「第一の責務」であると宣言している(*Johann Wilhelm von Archenholtz*, 40)。

(73) この言葉は表紙に掲げられた。『ミネルヴァ』の研究者は、アルヘンホルツがサン＝ドマングとハイチ革命に強い関心を持っていたことを発見するためには、雑誌のオリジナルにあたってみる必要がある。アルヘンホルツについて書かれた二つの研究書は、そうした記事に言及していない。Ruof, *Johann Wilhelm von Archenholtz* および Rieger, *Johann Wilhelm von Archenholtz als "Zeitbürger"* を見よ。しかし、Schüller, *Die Deutsche Rezeption haitianischer Geschichte* も見よ。この本では、サン＝ドマングに関する『ミネルヴァ』の記事の要約に加え、影響力のあったレインズフォードのドイツ語訳を含め(103-8)、他のドイツ語雑誌や書籍のハイチ革命についての記述に関する議論も紹介されている。私がシュラーの研究書によってゲッガスに注意を促されたのは本論を書いた後だったため、ゲッガスについては適宜、註で言及した。

(74) Ruof, *Johann Wilhelm von Archenholtz*, 131. とくに知られた記者は、コンラート・エンゲルベルト・エルスナーとゲオルク・フォルスターの二人である。彼らについては後述する。発行部数については、Ruof, *Johann Wilhelm von Archenholtz*, 129-30を見よ。

(75) Ruof, *Johann Wilhelm von Archenholtz*, 130.

(76) 一七九四年にシラーがアルヘンホルツに書き送ったところによれば、シラーはアメリカ革命に関する回顧的記事を準備していることをほのめかしている。「アメリカの独立戦争を描いた簡潔な記述を貴誌に掲載するお考えはございませんでしょうか」(Ruof, *Johann Wilhelm von Archenholtz*, 45)。『ミネルヴァ』にそのような記事は見当たらなかったが、一七九一―一八〇五年におけるサン=ドマングでの出来事についての一連の記事も同じ方向性にあった。

(77) 一七九四年のクリスマス・イヴに、ヘーゲルはベルンよりシェリングに書き送っている。「まったくの偶然だが、数日前、アルヘンホルツの『ミネルヴァ』にOという署名で記事を書いている人物と話をした。きっと君も知っているはずだ。イギリス人ではないかといわれていたその著者は、じつはエルスナー(Oeslner)という名のシレジア人で、……まだ若いのに、かなり勉強しているように見受けられる」(Hegel, *Hegel: The Letters*, 28〔一七九四年一二月二四日付けシェリング宛の書簡。邦訳『ヘーゲル書簡集』一一頁〕)。ルーオフはヘーゲルが『ミネルヴァ』の読者であったことに触れていない(その著作が書かれたのは一九一五年であった)。ドイツで出版されたヘーゲル書簡集を、彼は見ることができなかった。Hegel, *Briefe von und an Hegel* を見よ。しかし、ジャック・ドントのヘーゲル論は、冒頭の章で『ミネルヴァ』がヘーゲル(およびシェリング)に与えた影響について論じており、その影響は「全体にわたって」(globale)いたとしている(D'Hont, *Hegel Secret*, 7-43〔邦訳一五―五五頁〕)。ドントが『ミネルヴァ』に掲載されたサン=ドマングについての記事に言及していないことには注意されたい(彼の論点は別のところにある。註105を見よ)。アルヘンホルツよりもラディカルな共和主義者コンラート・エンゲルベルト・エルスナーは、(反ロベスピエールの)ジロンド党員で、彼の英雄はシエイエス神父であった。彼の(目撃情報にもとづいた)フランス革命史については、Oelsner, *Luzifer* を見よ。

(78) Kelly, "Hegel's 'Lordship and Bondage,'" 260. ケリーは、ヘーゲルの著作は「ヘーゲル自身の時代」の

内部で読まれなければならないと強調しているが、あくまでそれは思想上の時代である（"Hegel's 'Lordship and Bondage,'" 272）。それゆえに彼はフィヒテ、シェリング、ヘーゲルの哲学的差異について考察している。フィヒテの相互承認という主題はより一般的なものであるが、他方、主と奴の弁証法においてヘーゲルは原初的平等の原理を擁護しているのであり、それは奇妙かつ危険なことにフィヒテが批判しているものであった」（"Hegel's 'Lordship and Bondage,'" 269）。多くの解釈者は、この点についてヘーゲルをフィヒテの観点から議論しているが、それによってヘーゲル特有の承認の事例、一八〇三年にはじめて導入された主人と奴隷の関係というものの重要性を縮減してしまっている。たとえば、ロバート・ウィリアムズは（こんどはルートヴィヒ・ジープにならって）、「承認の物語は、フィヒテとヘーゲルについての物語である」と述べている（Robert R. Williams, *Hegel's Ethics of Recognition*, 26）。

（79）　Shklar, "Self-Sufficient Man: Dominion and Bondage," 289-303 および Pöggeler, *Hegels Idee einer Phänomenologie des Geistes*, 263-64 を見よ。

（80）　Tavarès, "Hegel el l'abbé Grégoire: Question noire et Révolution française," 155-73 を見よ。［アンリ・］グレゴワール神父は、間違いなくフランスの奴隷制廃止論者のなかでもっとも高潔なハイチの支持者であった。一八〇八年に彼の書いた『ニグロによって書かれた文献について（*De la littérature des Nègeres*）』は、表向きはフランスおよびイギリスにおける黒人による文筆活動の成果を扱うことで、奴隷問題に関するナポレオンの検閲を「巧妙」にすり抜けようとしたものであった。「同書は、主にアフリカ人社会について扱っているが、グレゴワールはそこで機をとらえて、ドマング人トゥサン・ルヴェルチュールとジャン・キナ（マルティニックの反乱を指揮した人物）を称賛し、ハイチがいまだ政治的に不安定だとしても、それは一七九〇年代のフランスについても同じだったという所見を述べている」（Geggus, "Haiti and the Abolitionists," 117）。グレゴワールが一八二〇年代半ばにハイチの司教への招聘を拒否したが、その理由は、ハイチのフランスに対する懐柔的態度に失望したからである。当時、ハイチ大統領ボワイエは、体制の承認の見返りとして、かつての入植者に巨額の賠償金を支払うことに合意したのだった。Geggus, "Haiti and the Abolitionists," 128 を見よ。

（81）二〇〇〇年に本稿が最初に出版された時点で、私はまだタヴァレの独自の論文（Tavarès, "Hegel et Haiti"）を見ていなかった。同論文はヘーゲルとフリーメイソンのつながりを扱っている。タヴァレの研究については、本書第Ⅱ部「普遍的な歴史」で論じる。タヴァレは、自分の答えをフランス語文献にもとづいて出しており、不完全で思弁的なものにとどまっているが、適切な問題提起をおこなっている。シュラーは簡単にヘーゲルに触れているが（Schüller, *Die Deutsche Rezeption haitianischer Geschichte*）、後期（一八二〇年代）の著作に関してのみであり、私がここで論じているような直接的な影響も、ヘーゲルが『ミネルヴァ』を読んでいたことも指摘していない。

（82）Rosenkranz, *Georg Wilhelm Friedrich Hegels Leben*, 543〔邦訳では割愛されている資料部分より〕. この伝記は、一九七七年に（さらに一九九八年にもういちど）再出版されていることからもわかるように、いまだにヘーゲルの規範的伝記である。ヘーゲルの発展についての哲学的説明は無数にあるし、その他の伝記も存在するが、ローゼンクランツに完全に取って代わる現代の伝記作家が見当たらないのは驚くべきことである。たとえば Althaus, *Hegel und die heroischen Jahre der Philosophie* を見よ。ヘーゲル関連資料のいくつかの対象は微細な分析がなされたりもするが（彼の原稿用紙に入っている透かしマークなど）、彼の生涯に関する私たちの知識には驚くほどの空隙がある。この不均等についてはさまざまな理由があるが、そもそも、ヘーゲルがその生涯の最後の一〇年間にベルリンに居を定めるまで、なんども引っ越しを繰り返したということがあり（ヴュルテンベルクからチュービンゲン、ベルン、フランクフルト、イェーナ、バンベルク、ニュルンベルク、ハイデルベルク）、彼自身が生前に手稿を含めた多くの資料を処分してしまっていたということがある。彼の死後は、(嫡出の)息子のカールがアーカイヴを引き受けたが、封印された資料もあったかもしれない。ヘーゲルには非嫡出の息子ルートヴィヒがおり、一八〇六年、イェーナでヘーゲルが『精神現象学』を執筆していたときにみごもられ、一八三一年、父親と同じ年に、オランダ商船の一員として滞在していたインドネシアで死んでいる。)

(83) 『精神現象学』ではハイチの名もサン゠ドマングの名も挙げられていないが、研究者が異口同音にフランス革命について述べていると認める箇所ですら、フランス革命の名は挙げられていない。フランス革命の出来事を追っていたチュービンゲンの学生時代から、ペンを手に新聞を読んでいた一七九〇年のフランクフルト時代、イギリスの新聞『エディンバラ・レヴュー』と『モーニング・クロニクル』から抜き書きしていた一八一〇年代、一八二〇年代と、ヘーゲルが新聞や雑誌を熱心に読んでいたことについては豊富な証拠がある(「ヘーゲルとハイチ」註135を見よ)。『精神現象学』を脱稿してまもなく、ヘーゲルはイェーナを発ってバンベルクに移り、彼自身が日刊紙の編集者となるが、ドイツ軍の居場所を暴露したとして検閲で告発され、その新聞は廃刊となった(ヘーゲルは、その情報をすでに公刊されていた他のニュースソースから得たと抗弁した)。

(84) Trouillot, *Silencing the Past*, 73.

(85) Trouillot, *Silencing the Past*, 82. トゥルイヨは、多方面に才能のある人が書く歴史がそうした不可視な部分を生み出してきた、さまざまな「抹消の定式型」について論じている(*Silencing the Past*, 96-98)。

(86) 福音主義者のトーリー党員ジェームズ・スティーヴン〔弁護士および国会議員としてイギリスの奴隷制廃止運動に関わった〕の書いた一八〇四年夏のラディカルなパンフレットは、奴隷を所有する白人の権威は主に奴隷の抱く不合理な恐怖にもとづいており、それが「無知と習慣によって助長されている」

のであるから、幽霊の存在を信じるかのようなこの「本能的恐怖」が拭い去られるならば、永遠に雲散霧消するだろうと論じている（Geggus, "Haiti and the Abolitionists," 115）。ヘンリー・ブルーム（『エディンバラ・レヴュー』の発起人のひとり）は、『エディンバラ・レヴュー』でジェームズ・スティーヴンに反応して、「奴隷たちの服従はたんに抵抗の代償を合理的に計算した結果だと信じていた」。「［ブルームは］自由な市場をいっそう重視しており、刺激と反応という観点で考えていた」（Geggus, "Haiti and the Abolitionists," 115-16）。ブルームの奴隷貿易廃止の主張もまた計算と必要性にもとづくものであり、ハイチ以後、反乱のリスクは何千倍にも増加したからであった（Geggus, "Haiti and the Abolitionists," 116を見よ）。ヘーゲルが一八一七－一八年に『エディンバラ・レヴュー』を読んでいたことは確実であるし、彼がかなり早くからそれ以外のイギリスの雑誌に触れていたことも考えられる（「ヘーゲルとハイチ」註121を参照）。ヘーゲルの近代精神の理解が基本的にキリスト教的であったとすれば、この論争ではヘーゲルであったらスティーヴンの議論に与したであろうことは想像できる。

(87) Geggus, "Haiti and the Abolitionists," 113.

(88) 「フランス人農園主ドゥルーアン・ド・ベルシは、自分自身は革命が失敗し、その住民が殺されたり追放されたりすることを望んでいたにしても、それを注目すべき出来事であり、哲学者や政治家が考察するに値する出来事と考えていた」（Geggus, "Haiti and the Abolitionists," 113）。

(89) Rainsford, *Historical Account*, chap. 2を見よ。

(90) イェーナ期のさまざまなテクストを、すなわちヘーゲルの主と奴の弁証法というアイデアの展開を、ハイチ革命という歴史的文脈のなかで正当に評価するには、それ自体で一本の論文を要する。本論で学術的に完全な説明を試みることは難しい。私は、ヘーゲルが一八〇三年にアダム・スミスを読んだことがターニング・ポイントなのではないかという仮説を示唆できるにすぎない。ヘーゲルが最初のイェーナ期『体系構想』（一八〇三－四年）において主題化した「承認をめぐる闘争」は、倫理的共同性（Sittlichkeit〔人倫〕）の古典的概念とも、個人の自己保存というホッブズ的概念（自然状態）とも一線を画するものである。決定的な意味をもつ最後の「断片二二」（その一部は抹消線が引かれて書き直されており、少なくとも一ページは失われている）は、「相互承認」の「絶対的必然性」の議論からはじまる。財産への侵害は、「死にいたる」復讐を受けなければならない（Hegel, *Jenaer Systementwürfe I*, 218n2〔邦訳七三－四頁〕）。財産を所有する家長について、ヘーゲルはつぎのように述べている。「もし彼が毀損を負う危険を冒してはいるが、生命そのものを賭そうとしないなら」、そのとき「彼は他者の奴隷となる［er wird der Sklav des andern］」（*Jenaer Systementwürfe I*, 221〔邦訳七八頁〕）。ドイツ語で奴隷は通常「Sklave」を用いるが、ヘーゲルはこの断片でも、また著作全体でも、相互承認の弁証法を論じるときに「Knecht〔奴〕」と「Sklav(e)」の両方を使っていることに注意せよ。しかし、「財産」それ自体が侵害者だとしたら、そして奴隷は彼の人格に対する侵害を補償ではなく彼自身の自由を主張することによって正そうとしているとしたら、どうだろうか。ヘーゲルはそうした問いを提起しておらず、かわりに「民族」（das Volk）の「慣習」と万人に共通の「労働」の議論へと進んでいる。それによってヘーゲルは、きわめて非ホッブズ的な方向に向かい、近代的工場労働（スミスがピン工場で例示した分業）の矮小化された反復的労働を批判する（Hegel, *Jenaer Systementwürfe I*, 227-28〔邦訳九九－一〇〇頁〕を見よ）。そしてヘーゲルは、グローバル経済における労働者の、統制のない「盲目的」な相互依存を批判的に叙述する。市場での交換による「市民社会」（bürgerliche Gesellschaft）は、相互「依存」（Abhängigkeit）の「巨大なシステム」（ungeheueres System）をかたちづくっており、「野獣と同じで飼いならされなければならない」（Hegel, *Jenaer Systementwürfe I*, 229, 230〔邦訳一〇一頁〕）。断片二二（一八〇四年に書かれている！）は、ちょうど「物」（das Ding）の一般性が「承認」される（anerkannt）形式としての「所有」(Besitz) についての議論で終わっているが、さらに進めれば私的所有の法が奴隷(その現実存在は労働にほかならない) を物として扱うことを認めている矛盾に直面したことだろう! 奴隷とは、そこにおいて財産処分の自由と人格の自由とが真っ向から衝突する、他に並ぶもののないひとつの商品である。だからこそ、ヘーゲルの草稿はそこで突然終わっているのだろうか。この文脈のなかでは、サン=ドマングの奴隷の反乱は、(交換から労働へと強調点を移動させることによって) 経済システム (欲求の無限のシステム) から政治へといたるリンクをもたらし、ヘーゲルが契約の相互性という悪無限 (「巨大なシステム」) に陥るのを救った。すなわち、死にいたる闘争を通した立憲国家の創設である。

(91) Hegel, *System der Sittlichkeit*, 35 〔邦訳六二頁〕. この節は、Harris, "Concept of Recognition," 234 に引用されている。ハリスはつぎのように述べている。「法的人格の概念は、財産の (すなわち、その普遍的表現である)『没関心性』としての貨幣制度と手に手をたずさえて出現した。この形式的承認の世界は、その所有の度合いによって (すなわち、究極的には貨幣に表現されて) 主と奴へと分化した」("Concept of Recognition," 233)。

『人倫の体系』には、ヘーゲルのアダム・スミス読解が最初に現われると同時に、主 (Herr) と奴 (Knecht) の不平等な関係が「生の力の不平等にしたがって確立される」ことも最初に現われている (Hegel, *System der Sittlichkeit*, 34 〔邦訳六〇頁〕)。しかし、そこではまだ、この二つの主題は結びついていない。ヘーゲルは、「経験的には無限の」——「国境なき」交易によって、民族は「解体」される (すなわち「自然状態」への回帰?) ——ものである「欲求の体系」として「剰余」の交換に関心を抱く (*System der Sittlichkeit*, 82, 84-5 〔邦訳一四七、一五〇-一頁〕)。私的財産の交換においては「物と物とが等価である」ことが法的権利の基礎となるが、それは「拘束力ある中間項」としての契約を通してのみ可能である。生については、ほかの物についていえるように、それを「所有」するということはできない。したがって、「支配」（Herrschaft）と「隷属」（Knechtschaft）との結びつきは「無関係」の結びつきである（*System der Sittlichkeit*, 32-37〔邦訳五七－六六頁〕）。「多くの人びとのあいだで女性が両親によって売られているが、これは男と妻との婚姻契約の基礎とはなりえない」とヘーゲルは述べる。（しかし、奴隷が売買されているヘーゲル自身のヨーロッパ文化についてはどうだろうか）。「奴（Knecht）との契約はありえない。もっとも、奴または女性について第三者との契約はありうる」（*System der Sittlichkeit*, 37〔邦訳六五－六頁〕）。したがって、「奴隷の立場（Sklavenstand）とは、形式的にのみ普遍であるにすぎないのだから、ひとつの社会階級（Stand）ではない。奴隷（der Sklave）は個別者（Einzelnes）として主人に関係づけられている」（*System der Sittlichkeit*, 63〔邦訳一一三頁〕）。ハイムによれば、『人倫の体系』のもととなった講義草稿は、（紛失のため）「たんなる物語」に引き下げられてしまった（Haym, *Hegel und seine Zeit*. Harris, "Concept of Recognition" に引用）。まさにこの「たんなる物語」の関心がどこにあったのかということこそ、興味ぶかいことではないだろうか。

（92） Hegel, *Phenomenology of Mind*, 234〔邦訳（上）一九〇頁〕.

（93） Hegel, *Phenomenology of Mind*, 235〔邦訳（上）一九〇頁〕.

（94） それによって、歴史的行為主体は奴隷に移る。奴隷は「歴史を創出しようと望むが、それができるのは主人が人間性を実現可能なものとした後である」（Kelly, "Hegel's 'Lordship and Bondage,'" 270）。

（95） 労働に力点がおかれていることは興味ぶかい。奴隷は、自分自身の主体性を労働を通して実現する。ヘーゲルは、手工業もしくは農業の労働を特権視しているようである（工場が非人間化をもたらすと考える点は、アダム・スミスと同じである）。しかし、ヘーゲルの歴史哲学講義（それについては後で論じる）の視点からさかのぼって読むならば、労働に対するこの態度は、初期の、自然そのものを主体性とみなす「アフリカ的」精神から近代精神へという、奴隷の意識の内部の変化を描いている。近代精神においては、自然をつくりかえることが人間自身の主体性の表現である。

(96)『精神現象学』はつぎのように述べる。「しかし奴の意識は、労働を通して自己自身にいたる」。それは肯定的にいえば、奴の意識が「自分をまったき自立存在」として意識するようになることであるが、その意識を対象としてみたときの否定的な面はつぎのように述べられる。「物を作成しているとき、［奴の意識は］ひたすら対立的に存在する形式を廃棄することによって、自らの否定性、すなわち自身の自立存在を意識の対象とする。しかし、ここで対象となる否定性とは、まさにかつて自分が恐れおののいていた他者の本質なのである。いまや意識はこの他者の否定性を破壊し、否定的なものである自らを永続の境位に置き、それによって自力で自立存在となる（Hegel, *Phenomenology of Mind*, 238-39〔邦訳（上）一九五－六頁〕）。マルクス主義者たちは、奴隷が自己意識にいたる過程を、労働者階級が虚偽意識を克服する過程のメタファーだと解釈してきた。すなわち、無自覚な階級が自覚的になるというものである。しかし彼らは、ヘーゲルが革命的実践へのつぎの一歩を踏み出さなかったということを批判してもいる。私の主張は、サン＝ドマングの奴隷たちのしたことは、ヘーゲルも知っていたように、そのつぎの一歩だったということである。

(97) 何人かの黒人研究者は、自分たちはヘーゲルと対立していると考えているが、その主張はむしろヘーゲルのオリジナルの意図に近いということを指摘しておきたい。たとえばポール・ギルロイは、主人と奴隷について、フレデリック・ダグラス（一八八九年に在ハイチの合衆国大使であった）が、ギルロイが理解するヘーゲルの「アレゴリー」とは異なった考えを提示していると解釈している。「ダグラスのヴァージョンは、まったく異なっている。彼によれば、奴隷は、プランテーションの奴隷制が拠って立つ非人間的状況の継続よりも、死の可能性を積極的に選ぶのである」（Gilroy, *The Black Atlantic*, 63〔邦訳一二六頁〕）を見よ。また、オルランド・パターソンの議論によれば、奴隷制の特徴である「社会的死」は、否定の否定として、労働（パターソンの考えるヘーゲル的意味で）ではなく、解放を必要とするのであり、それは制度的プロセスではなく、革命的プロセスによって可能だと考える（それは最終的にはヘーゲルと同じである）。Patterson, *Slavery and Social Death*, 98-101〔邦訳二一九–二二四頁〕を見よ。

（98） 一七九八年のヘーゲルの言葉と比較せよ。「制度、憲法、法は、もはや人類の世論と調和しておらず、その精神は死んでしまったからには、人工的に延命させることはできない」（Gooch, *Germany and the French Revolution*, 297 に引用）。時代遅れの〈黒人法典〉を復活させようというナポレオンの試みは、世界史的行為ではまったくなく、当時、世界史の側についていたのはハイチであり、ナポレオンのフランスではなかったことに注意せよ。ドイツの場合も同様である。「したがって、ドイツはフランス共和国との戦争において、自分自身の経験から、ドイツはもはや国家ではないということを知ったのである」（Williams, *Hegel's Ethics of Recognition*, 346 に引用）。意識は、侵攻するフランス軍に対する抵抗の闘争を通じてのみ獲得されたのである。

（99） ヘーゲルはこうした奴隷の責任を主張しつづけた。『法哲学』（一八二一年）ではつぎのように述べる。「ある人間が奴隷であるとして、その奴隷状態に責任があるのは彼自身の意志であるのは、ある民族が従属させられているとき、その民族の意志に責任があるのと同じである。したがって、奴隷制という悪は、たんに奴隷使用者もしくは征服者のせいばかりでなく、奴隷もしくは征服された者たち自身のせいでもある」（Hegel, *Philosophy of Right*, 239〔邦訳（下）一一二頁〕）。

（100） Hegel, *Phenomenology of Mind*, 233〔邦訳（上）一八八頁〕.

（101） この言葉は、Kojève, *Introduction to the Reading of Hegel* からである。コジェーヴの講義ノートはレイモン・クノーが編纂して、一九四七年フランスで出版したもの。

(102) 私の知るかぎり唯一の例外はタヴァレだけで、アフリカ人奴隷制について書いている多くの研究者も、ヘーゲルの主と奴の弁証法を自分の関心に合わせているにすぎない。たとえば、デイヴィスはその結論で、ナポレオンとトゥサン・ルヴェルチュールの対話を想像しながらヘーゲルの主と奴の弁証法を解釈することは「空想に耽るようなもの」だとしている (Davis, *Problem of Slavery in the Age of Revolution*, 560)。W・E・B・デュボイスの奴隷制についての著作をヘーゲルの奴隷制論と関係づけて読んでいるものは多い。たとえば以下のものを見よ。Williamson, *The Crucible of Race*, Zamir, *Dark Voices*, Lewis, "Introduction," in *W. E. B. Du Bois: A Reader*. また、Fanon, *The Wretched of the Earth* も見よ。同書は、ヨーロッパ哲学をヨーロッパ人(白人)のヘゲモニーに対する武器として用い、主と奴の弁証法を(マルクスを用いて)社会的に、かつ(フロイトを用いて)精神分析的に解釈することによって、植民地状況を克服し、ヨーロッパの偽善的ヒューマニズムを拒否するには第三世界住民の暴力的闘争が必然であることを理論化し、ヨーロッパ自身の文化的価値の言葉で対等な承認を獲得している。マルティニック生まれのファノンは、おそらくヘーゲルとハイチとのつながりという主題にはもっとも近い存在であろうが、それは彼の関心ではなかった。

(103) コジェーヴのヘーゲル読解は、(ハイデガー的な意味で)現象学的である。つまり、承認の弁証法を歴史的段階論としてではなく、実存論的-存在論的問題としてとらえており、その点では前項の註にあるマルクス主義的解釈とは距離をおいている。コジェーヴは、ヘーゲルの議論を古代奴隷制とアリストテレスの著作に結びつけ、それと同時に、その近代的形態を階級闘争の構造として明らかにしている。

(104) こうした近代の奴隷制に対するマルクス主義的アプローチの分かりやすい例として、歴史家ユージーン・ジェノヴェーゼの著作を見よ(たとえば Genovese, *The Political Economy of Slavery*)。

(105) 前記註(21)を参照。プロイセンの農奴の(上からの)解放は、『精神現象学』出版の一年後におこなわれた。最初に奴隷貿易を廃止したのはデンマークで、『精神現象学』出版の三年前、一八〇四年のことであった。イギリスが奴隷制を廃止したのは一八三一年。フランスは最終的には一八四八年。ロシア（および合衆国）は、一八六一年まで存続した。しかし、イギリスの廃止論者は、ロシア皇帝アレクサンドル一世と同盟し、ヨーロッパ協調のため、フランスにハイチの再征服を思いとどまるよう説得させようとしていた。トマス・クラークソンはアーヘン会議で皇帝と会い、「彼にハイチ国王［アンリ・クリストフ］の手紙を見せ、国王の能力を皇帝に知らせようとした」（Geggus, "Haiti and the Abolitionists," 120）。

（106）とくにジェームズ『ブラック・ジャコバン』の改訂第二版は、植民地における奴隷の生活は「基本的に近代的な生活」（James, *Black Jacobins*, 392〔邦訳三八四頁〕）であるというテーゼを支持している。この立場は、デュボイスも論じている。「アメリカの黒人奴隷は、近代労働者の最低、最悪の条件を示している」（Du Bois, *Black Reconstruction in America*, 9. 強調は私によるもの）。しかし黒人研究者たちは、ヘーゲルの解釈という点では、概してヨーロッパ的言説の段階論を受け入れてしまっている。

（107）そうした代表がアクセル・ホネットで、彼はヘーゲルにおける相互承認論を社会的に解釈したマルクスは、ロマン主義的に表現された人間学（労働）と、フォイエルバッハ的愛の概念と、イギリスの国民経済論とを組み合わせている点で「きわめて問題」であると結論づける（Honneth, *The Struggle for Recognition*, 147〔邦訳一九五頁〕）。ルートヴィヒ・ジープの解釈は、ヘーゲルが主と奴の弁証法によってホッブズから離れたことを強調している。それはむしろ、私のここでの議論を支持してくれるものである。Siep, *Anerkennung als Prinzip der praktischen Philosophie* およびジープの重要な論文 "The Struggle for Recognition," 273-88 を見よ。主と奴の弁証法についての最近の議論（ジル・ドゥルーズ、デリダ、ジュディス・バトラー）は、コジェーヴの解釈をニーチェの主人と奴隷についての説明と対決させ、論争の社会的意味を変化させている。ニーチェは、国家とその法、ヘーゲルが相互承認の体現として肯定した制度、したがって具体的な自由といったものに従順な人間の奴隷根性を批判している。

(108) 植民地の奴隷制と奴隷貿易についての議論は、Smith, *An Inquiry*, 105-75〔邦訳(三)第四編第七章、一〇八-七三頁〕を見よ。

(109) さまざま点で一致していない専門家たちも、この点では一致している。たとえば、以下を見よ。Hyppolite, *Genesis and Structure*; Forster, *Hegel's Idea of a Phenomenology of Spirit*. また、Riedel, *Between Tradition and Revolution* も見よ。

(110) シェリングの意見と比較せよ。「時代の動きがいたるところで彼を襲い、前へ前へと運び去ろうとしているとき、誰が古代のがらくたに埋もれ死にすることを望もうか」(Hegel, *Hegel: The Letters*, 29〔シェリング一七九五年一月五日付けヘーゲル宛の書簡〕)。フランス革命の時代、古代の古典は現在を過去に追いやる手段ではなく、〈現在〉の言葉だった。アリストテレスは、生ける者のあいだを同時代人として歩いていた。

(111) この点に関連するのが一九三三年ローマにおけるヘーゲル学会でのテオドール・ヘーリンクの議論で、彼は『精神現象学』の成り立ちを調査した結果、「驚くべき」結論にいたっている。すなわち、この本は、計画にしたがって有機的もしくは念入りに構成されたものではなく、想像できないほど短期間——とくに、一八〇六年夏——のうちに降りかかった内外からの圧力のなかで、突発的な決断をつなぎあわせたものだというのである。Pöggeler, *Hegels Idee*, 193 を見よ。ヘーリンクの所見は、ここでの私の議論とも両立する。

(112) たとえば手本となるのは、ヘーゲルがスコットランド啓蒙の哲学者を読んでいたことを文献学的に丹念に調べたノルベルト・ワスゼックの研究である。ヘーゲルのスミス受容に照明を当てることは、ある意味で、ヘーゲルの市民社会の哲学の理解を根本的に変えるような研究である。Waszek, *Scottish Enlightenment* を見よ。また、『ミネルヴァ』だけでなく、サン＝ドマングの事件を論じた他のドイツ語雑誌や文献も調査する必要がある。模範的な研究として、Schüller, *Deutsche Rezeption haitianischer Geschichte* を見よ。

（113）「支配と隷属」の節のすぐ後に続く「ストア主義」、「懐疑論」、「不幸な意識」と題された節で述べられているのは、異なった歴史的段階（そう主張するのは、Rosenkranz, *Hegels Leben*, 205〔邦訳一八七－八頁〕）ではなく、むしろ現実に存在する奴隷制についての異なった思考様式であると考えられうる。観相学と骨相学を批判している長大な節に関して、ヘーゲルとハイチについての沈黙を最初に破ったタヴァレは、ヘーゲルの註釈者たちが「その批判を……植民地についての論議の枠組みのなかでまったく読んでこなかった」ことは驚くべきことだとしている（Tavarès, “Hegel et l'abbé Grégoire,” 168）。『精神現象学』のドイツ語版の編者も、英語版の編者も、ヘーゲルが名前こそ避けているが、解剖学者フランツ・ヨーゼフ・ガルと観相学者ヨハン・カスパー・ラヴァーターに言及しているとたしかに述べてはいる。しかし、それらの人物の理論にレイシズムが内在していることには触れていない。ガルの頭蓋の比較解剖学について、ヘーゲルは「精神は骨ではない」というが、その結果、皮膚の色については何も語られていないとタヴァレは述べる（“Hegel et l'abbé Grégoire,” 167）。

（114）『哲学入門』における主と奴の関係の梗概のちかくに、ヘーゲルは括弧に入れて「ロビンソン・クルーソーとフライデーの歴史」と書き込んでいる（Hegel, *The Philosophical Propaedeutic*, 62〔邦訳一四六頁〕）。この書き込みの解釈については、つぎを見よ。Guietti, “A Reading of Hegel's Master/Slave Relationship,” 48-60.

（115）Hegel, *Die Philosophie des Rechts*, 55〔邦訳、『自然法および国家学に関する講義』三二一頁／もしくは

『自然法と国家学講義』法政大学出版局、三五頁〕.

(116) Hegel, *Die Philosophie des Rechts*, 228.

(117) Hegel, *Die Philosophie des Rechts*, 228.

(118) ヴァネンマンが記録したハイデルベルク講義ノートに対する編者イルティンクの註。Hegel, *Die Philosophie des Rechts*, 295n69.

(119) ヘーゲルの『精神哲学』（『エンチクロペディー』〔一八三〇年〕の第三部）は決定的な資料で、とくに「人間学」および「現象学」の章は、歴史哲学講義でもたらされた結果として、アフリカ文化に対する偏見と黒人についてのよりレイシスト的な述言を含んでおり、また一八〇七年の『精神現象学』にみられる以上に主と奴の弁証法の詳細な説明がなされている。一八三〇年のテクストにおいても、奴隷（Sklave）と奴（Knecht）の語はやはり区別なく用いられているが、歴史的な道筋は体系化され、ヨーロッパの奴隷制については古代を参照している。また、死を賭けた闘いはやはり必然である。「したがって、……他人を死の危険に突き落とすがごとく、自分たち自身をも突き落として、……自由は闘いとらねばならない」。他方で黒人は、「何が権利で何がそうでないかを反省することもなく、売られ、そして売られることに甘んじている」。しかし、「彼らを教育不可能であるといえないのは、あちこちで大いなる感謝をもってキリスト教を受け入れたからだけでなく、……ハイチではキリスト教的原理にもとづいて国家を打ち立てもしたからである」（Hegel, *Hegel's Philosophy of Subjective Spirit*, 3: 57, §432, 2: 53, 55, §393〔最初の箇所の引用は『精神哲学』四三二節、邦訳二三八頁、後者は同三九三節、邦訳六八頁〕）。

(120) D'Hondt, *Hegel Secret* を見よ。同書は、ヘーゲルのラディカルなフリーメイソンとの結びつきを通して、「知られざる」ヘーゲルが明らかにされるだろうと論じた最初の本である（だが、ドントはサン＝

ドマングに言及していない)。

(121) アルヘンホルツは一七六〇年代からフリーメイソンに所属していたと、ドントは述べる。D'Hont, *Hegel Secret*, 12〔邦訳二一頁〕を見よ。また以下も見よ。Ruof, *Johann Wilhelm von Archenholz*, 11; Rieger, *Johann Willhelm van Archenholz as "Zeitbürger,"* 176.『ミネルヴァ』がフリーメイソン関係の出版物であったというドントの議論については、*Hegel Secret*, 23-29〔邦訳三四―八頁〕を見よ。同誌に掲載されている記事のいくつかは、政治的にラディカルでコスモポリタン的であった『月刊通信 *Chronique des mois*』からのもので、それは「フランスの思想のなかでもっともジロンド派寄りであり、もっともメイソン的」であった。「『ミネルヴァ』には、コンドルセ〔『クロニーク』の創刊者〕とブリッソーの精神が入り込んでいたのである」(*Hegel Secret*, 26〔邦訳三六頁〕)。ドントは『ミネルヴァ』創刊号の表紙に掲載されているメイソン的図像を分析しているが、ヘーゲル、シラー、ヘルダーリンは、学生時代にその創刊号を手にしていたはずだとドントは断言している(*Hegel Secret*, 8〔邦訳一六頁〕)。ヘーゲル「周辺」のフリーメイソンとして、ドントは以下の人物を挙げている。ゲオルク・フォルスター(彼がフランス革命について書いたものを、ヘーゲルはベルン時代に抜き書きしている)、コンラート・エンゲルベルト・エルスナー(ベルンでのヘーゲルとの出会いは〔先述〕、メイソン人脈の仲介によるものだったかもしれない)、ヴィーラント、ケルナー、ゼマリンク、カンペ、ガルフェ、グライム。そして、文学史家、アルヘンホルツの友人にして共同編集者のヨハン・ザムエル・エルシュで、彼はヘーゲルと同時期にイェーナにいた(アルヘンホルツは一八〇〇年、編集の拠点をイェーナに移すことを考えたが、代わりにエルシュがハレに移った。一八〇三年八月一六日付けヘーゲルのシェリング宛書簡。Hegel, *The Letters*, 66〔邦訳『ヘーゲル書簡集』五〇頁〕を見よ)。そして、ヘーゲルの編集者で、一八〇二年から終生の友人となったヨハン・フリードリヒ・フォン・コッタ。ドントは、ヘーゲルの伝記研究者たちが『ミネルヴァ』のヘーゲルに与えた影響の調査を怠ってきたのは、彼らにとってその事実が「おそらく」不愉快だったからだろうと評しているが、ドントもフリーメイソンに対する「ヘーゲル自身の極度の慎重さ」を強く感じており、検閲と官憲のために必要だったと説明している（*Hegel Secret*, 9〔邦訳一七頁〕）。

(122) Rainsford, "Toussaint-Louverture," 276-98, 392-408を見よ。レインズフォードのメイソン人脈については、Geggus, "British Occupation of Saint Domingue"を見よ。

(123) フランスにおけるメイソンの地方ロッジには、黒人、イスラーム、ユダヤ人、女性がいたことが知られているが、ボルドーのイングリッシュ・ロッジ（loge anglaise）はユダヤ人と俳優を排除していた（Roberts, *Mythology of the Secret Societies*, 51）。フランス中のメイソンの「ロッジは、フランス人が、その身分、職業、宗教にかかわらず、一致団結の精神で、対等に出会っていた。かつてフランスのすべての貴族を結びつけていた古い階級精神に代わり、フリーメイソンは、あらゆる身分と人種を含む、善意の親睦関係をつくり上げていた」（Fay, *Revolution and Freemasonry*, 224）。

(124) エティエンヌ・ド・ポルヴェレルは、ボルドーにあったスコットランド人が主宰する「友情」と「調和」という二つのロッジに名を連ねていた。ソントナはメイソンではなかった（が、〈黒人の友の会〉のメンバーであった）。ポルヴェレルは奴隷制廃止の二日前につぎのように書いている。「長いあいだアフリカ人種は奴隷制がなければそこの人間は働くことをおぼえなかっただろうといわれ、罪人の扱いを受けてきた。この偏見に反対を表明したい。色による貴族政治ほど不合理なことはない。……今後は、あらゆる暴政——君主制、貴族、聖職者——の敵である共和主義者の兄弟あるのみである」（Cauna, "Polverel et Sonthonax," 51-52）。このように労働の美徳を強調するのはメイソン的価値観であり、それは「メイソン」〔石工〕的手工業のアレゴリーが中心的重要性をもっていた点に表われている。

(125) まさにこの時期(一八〇二―四年)のボルドーは、短期間ながら奴隷と砂糖の三角貿易においてナントを追い抜いて首位に立っていた。Saugera, *Bordeaux, port négrier* を見よ。

(126) ブラックバーンの記述によれば、オジェは「国民議会でムラートの権利を主張」しようとした。彼は「ロンドン経由で植民地に帰るのだが、ロンドンではクラークソンと奴隷制廃止協会から資金を調達していた。オジェは合衆国も訪れ、そこで武器を購入した。これらの移動では、メイソンの人脈によって便宜を受けていたようである」(Blackburn, *Overthrow of Colonial Slavery*, 182)。

(127) ジェームズの伝えるところによれば、リゴーは「正真正銘のムラートで、白人と黒人の息子」であり、ボルドーで十分な教育を受け、金細工貿易の知識を身につけた。リゴーは志願兵として、アメリカ独立戦争で戦ったフランス軍に入隊した(James, *Black Jacobins*, 96-97〔邦訳一〇三頁〕)。

(128) Cauna, "Polverel et Sonthonax," 49. ソントナの宣言からの引用。「現在奴隷制のもとにあるすべてのニグロおよび混血の者は、フランス市民の資格に与えられているすべての権利を享受する自由を有することを、ここに宣言する」(Dorigny, "Léger-Félicité Sonthonax," 3)。

(129) Dayan, *Haiti, History, and the Gods*, 251. ダヤンはさらにつぎのように記している。「黒人たちが白人の『密談』にはヴードゥーとかなり共通点があると考えたとしても無理はないと〔神父〕カボンは述べている。『一七九一年八月の事件の少し前、黒人たちの行動の特徴に一種の黒人フリーメイソンが見てとれるといわれていた』」(*Haiti, History, and the Gods*, 251)。また、キューバの作家アレホ・カルペンティエルの歴史小説『光の世紀』(一九八二年)も見よ。そこではオジェを連想させる人物が、はっきりとメイソンの人脈について語っている。

(130) D'Hont, *Hegel et les Français* を見よ。ヘーゲルは『歴史哲学講義』の最終章でもやはりフランス革命を「壮麗な日の出」と語ってはいる。しかし、テロルは「もっとも恐ろしい暴政」として批判する。

「テロルはその力を法的手続きなしに行使し、それが課す罰も同じく単純なもの、すなわち死である。その暴政は破滅せざるをえなかった。というのも、テロルに凝縮されたかたちで狂信的に現われた、そのおそろしく徹底した自由に対して、あらゆる嗜好、あらゆる関心、理性それ自体が反対したからである」(Hegel, *Philosophy of History*, 447, 450-51〔邦訳(下)三一一頁および三一六頁〕)。

(131)『小論理学』(一八三〇年)〔『エンチクロペディー』第一部〕の補遺において、ヘーゲルは要約的につぎのように述べている。「キリスト教ヨーロッパにおいてもはや奴隷が存在しない真なる理由は、ほかならぬキリスト教の原理それ自体に求められなければならない。キリスト教は絶対的自由の宗教であり、自分の無限性と普遍性においてある人間そのものとは、キリスト教徒にのみ当てはまる。奴隷に欠けているのはその人格が承認されることであるが、人格の原理とは普遍性である」(Hegel, *Encyclopedia Logic*, 240-41〔邦訳『小論理学』一六三節補遺一、四一二頁〕)。ここでのヘーゲルの記述はプロテスタンティズムを念頭に置いているようである(ヘーゲルがその歴史哲学講義において近代世界もしくはゲルマン世界と呼んでいるのはプロテスタンティズムである)。ヘーゲルは、カトリシズム(「ローマ」世界)によってつくられるヒエラルキー的依存関係に一貫して批判的であった。一八〇一年、ヴァチカンに同意したフランスのコンドルセを、ヘーゲルは歓迎することができなかった。それどころかヘーゲルは、ハイチの革命後の失敗は、一部には南北双方の公式宗教であったカトリシズムのせいだと考えていたのかもしれない。『歴史哲学講義』においてはつぎのように述べている。「率直にいえば、カトリックの宗教とともには、いかなる合理的政体も不可能である」。「ナポレオンは、フェリペ二世がオランダに奴隷制を強制できなかったのと同じくらい、スペインに自由を強制することはできなかった」(Hegel, *Philosophy of History*, 449, 453〔邦訳(下)三一四頁および三一九頁〕)。

(132) Hegel, *Die Vernunft in der Geschichte*, 225〔邦訳三五八頁〕と比較せよ。シブリーの英訳(Hegel, *Phi-*

losophy of History）はカール・ヘーゲルの版にしたがっている。ホフマイスターはゲオルク・ラッソンの版にしたがっている。私は註（139）で説明する理由により、ドイツ語と英語の諸版を比較しながら記している。ホフマイスター版は以下のように続く。「ある人間がまだ自分の自由についての意識を持てないでいること、それによって物、すなわち価値のない何かになるということが、奴隷制一般の基礎である。……ヨーロッパ人が知るアフリカの王国すべてにおいて、奴隷制は土地固有のものとして存在する。……このことから引き出される教訓は、自然状態［すなわち理性的国家（vernünftiger Staat）の創設以前の状態］は不正な状態であるということである」（Hegel, *Die Vernunft in der Geschichte*, 225-26〔邦訳三五八頁〕）。

（133）Hegel, *Philosophy of History*, 96, 99〔邦訳（上）一四九－五〇頁〕. Hegel, *Die Vernunft in der Geschichte*, 226〔邦訳三五八頁〕と比較せよ。

（134）「このアフリカの大半の部分において、本物の歴史は起こりえない。つぎつぎと継起する偶有的な事件もしくは突発事件が存在するだけである。遵奉すべきいかなる目標も、いかなる国家もない。そこにみられるのは主体性ではなく、たがいに破壊し合う一連の対象のみである」（Hegel, *Die Vernunft in der Geschichte*, 216-17〔邦訳三四四頁〕）。ヘーゲルは「アフリカにおいては、誰もが魔術師である」というヘロドトスを引用し、何世紀にもわたって何も変化がないことを暗に示唆する。そして、ヘーゲルが述べる「呪物崇拝者」としてのアフリカ人という物語は、ヴォルテールと同時代の啓蒙主義者シャルル・ド・ブロス〔ド・ブロスについては『フェティシュ諸神の崇拝』杉本隆司訳、法政大学出版局、二〇〇八年を見よ〕に見られるものの繰り返しである（Hegel, *Die Vernunft in der Geschichte*, 220-22〔邦訳三四九－五〇頁〕. Hegel, *Philosophy of History*, 94〔邦訳（上）一四二－四頁〕と比較せよ）。

（135）ヘーゲルが一八一七年から一九年のあいだ『エディンバラ・レヴュー』の定期購読者であったことは、

同誌からの抜き書きによってわかっている。Waszek, “Hegels Exzerpte aus der ‘Edinburgh Review’” を見よ。またヘーゲルが一八二〇年代にイギリスの『モーニング・クロニクル』〔ロンドンで一七六九年から一八六二年まで刊行された新聞〕を読んでいたことについては、Petry, “Hegel and ‘The Morning Chronicle’” を見よ。保存されている抜き書きはハイチを扱ったものではないが、ヘーゲルがハイチをめぐる議論の新しい段階を知っていたことは明らかで、当時、「リベラルな『エディンバラ・レヴュー』はクリストフの残虐な専制と、ペションの高潔な、憲法に則った支配を対照的に報じた」（Geggus, “Haiti and the Abolitionists,” 122）。ハイチはふたたび『ミネルヴァ』で話題となり、同誌は一八一九年、パンフィル・ド・ラクロワ将軍によるハイチ革命および革命後の政府についての「偏りのない」歴史的記録の大部分をドイツ語に訳して掲載している。Schüller, *Die Deutsche Rezeption haitianischer Geschichte*, 256 を見よ。

（136）一八二〇年代において、「イギリスの奴隷制廃止論者は〔クリストフの〕北王国と連合したが、フランスの廃止論者は、〔ペションの〕南共和国との結びつきを深めた。分裂が強まったのには、さまざまな要因がある。フランス人の政治的傾向（ハイチに関心のある数少ないフランス人廃止論者のグレゴワールとラファイエットは共和主義者であった）に対し、イギリス人には君主制への傾向があった。フランスで教育を受けた親をもつ多くのムラートたちの文化的趣味に対し、クリストフは……イギリス植民地生まれだった。……ウィルバーフォース〔イギリスの奴隷制廃止論者〕は、この問題に関しては中立を宣した」（Geggus, “Haiti and the Abolitionists,” 122）。しかしウィルバーフォースはクリストフと個人的つながりがあり、ヨーロッパの否定的な報道について彼に書き知らせている。ウィルバーフォースは、一八一七年、マコーリー〔イギリスの奴隷制廃止論者〕に述べている。「ハイチへの手紙については、これまでにないほど心血を注ぎました」（Geggus, “Haiti and the Abolitionists,” 123）。「自国の住民が、聖職者は堕落し、教会は奴隷制を擁護しているようなカトリックを捨てて、プロテスタントに改宗するのを見たいものだと浮かれたようなことを書いた」クリストフに対し、「ウィルバーフォースは、道徳に関する書物、英語とフランス語の聖書、政治経済学、イエズス会と異端審問の歴史の手引書を送って応えた」（Geggus, "Haiti and the Abolitionists," 123-24）。

(137) 一八一七年、「ハイチのイギリス人商人が、共和国の手先だということで、クリストフの命令で拷問にかけられた」という「親指締め〔拷問の一種〕スキャンダル」がニュースとなった（Geggus, "Haiti and the Abolitionists," 125）。

(138) ハイチの展開は、経済的不平等に取り組まない政治的平等の不十分さを明らかにした点でヨーロッパに先んじていた。サン＝ドマングの奴隷たちに自由を認めた一七九四年の文書は、空手形だと批判されていた。それは、奴隷たちに耕作することが許されていた小農園はもはや不要だとしながら、大規模土地所有者の所有権は疑問視しなかったからである。「何人たりとも、汝を一日でもその希望に反して強制的に労働させる権利はない」と元奴隷たちは告げられたが、土地はまさにそれを相続もしくは購入した人物の所有物であり、「〔汝の〕要求を満たす唯一の手段は土地の生産物である」ため、元奴隷たちは労働しなければならなかった（Fouchard, *Haitian Maroons*, 359-60 に引用）。実際、ソントナの土地政策システムは、数年後にトゥサン・ルヴェルチュールに採用され、北部ではデサリーヌの後継者クリストフによって拡大された。他方、土地をその耕作者に分配するというポルヴェレルの実現されなかった提案は、のちにペションの共和主義制度の一部として施行された。Cauna, "Polverel et Sonthonax," 52, 53 を見よ。一八二三年以降、（統一ハイチにおいて）ボワイエ大統領によりクリストフの政策が継続されたが、経済的生産性は期待されたほど高くはなかった。ボワイエの一八二六年農事法は、現存の小土地所有を再是認しながらも、「多くのハイチ人を……基本的に奴隷状態に引き下げた」（Dayan, *Hegel,*

Haiti, and the Gods, 14)。マコーリーによる『エディンバラ・レヴュー』の一八二七年の記事は、ハイチにおいては生産性が欠けているために「自由労働」に対する「幻滅が拡大している」ことを考察しており、概して奴隷制廃止論者たちはハイチを模範とすることをやめていた（Geggus, "Haiti and the Abolitionists," 135, 136)。

(139) E・ガンスおよびカール・ヘーゲル編による歴史哲学講義の最初の二つの版（それぞれ一八三七年と一八四〇年）は、世界の文化についての実証的記述をすべて含めておらず、結果的に分量が少なくなっている。ゲオルク・ラッソンが、その三つのより完全な版（一九一七年、一九二〇年、一九三〇年）で、実証的叙述全体をはじめて収めた。ラッソンは編者解説で、彼以前の編者たちを無能で、不道徳ですらあると評している。「編者たち」［ガンスとカール・ヘーゲル――シブリーの英訳（*Philosophy of History*）の原本は後者のもの］が批判的文献学の厳格な原則を破り、「重要な記述を完全に抜き去っているのは驚きである」（Hegel, *Die Vernunft in der Geschichte*, 274〔邦訳では、ラッソンの解説部分は訳出されていない〕)。しかしラッソン自身、ヘーゲルの講義ノートにある民族学的情報について、とくに「アフリカの住民の精霊的本質」など「きわめて時代遅れに違いない」場合、そのすべてを収めるべきかどうか迷ったと認めている（*Die Vernunft in der Geschichte*, 277)。ラッソン（およびホフマイスター）版におけるアフリカの記述は補遺（"Anhang: Die Alte West-Afrika"）として存在するが、カール・ヘーゲル版（およびシブリーの英訳）では序章に含められ、二一頁から八頁に縮められていることに注意せよ。ヘーゲルの歴史哲学講義の最新の版（一九九六年）は、三つの別々な異本を収めている。編者の結論によれば、編者たちにどのような論争があろうとも、「完全」もしくは「主な」決定的テクストが確かめられえないかぎり、ヘーゲルの歴史哲学の解釈は「学問的に不十分でありつづけるに違いない」（Hegel, *Vorlesungen über die Philosophie der Weltgeschichte*, 530)。

(140) ここでの私の結論は、精密な検討に耐えうるものではない。しかし、本書第II部「普遍的な歴史《ユニヴァーサル・ヒストリー》」（一〇九－一一〇頁）で論じるように、ヘーゲルは使用した原典を自分の歴史哲学に合うように歪めている。ヘーゲルの著作における主と奴の弁証法はのちにアレゴリー的になり、あらゆる依存関係を表わすメタファーとして、死を賭けた闘争だけでなく、まるでしばしば成長して別のものを意味するものとなっている。いくつかの例を示そう。『エンチクロペディー』（一八四五年）では、奴の服従は「あらゆる人間の教育（Bildung）に必要な契機である」とされる。「このわがままを挫く訓育を受けることなしには、いかなる人間も自由で、理性的で、命令することのできる者にはなれない」。民族に関していえば、「隷属と暴政は民族の歴史に必然的な段階である」〔ヘーゲル『エンチクロペディー』第三部『精神哲学』四三五節、邦訳二四三頁〕。『宗教哲学講義』においては「私は戦いの渦中にある片方の側の戦士ではなく、両方の側の戦士であり、私が戦いそのものである。私は火であり、水である」（Kelly, "Hegel's 'Lordship and Bondage,'" 271）〔ヘーゲル『宗教哲学講義』邦訳八〇－一頁〕。一八二五年夏学期の精神現象学講義では、主と奴についての異なった説明があり、奴であることの良い側面として、労働そのものにおける自由の契機を強調している。Noerr, *Sinnlichkeit und Herrschaft*, 46-47 を見よ。

(141) James, *Black Jacobins*, 318〔邦訳三一三頁〕を見よ。デサリーヌは、ポーランド兵への感謝と、彼らの祖国での苦難を認めて（ポーランドの農奴制は奴隷制と変わるところがなかったため、デサリーヌはポーランド兵をまさしく「ヨーロッパの白いニグロ」と呼んだのであった）、彼らに独立後のハイチに留まることを認めた（他方、その他すべての白人は、一八〇五年憲法一二条により財産所有が禁じられた。Dayan, *Hegel, Haiti, and the Gods*, 24 を見よ。ダヤンによれば、一部のドイツ人や、黒人と結婚した白人女性も在留が許された）。パチョンスキーとウィルソンによれば、「ポーランドの」第一一四連隊に多数の信奉者を持ち、また同時に……サン＝ドマングの住民のあいだによく根づいていた」(Pachonski and Wilson, *Poland's Caribbean Tragedy*, 309. また、pp. 138, 283 も見よ)。

第Ⅱ部　普遍的な歴史《ユニヴァーサル・ヒストリー》

第Ⅱ部への序論

(1) この絵は、丁寧な調査にもとづいた論文である Bellhouse, "Candide Shoots the Monkey Lovers," 741-84 の研究の焦点となっている。

(2) Bellhouse, "Candide Shoots the Monkey Lovers," 758.

(3) 「黒人を子どもじみた、卑屈で、手足に欠損のあるものとして表象するフランス視覚文化の長い伝統は、一七九一年八月に起きたサン＝ドマングでの大規模な暴力の爆発により覆された。この日付は、ハイチ革命の開始を示すとともに、フランスにおける視覚の意味作用の人種差別化された体制に起こった断絶の開始を示している」(Bellhouse, "Candide Shoots the Monkey Lovers," 760)。

(4) Bellhouse, "Candide Shoots the Monkey Lovers," 758.

(5) Bellhouse, "Candide Shoots the Monkey Lovers," 767.

(6) ラカン派の理論家にとって、ペニスはファロスではなく、あらゆる心的意味が社会に媒介されているということだというのは私も承知している。それ自体が問題なのではない。むしろ分析の焦点が心理学的なものに振り向けられることによって、批判の弁証法的緊張感が失われてしまうことが問題なのである。心的な「健康」は逆説的なことに不健康な社会的現実への適応を要求している、という議論である。

(7) 反乱を起こした植民地の奴隷が虐殺をおこなっているという噂によって駆り立てられた去勢不安がヨーロッパのレイシズムの原因であると考えたり、その不安を、身体的に恐ろしく性が強調された黒人男性による「残虐行為を描いた印刷物」の視覚的ステレオタイプのなかに読み取ったりすることは、ベルハウスの研究が見事に明らかにした歴史的特異性を短絡的に理解してしまうことになる。欲望と喪失について の前エディプス的なラカン派の言語を採用したことで、(身体的に損なわれた奴隷の形象を、ラカンの言う「ばらばらにされた身体」と解釈することで)ベルハウスは自身の意図に反して没歴史的な解釈に導かれてしまっている。「精神分析の理論によれば、男性は他の男性との関係において力で劣ると感じるときには、必ず脅威を覚える。なぜなら、男性性とは排除された無意識のイマーゴとの比較にもとづいて生じるからである。ヒエラルキーの構造がそのような深層的な、男性的主体性の獲得をするのは、まさにそうした理由からである」(Bellhouse, "Candide Shoots the Monkey Lovers," 767)。このような解釈の場合、受け入れの差異化はどうなるのだろうか。

(8) Fischer, *Modernity Disavowed.* 民主主義的制度が存在するにもかかわらず、政府による否認が効力をもつのは困ったことである。合衆国政府は対テロ戦争を遂行するために、継続的な否認を行っている。それは既知の事実の否認であり、それに対して国全体が責任を負うことになる。そうした否認に抗議するためには、社会的運動が必要である。

(9) 本書「ヘーゲルとハイチ」六八−九頁を見よ。

(10) これはヨーロッパのナラティヴが普遍性請求を拡張することではなく、そうした請求の非真理性を批判的に明るみに出すことにほかならない。

(11) 「ある日の明け方、私が深い眠りから目覚めると、睡眠中に私を襲ったイメージが、まるで現実ではないかというほど鮮明に私の目の前に浮かんだ。とくに、あるみすぼらしい黒人のイメージがそれで……私は彼にまったく会ったことがない。気をそらすために本や何かを見つめると、イメージはほとんど消えてしまうのだが、そうした物から目をそらし、虚空を見つめるとすぐに、同じエチオピア人の同じイメージが同じように鮮明に繰り返し現われつづけ、だんだんと見えなくなっていくのであった」

(Montag, *Bodies, Masses, Power*, 87に引用)。モンタグはつぎのように述べている。「スピノザの著作は、最初から最後まで同化できないもの、すなわち例外なき民主主義の例外という形象と、それと同時にそれらの排除の不可能性とにつきまとわれつづけている」(Montag, *Bodies, Masses, Power*, 86)。

(12) Montag, *Bodies, Masses, Power*, 87. モンタグは、ブラジル人との関係にもとづいて、異端的主張のために破門されたユダヤ人であったスピノザはそのみすぼらしい奴隷に親近感を感じていたと推測している。すなわち、自分たちは疎外された者として「共に闘う『本当の盟友』」だという自覚があったというのである(*Bodies, Masses, Power*, 88)。

(13) Abstumpfungをemasculationと英訳しているのはアヴィネリである(Avineri, *Hegel's Theory of Modern State*, 94〔邦訳一五三頁〕)。

(14) Rae, *Life of Adam Smith*, 338〔邦訳四二四頁〕.「これは、おそらくロバート・チェンバースが『エディンバラの伝統 *Traditions of Edinburgh*』〔一八二四年〕のなかで紹介しているエピソードと同じものであろう。チェンバースは、このシーンはスミスの自宅の客間で起きたことであり、初老の未婚夫人はスミスのいとこミス・ジーン・ダグラスであったとしている」(*Life of Adam Smith*, 338〔邦訳四二四頁〕)。彼女は「初老」角砂糖への衝動は、いとこに対するスミスの性的欲望の置き換えだったのだろうか。彼女は「初老」ととみなされているが、比較的若かったのかもしれないし、砂糖鉢をひざの上においたのは、彼女自身の両義的態度を示しているのだろうか。個人的なものと政治的なものとの弁証法的相互関係を強調するのであれば、つぎのような問いが必要とされるだろう。すなわち、(禁じられた)性的欲望の対象としての女性は、そもそもいかにして砂糖と結びつけられるようになったのか。

（1）Davis, *Problem of Slavery in the Age of Revolution*, 263.

（2）「トマス・ホッブズにとって、奴隷制は権力の論理に不可避の一部であり、奴隷は支配される代わりに食べ物と安全を提供されるのだから、不平を言う理由はなかった。したがって奴隷制はきわめて有用な社会的規律の道具であり、それによって職のない者、泥棒、浮浪者といったヨーロッパの問題が解決されるかもしれないということに、……ザムエル・プーフェンドルフも同意した。ジョン・ロックは、イングランドの土地なき貧民、それもとくに『仕事に慣れる』ことを必要とする彼らの小さな子どもたちに強制労働を課すことを勧めた。反奴隷制思想の主な源泉のひとりであったフランシス・ハチスンもまた、とくに「社会の下層」において産業を促進し、怠け者が出ないようにするために永続的な拘束ほど『効果的』なものはないと主張した。したがって彼は、奴隷制は「そのような怠惰な浮浪者が、本来の説論を受け、一時的に服属関係におかれるという試煉を経ても、自分自身や自分の家族を有用な労働によって扶養することができないときには正規の処罰である」べきだと論じるのである（Davis, *Problem of Slavery in the Age of Revolution*, 263-64〔ハチスンの原文は、Francis Hutchson, *A System of Moral Philosophy*, 1755, Book III, Chap. 3〕）。

（3）「欧米の歴史家やその読者のあいだではほぼ例外なく、西ヨーロッパ北部における奴隷制は中世後期までに廃止されたと信じられている。しかし、フランス、スペイン、イングランド、オランダにおいては、ヨーロッパ人によるヨーロッパ人の過酷な奴隷化が一五世紀中葉から一九世紀にいたるまで展開され、広がっていた。それは刑罰としての奴隷制であり、ガレー船奴隷にはじまり、公共事業における懲役としての奴隷労働まで……継続していた」（Patterson, *Slavery and Social Death*, 44〔邦訳一一〇頁〕）。最近、合衆国において、私企業における便宜のために、違法な移民労働の代わりに、刑罰としての奴隷労働が提案されている。

（4）Davis, *Problem of Slavery*, 264.

（5）Davis, *Problem of Slavery*, 459.「イギリス社会では奴隷制度への非難は高まっていたが、プランテーションを手本にしたと思われる労働を規律化する試みは賞賛された。……奴隷所有者と産業家は、監視と管理という点だけでなく、労働者の性格と習慣を修正するという点でもますます利害を共有していた」（*Problem of Slavery*, 458）。

（6）ジャマイカにおけるタッキーの反乱（一七六〇年）は、それを反証した一連の反乱の最初のものであった。「それに続いて以下の地域で大きな反乱計画や反乱が勃発した。バミューダ島およびネイヴィス島（一七六一年）、スリナム（一七六二、一七六三、一七六八―七二年）、ジャマイカ（一七六五、一七六六、一七七六年）、イギリス領ホンジュラス（一七六五、一七六八、一七七三年）、グレナダ（一七六五年）、モントセラト（一七六八年、セント・ヴィンセント島（一七六九―七三年）、トバゴ島（一七七〇、一七七一、一七七四年）、セント・クロイ島およびセント・トーマス島（一七七〇年以降）、セント・キッツ島（一七七八年））（Linebaugh and Rediker, *The Many-Headed Hydra*, 224）。一七六〇年代および一七七〇年代には、北米大陸においても数多くの反響があった。

（7）Williams, *Capitalism & Slavery*, 7〔邦訳三四頁〕.

（8）Peabody, "*No Slaves in France*," 36.

（9）ピーボディは「フランスと自由とのあいだの神話的関係とはそもそも何であったのか」を問題にしている（"*No Slaves in France*," 39）。

（10）「フランスが抽象的な自由の概念を、植民地において根強く、拡大しさえしている奴隷制の現実とども擁護するには、ある者を奴隷にし、その他の者は奴隷にしないことを説明しうる理由を必要とした。

……その理論的根拠が、さしあたりはレイシズムということになった」(Peabody, "*No Slaves in France*," 68-69)。

(11) フランシスクの弁護士たちはつぎのように主張した。「『彼は鼻が少し大きく、唇が少々厚いのは事実である。しかし、彼の皮膚の色を除けば、皮膚を黒くしさえするだけでアフリカ人に見える多くのヨーロッパ人よりも、彼のほうがよほどヨーロッパ人に見える。』……弁護士たちはアフリカ人の特徴をその奴隷性に結びつけた。『アフリカのニグロは、その卑しい外見によって、とりわけ奴隷となることが運命づけられているように思われる』」(Peabody, "*No Slaves in France*," 65-66)。

(12) フランス政府は、当該黒人の身分が奴隷か自由人かにかかわらず、フランス国内での異人種間の結婚を禁止しようとした。黒人管理法を施行したことで国王より非難された〔海事裁判所における「王の代官」(裁判官に相当する)であった〕ポンセ・ド・ラ・グラーヴは、「汚染」は人種間の性的交わりの結果であると、アフリカ人と性病の蔓延を結びつけた。これらの命令は、革命期間中に徐々に忘れられていったが、ナポレオンは一八〇二年にそれを復活させた(Peabody, "*No Slaves in France*," 124-25)。イングランドにおいても混血は恐れられていた。それもとくに首都の黒人自由人が恐れられた。奴隷サマセットが自由を求めて起こした訴訟事件で、デイヴィ上級法廷弁護士はサマセットを擁護したが、しかしやはりイングランドにおける黒人の流入を防止することは望んでいた。「いまのところ、奇妙な皮膚の色をもって生まれる子どもたちという事例が発生している」。そのような移民を予防する法律が成立しないかぎり、「われわれの子孫がどうなるのか、つまりどんな色になるのか、私にはわからない」とデイヴィは述べている(Davis, *Problem of Slavery*, 495)。

(13) Peabody, "*No Slaves in France*" を見よ。

(14) Davis, *Problem of Slavery*, 495.「サマセットの弁護団は、すでにおよそ一万四〇〇〇人から一万五〇〇〇人にのぼる黒人の流動人口がさらに増加する危険を強調した。黒人たちは、『余計な外国人居住者……国の中心部にいる敵対的民族』などと呼ばれた。……一七七〇年代には、ロンドンにおいて見捨てられ失職した黒人に対する恐怖はますます大きくなっていた」(*Problem of Slavery*, 495)。

(15) 同時に「ますます多くのイギリス人女性および児童が、炭鉱、工場、救貧院に押しこめられた。それらの場所における非人間的労働、体罰、性的虐待、家族の引き離しは、奴隷制廃止論者が真っ先にその攻撃の対象として挙げる『非イギリス的』悪とみなされた」(Davis, *Problem of Slavery*, 402)。

(16) Davis, *Problem of Slavery*, 376.

(17) Davis, *Problem of Slavery*, 501.

(18) Davis, *Problem of Slavery*, 495.

(19) Davis, *Problem of Slavery*, 488 に引用。

(20) 「デンマーク国王は……人間はもはや商品のように扱われてはならず、デンマーク人は今後その農作業にニグロ奴隷を用いてはならないと、すべてのヨーロッパの権力者に先んじて命じた」(Saine, *Black Bread - White Bread*, 277 に引用)。クロップシュトックは、一七九一年三月二五日付「よき農奴制のためのデンマーク国王令」についていっているのだろうか。デンマークの注目すべき改革は、デンマーク農業における労働とカリブ海プランテーションの高温気候での生産とを明確に区別するものであった。クロップシュトックは、デンマークの貴族エルンスト・シメルマンから財政的援助を受けていた。シメルマンは進歩的な改革派であったが、彼が相続した財産は、一部は植民地の奴隷による産物から、また一部はデンマークでの農奴により生産された農業から築かれたものであった。シメルマンの妻は、夏にコペンハーゲン北部に滞在するおりにサロンを開いていた。

(21) 一七九二年三月一六日、当時摂政であったフレデリク六世は奴隷貿易を廃止する勅令を出し、一八〇三年一月一日施行された。フレデリク六世はその多くの臣民よりレイシスト的ではなく、改革の動きを進めた。一八〇二年、奴隷ハンズ・ジョナタンが「デンマークでの居住により自動的にその身分は自由になるかどうか」を裁判所に申し立てたが、原告に不利な決定が下った。「三〇年前のサマセット裁判、そして同年その訴訟が提訴される前にデンマークの大西洋貿易は停止されていたにもかかわらず、この問題に否定的な答えが出されたことは皮肉なことである」(Hall, *Slave Society*, 35)。ホールは前註で述べたデンマーク国王令についても言及しているが、その内容については明記しておらず、またデンマーク国内における黒人奴隷の労働の問題も扱っていない(*Slave Society*, 36)。

(22) トゥサン・ルヴェルチュールの一八〇一年サン＝ドマング憲法(まだフランス植民地であった)はつぎのように明確に述べている。「奴隷はこの領域に存在してはならないものであり、強制労働は永遠に廃止される。この地で生まれ、生き、死ぬすべての人間は自由であり、フランス人である」。そして、つぎのように続く。「その皮膚の色にかかわらず、この地ではすべての人間がすべての職業につく資格がある」(Fischer, *Modernity Disavowed*, 263, 266 に引用〔同憲法第三条および四条。以下、本書における同憲法の訳文は原著の英文にもとづく〕)。「普遍的《ユニヴァーサル》」なはずのフランス人権宣言が実際はフランス市民に限定されていたのに対し、サン＝ドマング憲法における領域的に制限された権利の保証は、その領域に入ったいかなる人間にも文字どおり適用可能であるという点でより普遍的である、と結論づけているフィッシャーは正しい(Fischer, *Modernity Disavowed*, 266)。

(23) フィッシャーはこの矛盾についてのトゥルイヨの記述を引用している。「ハイチ国家とハイチ国民はそれぞれ反対の方向に放たれた」。それについてフィッシャーは、つぎのように説明している。「国民は奴隷制からの自由という考えに結集したのに対し、国家は社会的・経済的制度を実際は植民地時代より引き継いでおり、組織化された労働力を必要とした」(*Modernity Disavowed*, 269)。

(24) トゥサン・ルヴェルチュールによる一八〇一年憲法では表題六〔「耕作と商業」第一四、一五条〕のもとにつぎのようにある。「当植民地は基本的に農業中心であり、そのプランテーションの運営においてどんな些細な分裂も被ることをゆるされない。……プランテーションは各々が一つの『製造所』であり、農園主と労働者の協力を必要とする」。これが「農業軍国主義」のはじまりであり、組織化された労働力という体制はデサリーヌの憲法でも基本的に変わらなかった(Fischer, *Modernity Disavowed*, 266-67を見よ)。トゥサンは対外政策にジロンド派の革命的国際主義を取り入れた。トゥサンとデサリーヌの二人とも、奴隷を解放するために近隣のサント・ドミンゴに侵攻したが、それはジロンド派やナポレオン自身の対外政策にならった革命的国際主義の行動であった。トゥサンは農業軍国主義的モデルにしたがい、サント・ドミンゴの西側(小規模独立農家が多かった)に訓練された労働力によるプランテーションをつくろうという計画をもっていた。

(25) Dubois, *A Colony of Citizens*, 162. トゥサンの「政策、経済的方向性、哲学」とサン=ドマングの小作農との「深い亀裂」に関する議論については、Fick, *Making of Haiti*, 209, 213, 222, 237-50を見よ。トゥサン体制の末期には「奴隷の全面的解放は、多くの面で、大半の黒人労働者の日常生活においては、有意味な実質をともなわない政治的抽象概念程度のものになっていた」(*Making of Haiti*, 222)。

(26) 「サン=ドマングのプランテーション労働者層を管理する試みは、ソントナの後に続いた行政官たちにとって、とくにトゥサン・ルヴェルチュール自身にとって継続的関心事となっていた。一七九〇年代後半、トゥサン・ルヴェルチュールはとりわけ植民地の食糧と、軍の武器と弾薬とを購入する手段となる輸出用商品の生産のため、プランテーション経済を立て直すことに特別の関心を払っていた。こうした背景のもとトゥサンは、ソントナの政策にもとづき、またグアドループのヴィクトル・ユーグの政策を参考にして、プランテーション労働者に引きつづきプランテーションで労働することを求めるシステムを整えた」(Dubois, "Inscribing Race," 103)。

(27) 社会的特権のヒエラルキーをかたちづくるものとして、クレオール対アフリカ出身者、ムラート対黒人、奴隷出身者対自由人、土地所有者対プランテーション労働者、士官対歩兵といった対立があった。ベネズエラにおける植民地独立の指導者シモン・ボリバルは、ハイチ革命にもとづいて「奴隷解放は独立の鍵となる」と断言した。しかし、「この解放者すら、その政策は軍事的必要性から生じたもので、これが奴隷の全面的解放と混同されてはならないと奴隷所有者に対して確約していた。一八一九年から一八二〇年にわたってニュー・グラナダ西部の愛国軍は約三〇〇〇人の黒人奴隷を入隊させたが、最終的にフランシスコ・デ・パウラ・サンタンデール将軍はそのような採用をやめ、軍に不必要な黒人をすべて鉱山に帰らせた」(Davis, *Problem of Slavery*, 81)。

(28) この言葉は、Mignolo, *Darker Side of the Renaissance* から引用している。

(29) Davis, *Problem of Slavery*, 304.「人種的特徴に関係なく本当に深刻な問題は、解放された奴隷がそうした厄介な人口を大幅に増大させないかどうかであった。自由民となった黒人は仕事に来ないのではないだろうか」(Davis, *Problem of Slavery*, 304)。

(30) Davis, *Problem of Slavery*, 377.

(31) Davis, *Problem of Slavery*, 458.

(32) Davis, *Problem of Slavery*, 403. 奴隷制廃止論と労働者の規律を求める社会の要求とを結びつける議論は、「『産業家』が奴隷制廃止を推進したのは自分たちの搾取のあり方から世間の目をそらすための手段であったという単純な印象を避けるために、きわめて慎重に限定して展開される必要がある」とデイヴィスは主張する。しかし、「奴隷制廃止運動はその限定的な社会的文脈から切り離すことはできない。その社会的文脈というのは、農村貧困層の流動人口を増加させた囲い込みの加速、もはやアメリカには移送できなくなった受刑者の配置の問題、荷馬車やはしけ船でロンドンから紡績工場町へと送られる貧しい年季奉公人の売買、ますます高まる効用、効率、生産性、秩序への欲望、一七九〇年世代にとってはほとんど『万能薬』のように思われていたとJ・R・ポインターが述べている小さな子どもの就業問題といったものである」(*Problem of Slavery*, 455-56)。

(33) デイヴィスは、つぎの事実が重要であると述べている。「一八〇七年の人道主義的勝利は、伝統的商慣行とイングランドの労働者に関する制限的慣行とを保護してきた法律の大部分が廃止されたこととほぼ同時に起こった。E・P・トムスンによれば、一八〇九年までに『毛織物産業における保護的法律——年季奉公制度、起毛機に関する条件、織機の数まで含まれていた——はすべて廃止された。いまや工場、起毛機、剪断機、未熟練少年労働者への道がひらかれた』」(Davis, *Problem of Slavery*, 452)。同じように植民地における奴隷制そのものが「名目上」廃止された年(一八三四年)、「改正救貧法はイングランドの労働者を公共福祉から解放し、失業して餓死するか、屈辱的な救貧院に入るかの選択肢を提供した」と、デイヴィスは皮肉をこめて書いている(*Problem of Slavery*, 357)。

(34) 「イングランドとスコットランドの裁判所が、人間が奴隷になることを合法的に同意できると認めたとしたら、『自発的労働』に関するすべての法的フィクションを危うくしたであろう」(Davis, *Problem of Slavery*, 490)。

(35) Davis, *Problem of Slavery*, 490.

(36) Davis, *Problem of Slavery*, 50. デイヴィスによれば、奴隷貿易の終焉はイングランドの「勝ち誇る商業帝国」の「道徳的確証」であった(*Problem of Slavery*, 71)。

(37) Davis, *Problem of Slavery*, 62. 一九世紀半ば、マンチェスターの資本家たちが政治的に企図した「自由貿易(free trade)」とは、イングランド国内で再輸出用に加工されたものを非課税で取引きすることを意味していた。世紀末になると、そうした婉曲語法は、あからさまな帝国主義的政策のため廃止された。そうした「フリーダム」という言葉のあいまいな使い方は、今日でも珍しいものではない。たとえば、

「自由世界」は規制緩和、私有財産、「自由」労働と同義になっており、また「自由貿易」はしばしば帝国主義的な議題を意味する政治的プラットフォームとして復活している。

（38） Césaire, *Toussaint Louverture*, 23.

（39） さまざまな植民地勢力の言語におけるこの言葉を正確に調べてみることは有益であろう。アダム・スミスはピン製造施設を"manufactory"〔製造所〕と呼んでいるが、（ディドロの『百科全書』によれば）フランス語では épinglier〔ピン製造所〕であり、植民地における砂糖製造所は sucrerie であった（フランス語の usine〔工場〕が登場するのは産業革命以後である）。アメリカの文脈では言葉の区別はもっと少ないようで、「ファクトリー」は早期から製造所もしくは fabrica〔ポルトガル語およびスペイン語で工場〕の意味で用いられ、そして国全体が植民地主義の産物なのだから驚くにあたらないが、"trading post"という語は西部フロンティアでの植民プロジェクトを表わすのに用いられている。自由に国内産業を合併させる動きはヨーロッパでは遅かったが、合衆国では比較的速かった。

（40） 東インド会社は輸出用モスリンを製造するファクトリーをダッカにもっていたが、一八一八年にそれを閉鎖した。イングランドで機械労働が採用されるのは一八二〇年代から一八三〇年代であるが、当時すでに綿織物製造の中心はイングランドに移っていたためである。インドはたったひとつの工業製品の輸出物に関して法外な損失を被った。これによって、それ以後は外国への送金は原材料を送ることへと変容した。こうして織物産業におけるインド国内の卓越した技術は植民地政策によって事実上破壊され、それ以降は綿製品を輸入することになった。一八五〇年代、イギリス製キャラコ布がインド製のそれに取って代わり、「イギリス帝国の大黒柱」となった（Farnie, *The English Cotton Industry*, 96-99）。ヘーゲ

ルの世界史の概念がいかに「東インド会社の植民地プロジェクトの道具」になっていったのかを説明するものとしては、Guha, *History at the Limit of World History*, 51〔邦訳六六頁〕を見よ。

(41) Lloyd-Jones and Lewis, *Manchester and the Age of the Factory*, 32. この経済史の研究書は、マンチェスターの不動産記録にもとづき、問屋はそれらが間借りしていた綿工場よりもきわめて大きな重要性をもっていたことを明らかにしている。資産が税収を発生させたためである。マンチェスターの事業主が小規模なものであったことは、「問屋よりも工場に着目していると見落としてしまうし、多くの紡績業者も大きなものではなく、小規模であったことがわからなくなってしまう。……彼らは労働者に対しては強欲だったが、小規模なものにとどまっていた」(*Manchester and the Age of the Factory*, 37)。

(42) マンチェスターでは紡績糸は「製造するものではなく、原材料を輸入するもの」と考えられていた。しかし紡績糸は、女性の労働力ばかりか子どもの労働力まで利用して紡がれていた(Lloyd-Jones and Lewis, *Manchester and the Age of the Factory*, 66)。

(43) 「一八二〇年代半ばからの動力織機の急速な普及が両者の争いを調停したことはたしかである。……しかし、それは一八〇〇年に予見しえなかったばかりか、一八一五年においても考えられないことであった。一九世紀最初の二〇年間における動力織機の普及のペースはきわめてゆっくりであった。……一八〇〇年から一八二〇年における紡ぎ手と製作所の利害に隔たりがあったことはほとんど疑いないし、それは激しく衝突していたかもしれない」。一八二〇年代になってはじめて階級的利害が勝利し、「マンチェスターの事業社会」は「相争うのではなく、内部の結束」を生み出した。その過程は、二種類の商会が水平統合され、糸よりと製品化に動力織機が大いに用いられることによって促進された。その統合は、問屋の建物と製造事業が収斂するというかたちでおこなわれた。それ以前の状態について「一つの建物を一つの工場とみなすのはあまりに単純である」(Lloyd-Jones and Lewis, *Manchester and the Age of*

the Factory, 16, 64)。

(44) ロイド=ジョーンズとルイスは、動力機械を決定的要素として強調することは（植民地資本主義とは対立する）産業資本主義の基本的構造の特徴、すなわち「労働者は自由人であり、奴隷ではない」ということを否定することになると記している。「産業革命の工場労働者は、自らの労働力を所有していた」(Lloyd-Jones and Lewis, *Manchester and the Age of the Factory*, 84)。デイヴィスも、ステファン・A・マーグリンを参照しながらつぎにように記している。「賃金労働者の集約された依存的な力を生み出すことに不可抗に導いたのは、テクノロジーではなかった。少なくとも多くの産業において、被雇用者の継続的な監督と、彼らの仕事と余暇の割合の管理を必要としたのは、企業家の経営者としての社会的な新しい役割であった」(Davis, *Problem of Slavery*, 459)。

(45) Linebaugh and Rediker, *Many-Headed Hydra*.

(46) Linebaugh and Rediker, *Many-Headed Hydra*, 151-52. この著者たちは例外的に「ファクトリー」という言葉に注意を払っている。「ファクトリーという言葉そのものは、語源的にはファクターという言葉からきている。ファクターとはすなわち「貿易使節」であり、それもとくにもともとのファクトリーが置かれていた西アフリカと結びついていた」(*Many-Headed Hydra*, 150)。

(47) Linebaugh and Rediker, *Many-Headed Hydra*, 142-73.

(48) Linebaugh and Rediker, *Many-Headed Hydra*, 178, 206, 211-47.

(49) ラインボーとレディカーは、シルヴィア・フェデリーチに依拠してつぎのように述べている。一五五〇年から一六五〇年のあいだに頂点に達した「教会に属さない女性預言者」の違法化は、「資本主義の線に沿って労働の再編成が進行していた国々において、囲い込み、奴隷貿易の開始、浮浪者を処罰する法律の制定と同時に起こっていた」(Linebaugh and Rediker, *Many-Headed Hydra*, 52)。また、Federici,

Caliban and the Witch, 164を見よ。

(50) Linebaugh and Rediker, *Many-Headed Hydra*, 233-34. その無律法状態（antinomianism）に関して、「このヒュドラはいちどに退治するには頭が多すぎる」と言われていた（*Many-Headed Hydra*, 282）。サン゠ドマングに侵攻したフランス軍の指揮官ルクレールも、祖国のナポレオンに送った手紙で同様の憂慮を記していることが注目される。「トゥサンを排除しただけでは十分ではありません。排除しなければならないリーダーは二〇〇〇人もいます」（James, *Black Jacobins*, 346〔邦訳三三九頁〕）。トゥサンは捕えられたとき、つぎのように語ったと伝えられている。「私を倒したとしても、それはサン゠ドマングの自由の樹の幹を切り倒したにすぎない。樹はふたたび地下の根から芽吹くであろう。なぜなら、根は深く、無数にあるからだ」（*Black Jacobins*, 334〔邦訳三二九頁〕）。

(51) Linebaugh and Rediker, *Many-Headed Hydra*, 246.

(52) Davis, *Problem of Slavery*, 376; Linebaugh and Rediker, *Many-Headed Hydra*, 305.

(53) Linebaugh and Rediker, *Many-Headed Hydra*, 281, 248-86.

(54) Linebaugh and Rediker, *Many-Headed Hydra*, 313-14, 320, 287-326.

(55) ヴォルネーは文明の起源をアフリカにまで遡り、「さまざまな色《モトリー》の外観」をした人類の多様性を称賛した。それは「さまざまな色の群集を普遍的な理想へと」高める「並はずれて魅力的な光景」である（Linebaugh and Rediker, *Many-Headed Hydra*, 343）。

(56) Linebaugh and Rediker, *Many-Headed Hydra*, 134.

(57) Linebaugh and Rediker, *Many-Headed Hydra*, 286.

(58) Davis, "Slavery-White, Black, Muslim, and Christian"; Rediker, Linebaugh, and reply by Davis, "An exchange." 以下の引用はインターネットの投稿からのものであるため、頁数は付与されない。

(59) 実際にラインボーとレディカーは、階級還元主義にはとらわれていない。彼らの叙述が焦点を絞っているのは、資本家階級の利害やプロレタリアートの階級的暴力を反映した行動ではなく、モトリー・クルーたちの「資本主義的形態の社会編成に対してオルタナティヴな実践を組織し、大いなる暴力に抗しようとするねばり強い努力」なのである (Rediker, Linebaugh, and reply by Davis, "An exchange")。「自由労働」のイデオロギー的意味を曖昧にしているデイヴィス自身の説明のほうが、ある意味では概念的にマルクス主義の歴史的伝統に近い。

(60) ラインボーとレディカーはつぎのように述べている。「この本が試みたのは、二つの隠れた歴史を再発見することである。ひとつ目は、大西洋の資本主義を形成するにあたって、当時の支配階級がヨーロッパ、アフリカ、アメリカの労働者に対して手足切断、身柄拘束、暴力行為、殺人的労働をたえず行使していたことである。その暴力は、これまで多くの歴史家が認めようとしてきたものよりもはるかにひどいものであった。二つ目は、好ましい側面として、その暴力に抵抗するために大西洋の多民族的労働者のあいだには結びつきがあったということである。そのつながりは、これまで多くの歴史家が考えてきたよりも重要なものであった。それは、人種、階級、ネイションという概念を使っているという目隠し効果のためである。そうした効果がたいていの過去の説明を導いてきたのだった」(Rediker, Linebaugh, and reply by Davis, "An exchange")。

(61) Rediker, Linebaugh, and reply by Davis, "An exchange."

(62) Linebaugh and Rediker, *Many-Headed Hydra*, 353.

(63) Gilroy, *Black Atlantic*, 5〔邦訳一六頁〕. この本は、文化とは「不変の民族的差異」であり、近代とは「歴史と経験における絶対的断絶であり、『黒い』人びとと『白い』人びとの経験である」という民族主義的で「まとめすぎの」考え方に対して、「もうひとつのより困難な選択肢を提示している。それが、クレオール化、混血、メスティーソ、雑種性《ハイブリディティ》を理論化することである。エスニシティを絶対化する立場から見れば、これは汚染と不純物についての冗長な話であろう。しかし、むしろそれらの観点は、不十分かもしれないが、人種的言説を乗り越え、人種主義の発動者から捕捉されるのを回避していく文化的変容とたえまない（非）連続性のプロセスを示すものなのである」（*Black Atlantic*, 2〔邦訳一一－一二頁〕）。（誰よりも）ダヤンは、ギルロイによる雑種性の肯定が奴隷制、レイシズム、経済的搾取をメタファーにし、それによって植民地奴隷制の非人間性と残忍性を、そして今日も黒人に対する暴力が継続していることを忘れさせるものだと批判している（Dayan, "Paul Gilroy's Slaves, Ships, and Routes," 8）。ここでの私の議論はそれとも異なる。多孔性は、雑種性とは違い、文化的形態を指すものではない。むしろ、多孔性ということで強調したいのは、植民地支配者と奴隷（や先住民）によって生きられた新世界の経験は、あらゆる事例において既存の概念的区別に疑問を投げかけていたということである。彼らの経験は、資本主義的で植民地主義的なプロジェクトの残酷なまでにレイシスト的な非人間性を反映して、その両者の痛みと苦難はおよそ等しいものではなかったことは認めるにしても、やはりあらゆる点において彼らの世界を想像し直すためには、その経験を実際に生きた人びとが必要なのである。

(64) 国民的つながりを強調するサイモン・シャーマと比較せよ（本書「ヘーゲルとハイチ」第二節を参照）。「オランダは『オランダ人であること』の定義そのものが疑わしくなるほど移民の国であった」（Blakeley, *Blacks in the Dutch World*, 3）。

(65) ポルトガルは、「現実には国家的および超国家的な政治的・経済的諸勢力の混合体」を表わしていた。「『ポルトガル』という言葉は、国家を象徴するものであると同時に、それら諸勢力とその意味を隠してもいる」（Robinson, *Black Marxism*, 145）。「われわれは、ヨーロッパの社会史にとって国家が分析単位ではないと気がつきはじめている」（*Black Marxism*, 25）。

(66) 一七世紀および一八世紀の航海条例は、この傾向を規制しようとしていた。

(67) Wolf, *Europe and the People Without History*, 167.「のちに政府当局や人類学者によって明確な民族集団として承認されたインディアンの『民族』や『部族』の多くは、それ自体、毛皮貿易の拡大に応じて形成されたものである。その過程にアメリカ先住民は、侵略者であるヨーロッパ人の商人、宣教師、兵士と同じくらい積極的に参加していた」(*Europe and the People Without History*, 194)。

(68) 「一七八五年まで、茶はイングランドの『不可侵の国境』をザルのように越えて密輸されていた」(Braudel, *Civilization and Capitalism*, 3: 294〔邦訳三八五頁〕)。ブローデルは中心市街地の多孔性を強調している。「リスボン、そしてリスボンを通してポルトガル全体は、部分的に外国人に管理されていた」(*Civilization and Capitalism*, 3: 141〔邦訳一七七頁〕)。アントウェルペンでは「外国人がその場を取り仕切っていた。ハンザ同盟の商人、イギリス人、フランス人、そしてとりわけあらゆる南方の商人たち、つまりポルトガル人、スペイン人、イタリア人たちである」(*Civilization and Capitalism*, 3: 145〔邦訳一八一頁〕)。ブローデルは近代初期のヨーロッパ経済を国家権力との関係で論じているが、それは現代のグローバリゼーションにも当てはまる。「一方の〈権力〉の場としての国民国家と、もう一方の〈富〉の場としての都市部とのあいだで対立が起きていた」(*Civilization and Capitalism*, 3: 288〔邦訳三七七頁〕)。

(69) 買売春目的のための女性の奴隷貿易は、現代のグローバリゼーションにおいて急増しているビジネスである。つぎのサイトを見よ。http: //www.protectionproject.org

(70) この点に関して、私はPatterson, *Slavery and Social Death* の研究に負っている。奴隷制が「侵入的」である場合、すなわち在留外国人として社会に連れてこられ、(養子縁組によって)同化されない場合、彼らは社会的死を経験する、とパターソンは述べている。パターソンが参照しているもののひとつがフランスの人類学者クロード・メイヤスーの著作である。メイヤスーは奴隷制を「親族のアンチテーゼ」と述べ、奴隷が親族関係に与えた社会的インパクトと奴隷労働の経済的搾取とを区別して論じている。「搾取の様態としての奴隷制は、同じ社会的境遇におかれ、たえず制度的に更新される諸個人からなる区別された階級があってはじめて存在する。その結果、この階級が永続的にその機能を果たしていれば、搾取関係と、そこから利益を得ている搾取する階級もまた、いつもきまって持続的に復元されうる」（Meillassoux, *Anthropology of Slavery*, 36）。在留外国人、奴隷、自由人の範疇をまたがった生物学的再生産は親族関係を意味しえない。姻戚関係を形成するために女性が交換され、社会的地位が父親から継承される社会においては、白人農園主と黒人女性奴隷とのあいだに生まれた自由人のムラート女性の娘は、経済的に搾取される奴隷階級を再生産するシステムを危険にさらしている。その一方、農園主階級の白人女性と黒人奴隷の組み合わせは、女性の再生産能力という社会的価値の分だけ白人にとっては損失をもたらす。

（71）文字どおりの伝染病がこのメタファーの力の源泉となった。「砂糖植民地はヨーロッパ、アフリカ、新世界からの疫病の坩堝」といわれた（Sheridan, *Doctors and Slaves*, 40）。

（72）Sala-Molins, *Le Code Noir*, 275.

（73）Dayan, *Haiti, History and the Gods*.

（74）Kant, "The Contest of Faculties," 182-85〔邦訳一一六‐一一七頁〕.

（75）そうした名称は、ヨーロッパにおいてと同様、植民地の新聞でもよくあった（たとえばサン＝ドマングの *l'Observateur colonial*）。

（76）ヘーゲルが「怠惰な存在」を棄却したことへの批判は、Adorno, *Negative Dialectics*, 8〔邦訳一三頁〕を見よ〔「怠惰な存在」という表現は、ヘーゲル『歴史哲学』（上）六七頁を参照〕。

(77)「この講義の主題は世界を哲学的にみた歴史である」(Hegel, *Philosophy of History*, 1〔邦訳(上)二一頁〕)。ヘーゲルは若いころ、広範囲にドイツとスイスを旅したが、一八二〇年代にいたるまでパリ、ベルギー、オランダ、オーストリア、イタリアを訪れたことはなかった。船旅に憧れを抱くこともしばしばあったが、陸からの観察者であった。

(78)「世界史は幸福の舞台ではない。幸福な時期というのは、世界史のなかの空白のページである。というのも、それは調和の時期であり、対立のない時期だからである」(Hegel, *Philosophy of History*, 26-27〔邦訳(上)五四頁〕)。

(79) Hegel, *Philosophy of History*, 83-87, 412-57〔邦訳(上)一二六―一三三頁、および(下)二六六―三二四頁〕.

(80)「イギリスの物質的存在の基盤は商業と産業であり、イギリス人は全世界における文明の伝道師という重大な使命を担ってきた。というのも、彼らはその商人精神に駆り立てられてあらゆる海と陸地を調べまわり、野蛮な諸民族と関係を結び、そこに欲求と産業を生み出し、そして何より特筆すべきは、それら諸民族とのあいだで暴力行為の停止、所有権の尊重、外国人への友好的姿勢といった通商の諸条件を確立しようとしているからである」(Hegel, *Philosophy of History*, 455〔邦訳(下)三三一頁〕)。

(81) Bernasconi, "Hegel at the Court," 41-63. この講義の歴史的批判版は存在しない(詳細は、本書「ヘーゲルとハイチ」註139を見よ)。

(82) Bernasconi, "Hegel at the Court," 43.『本来のアフリカ』[das eigentliche Afrika] の紹介は、世界史の叙述がはじまる前になされている。……そのため、その後の説明ではアフリカを放置できるようになっている」("Hegel at the Court," 60)。アフリカは「何の役割も果たしていない」("Hegel at the Court," 52)。

(83)「ヘーゲルの情報源を調査してみると、それらはヘーゲル自身よりも正確であり、それらのヘーゲルの扱い方について、ヘーゲルをそう簡単に許せるものではないことがわかる」(Bernasconi, "Hegel at the Court," 63)。私は第I部の「ヘーゲルとハイチ」において、ヘーゲルは「アフリカ社会についてのヨーロッパの在来の学問的知」を反映することによって「実際にますます無口になっていった」と述べたが(本書六七頁)、バーナスコーニの公平な分析は、私のそのぞんざいなレトリックを正しく訂正するものである。

(84) Bernasconi, "Hegel at the Court," 45. ヘーゲルにそうした傾向があることは、アダム・スミスのピン製造工場の例で数字を間違って引用していることからもわかる。

(85) Bernasconi, "Hegel at the Court," 51-52, 63.

(86) Bernasconi, "Hegel at the Court," 51-58. ヘーゲルは、アフリカ人について「人間を超越するものについての感覚」に欠けていると論じており、「奴隷制が不適切なものであるとは考えていなかった」。したがって、「アフリカ人がヨーロッパ文化に触れたことは、たとえそれが奴隷の状態からはじまったものだとしても、有益な影響」をもたらしたとする。奴隷制は悪であるが、「ヨーロッパ人は、アフリカ人を奴隷としてアフリカから連れ出すことによって、たとえまだ自由の身ではないにしても、アフリカ人を人間がかろうじて生存しているだけの状態から解放したことになる」("Hegel at the Court," 58)。「このようにヘーゲルは、たとえ黒人たちが奴隷制に対して反乱を起こし、ハイチにおいて成功を収めたとしても、それは彼らが自由についてのヨーロッパ的考え方に接触したからだと考えていたように思われる」("Hegel at the Court," 61)。

(87) Bernasconi, "Hegel at the Court," 59.「未開な状態は、必要であれば暴力的手段を使ってでも矯正されるべき欠陥である。……ヘーゲルは総じて、いわゆる『文明的』人間がより遅れた発展段階にある人間に干渉するのは正当であると信じていた。……植民地主義は、アフリカが従わなければならなかった運命であった」(“Hegel at the Court,” 59)。「人類の発展という観点からヨーロッパ人によるアフリカ人の奴隷化に積極的役割を与えることで、ヘーゲルは奴隷制廃止論を拒絶する人びとに安心と拠り所を与えた。合衆国の奴隷所有者がヘーゲルを味方とみなしていたとしても不思議はない」(“Hegel at the Court,” 58)。

(88) イギリス人総督ウィニエットに向かって語られた言葉だと、Bernasconi, “Hegel at the Court,” 49 に引用されている。クワク・ドゥアは、生と死に対して権力を行使することが主権者の統治にとって必要であると主張し、人身御供がおこなわれていることを認めた。「もし私が人身御供をやめたなら、私は人びとを服従させておくのにもっとも効果的な手段を失ったも同然だ」(“Hegel at the Court,” 49)。クワク・ドゥアの主張は、明らかにカール・シュミット的である(Schmitt, *Political Theology* を見よ)。アシャンティ王国は、一八九六年に最終的敗北を喫するまでイギリスと激しく戦った。

(89) 「ヘーゲルの読者は……そのアフリカについての記述にどれだけとらわれているか自問してみなければならない」とバーナスコーニは述べている(Bernasconi, “Hegel at the Court,” 44)。

(90) バーナスコーニの結論も同じ懸念を示している。「問題は、たとえば社会の発展といった現代の観念が、植民地主義と呼ばれるにふさわしいモデルとどの程度つながったままなのかということである」(Bernasconi, “Hegel at the Court,” 63)。

(91) カントは星を眺めることのとてつもない崇高さと「内なる道徳法則」とを比較している。どちらも、もっとも果てしないものと、もっとも人格的なものとにおいて感性的世界を超えたものを示す経験である(Kant, *Critique of Practical Reason*, 203〔邦訳三五四－五頁〕)。

(92) Blumenberg, *Genesis of the Copernican World*, 71〔邦訳八九頁〕に引用。

(93) Linebaugh and Rediker, *Many-Headed Hydra*, 353. 時計職人でアマチュア科学者であった〔イギリスの〕ジョン・ハリソンによって発明されたマリン・クロノメーターは(一七七三年に公認された)、一八世紀後半だけでも船舶に広範に装備されるようになった。Sobel, *Longitude* を見よ。

(94) 奴隷たちの出身地を探るときはつぎのような質問が試みられた。「何日かけて連れてこられたか。途中で何回、転売されたか。連れられていたとき、太陽はどちらから昇り、どちらに沈んだか。おまえの国は『あの星』の左か、右か」(Debien, *Les Esclaves aux Antilles français*, 37)。

(95) ほかのクレオール語と同じくハイチのクレオール語も、モトリー・クルーたちによって話されていた「ピジン」言語のように「接触言語」として発達した。その発展過程は、二〇世紀にいたるまで総じて言語学が欠けていたため十分な記録がない。現在、クレオール語は(フランス語とともに)ハイチの公用語となっている。ハイチのクレオール語は主としてフランス語にもとづきながら(それがどの程度、入植者階級のフランス語に近かったかは議論の的であるが)、(コンゴの)バントゥー語、(イスラームを媒介とした)アラビア語とともに、(民族言語学的に同じ特質とされている)グベ語群に属するフォン語方言群〔ベニン内陸部からナイジェリア西部大西洋岸まで分布〕およびヴェ語方言群/アグラン方言〔ガーナ、トーゴに分布〕、そしてウォロフ語〔セネガル、ガンビアに分布〕(グベ語群とともにニジェール川流域に由来する)の要素を含んでいる。Anglade, *Inventaire Etymologique* を見よ。

(96) 世界を旅したヨーロッパ人の経験に着想を得たフリーメイソンは、異なる伝統、それもとくに中東と極東の伝統(ユダヤの神秘主義、ゾロアスター教、古代エジプト宗教、スーフィーの神秘主義、ヒンドゥー教のヴェーダンタ思想)が持つ啓蒙的な力を信じていた。メイソンたちはオカルト的知(秘儀、中世錬金術、ルネサンス魔術)と世俗的啓蒙主義(実験科学、報道の自由、民主的政体)のどちらにも通じており、そのうえで国境を越えた出版のネットワークに貢献し、公共領域に積極的に関与していた。

ハーバーマスの『公共性の構造転換』のなかの影響力のある評価では除外されているが（Habermas, *Structural Transformation of the Public Sphere*）、こうしたメイソンたちの活動も啓蒙主義の一側面である。

（97）インドの記号言語についてのフリーメイソンの考え方については、Denslow, *Freemasonry and the American Indian* を見よ。一八世紀に思弁的フリーメイソンが生まれたのは、少なくとも古代ヨーロッパの起源についての考古学的発掘がはじまったことと同じくらい、新世界の文化混交からの刺激に負うところがあった。実のところ両者は並行関係にあり、ヨーロッパ人は同じ時代にあって自分たち自身の原始的過去のすがた、すなわち文字をもたない（「先史時代」の）人間を眺めていると考えていた。

（98）ロッジはアメリカ大陸植民地だけでなく、カリブ海植民地にも点在していた。それらのロッジは、白人入植者のあいだでは「植民地時代のサン＝ドマングにおけるよく知られた名所」であり（Nicholls, *From Dessalines to Duvalier*, 23）、黒人ハイチにおいては市民社会の重要なアソシエーションとして再建された。革命の時代、ロッジはハイチ、マルチニック、ニカラグア、アンティグア、ヴァージン諸島、バミューダ、ホンジュラス、グラナダ、ドミニカ、バハマ諸島、セント・トーマス島、トリニダード島、キューバ、メキシコ、北米大陸南東部のクリーク・ネイションとチェロキー・ネイションにも存在した（こうした情報はリッチェネル・アサノとリンダ・ルッパートの御教示に負っている）。

（99）ナポレオンは、一七九八年にマルタ島でメイソンとなったといわれている。この主張には議論があるが、ナポレオンがフリーメイソンに共感を寄せ、そのメンバーを高官に任命したことははっきりしている。ナポレオンの一七九八年エジプト遠征では、占領軍の将校がエジプトにロッジを導入し、ナポレオンとフリーメイソンとのつながりは強まった。それ以来、多くのフランス国家元首がフリーメイソンに好意を寄せている。フリーメイソンは植民地（およびポスト植民地）のエリートたちを会員として惹きつけたため、今でも多くの者の目にヨーロッパ帝国主義の象徴として映っている。

(100) ロンドンのロッジでメイソンとなったアメリカン・インディアンは、アメリカ独立派に抗してイギリスの側についた。アメリカ独立戦争およびフレンチ・インディアン戦争のあいだに捕虜としてとらえられたメイソンの仲間に対しては、どちらの側のメイソンであっても寛大さが示されたと言われている。

(101) 詳細な調査にもとづいてカルペンティエルが書いたカリブ諸島を舞台とする歴史小説においては(そのなかには歴史上の人物で、メイソンであったヴァンサン・オジェが登場する)、政治的に急進的な外国人ロッジの「健全な民主的雰囲気」が描かれている。そこでは、ヨーロッパの貴族が「マルティニックから来た混血の愛国者、昔いた伝道所を懐かしむパラグアイから来た元イエズス会士、プロパガンダを広めたとして祖国を追放されたブラバント人印刷工、昼は露天商だが日が暮れると雄弁家となり、なんでもフリーメイソンはすでに一七世紀にアビラで活動していて、その証拠はユダヤ人建築家ルビ・デ・ブラケモンテ師によって建てられた聖母昇天教会で最近発見されたコンパスや直角定規や木槌などの図像だと主張する亡命スペイン人」たちと親しく交際していた(Carpentier, *Explosion in a Cathedral*, 102-3〔邦訳九九頁〕)。

(102) それらのなかには長い歴史を持った重要なものもある。たとえば、プリンス・ホール・フリーメイソン〔アフリカ系アメリカ人プリンス・ホールによって一八世紀後半にボストンで創設された。メンバーは主にアフリカ系アメリカ人から成る〕がプエルトリコに広まったのは、一九世紀後半にニューヨークで加盟した黒人プエルトリコ人ショムバーグの活動による。ショムバーグは、黒人、フリーメイソン、アフロ=ヒスパニック、カリブ人、「ワリオネシュ(Guarionex)」——ショムバーグの革命家としてのペンネームで、一五〇二年にスペインの植民地当局により反乱罪で死刑になったサント・ドミンゴのインディアンの首長の名前である——といった複数のアイデンティティの「文化横断的な差異」を乗り越えようとした(Arroyo, "Technologies," 4-25 を見よ)。

(103) 本書「ヘーゲルとハイチ」五六－八頁を参照。モーツァルトが一七八四年にウィーンで加入したロッジは、革命家のネットワークを生み出したロッジとは違い、社交と飲酒のためのものであった。神聖ローマ皇帝ヨーゼフ二世は、当初は国民の愛国心をつくるものとしてフリーメイソンの活動に好意を寄せていたが、一七八五年になると、それがあまりに強力になったことを危惧した。モーツァルトのオペラ『魔笛』とフリーメイソンとのつながりは、今日ではよく知られている。著名な建築家カール・フリードリヒ・シンケルが舞台美術を手がけた『魔笛』がベルリンで上演されたのは一八一六年で、ヘーゲルがベルリン大学に着任する一年前のことであった。モーツァルトが、一七九一年一一月一五日の日付けで生前に完成させた最後の作品 K. 623 は「フリーメイソンのための小カンタータ」として知られている。「〔兄弟のあいだに結ばれた〕この鎖が／ここ聖地のように／全地球を覆いますように」という歌詞は、新しい礼拝堂の落成式のためにモーツァルト自身によって書かれたといわれている〔モーツァルト K. 623a『固く手を結び合い』の歌詞。『魔笛』の台本を書いたエマヌエル・シカネーダーの作という説も有力である〕。Landon, *Mozart and the Masons* を見よ。

(104) Lipson, *Freemasonry in Federalist Connecticut*, 7.

(105) 自身もメイソンであったベンジャミン・フランクリンは、つぎのように書いている。「メイソンたちは万国共通の言葉で語り、加入すれば世界のあらゆる地域で配慮と援助を受けられるパスポートを手にしたつもりで行動している。……メイソンによって、きわめて敵対的感情を持ち、きわめて異なった宗教を持ち、きわめて多様な環境にいる人間たち〔ユダヤ人、ムスリム、黒人、アメリカン・インディアン〕が進んで助け合うようになり、兄弟のメイソンに救いの手をさしのべられたことに社会的喜びと満足を覚えるようになっている」(Clawson, *Constructing Brotherhood*, 77 に引用)。

(106) Métraux, *Le Voodoo haïtian*, 140. スイスに生まれ、パリで教育を受けたメトローは、ヴードゥーに魅せられたパリのシュルレアリスト世代の同時代人であった。それらシュルレアリストのなかには、ミシェル・レリスのようにヴードゥーの参加者を原始的な「他者」とみるのではなく、近代の現象ととらえる者もいた。それは、他者性の概念そのものを、すなわち伝統的な民族学が依拠してきた文化を明確に区別する考え方を揺るがすものであった。メトローは、ヴードゥーの儀式の劇場性を強調したうえで、ヴードゥーはエキゾチックで原始的な遺物ではなく、オーヴァーラップ、衝突、創造の場として、「別の西洋」の都市宗教として研究されなければならないと考えた。Dash, "Le Je de l'autre," 84-95 を見よ。私の立場はメトローに共感している。

(107) 本書「ヘーゲルとハイチ」註(129)を見よ。

(108) 「ともかく、おそらく革命直前のサン＝ドマング(ハイチ)にいた奴隷の三分の二が、アフリカで生まれ育ち、社会生活を送った人間であったということは考慮に値する」。そこには、一七八〇-一七九〇年の一〇年間に輸出された約六万二〇〇〇人のコンゴ人も含まれる(Thornton, "'I am the Subject of the King of Congo,'" 183)。コンゴ人は一七世紀半ば以来の内戦で疲弊していた。オヨ王国が東部のベナン人の犠牲のもとに勝利し、その結果、一八世紀後半までにオヨ王国がのちにヨルバランドと呼ばれる地域の半分以上を支配することになった。奴隷による反乱を成功に導いたその世代の戦闘経験および軍事戦術の意義についての説明は、Thornton, "African Soldiers in the Haitian Revolution," 58-80 を見よ。

(109) 同様の現象としてカンドンブレ(ブラジル)、サンテリア(キューバ、プエルトリコ、パナマ)、シャンゴ(トリニダード)がある。

(110) Métraux, *Voodoo in Haiti*, 59(強調は引用者).

(111) この理解はヴァルター・ベンヤミンに負っている。ベンヤミンにとって「アレゴリーとは、人間の苦難や物質的荒廃が歴史的経験の要素や実質となるような、社会の崩壊や長期の戦争が続く時代に特有の知覚の様式であった」(Buck-Morss, *Dialectics of Seeing*, 178〔邦訳二一八頁〕)。

(112) 現世の諸対象は、伝統的意味が空になると、その空所に多様な内容の残余が埋め込まれることがある。それらは超越的真理を指し示すのではなく、意味の代用性を示す記号である。聖パトリックがアイルランドから駆逐したという蛇の図像は「[ダホメーの聖なる]空飛ぶ蛇をさまざまに体現したもの」へと変容された(Thompson, *Flash of the Spirit*, 176)。さもなくば、意味が空になった記号は完全に忘れ去られたであろう。こうした意味の崩壊のプロセスは、すでにアフリカにおいて戦争による社会の崩壊の結果として起こりはじめていたことであり、奴隷貿易によって著しく進行した。ヘーゲルは、アフリカ人たちが失望させられた「呪物」を投げ棄てるという観察者の論評を、アフリカ人の信仰体系の恣意性(したがって、彼の考えでは原始性)の証拠として挙げている〔邦訳(上)一四三−四頁〕。アフリカはつねにそのようであったとするヘーゲルの推定は疑う必要があろう。むしろ、そうした行動は、ヨーロッパ人の奴隷貿易によって経済的・政治的な基盤に影響を被ったアフリカ文化の崩壊の結果ではないのだろうか。

(113) 同じ記号がきわめてさまざまな文脈に登場するということは、象徴的統一性を示すものではなく、アレゴリー的な意味の恣意性を示すものである。一八世紀において、ドクロと大腿骨はプロイセン軍のエンブレムであったが、さらに海賊船のエンブレムやイギリス軍の記章にもなり、ジョージ・ワシントンがつけていたメイソンのエプロンにも認められた。一九世紀になり、この記号は国際的習慣によって毒を示す記号として意味が固定され、そのエンブレムとしての力は失われた。

(114) 図版11を参照。ヴードゥー寺院の地面の上に描かれたこれらの図像が、神聖な芸術をわざわざ一時的に描いては消すという形式をとって表現されていることは印象的である。それらには未来がないのである。ヴェヴェの内容を「幾何学的思考」と表現したトムスンは、「ヴードゥー芸術においては、いたるところで一つの宇宙が別の宇宙に隣接している」と述べている。トムスンは、ヴェヴェの内容の統一性もその幾何学的形式の一部であるとする。「言いかえるならば、それは空と触れ合う地点にある地上の交叉点にとどまらない。実際、このヴェヴェという複合体は、ハイチ文化史という織物そのものを構成するダホメー、コンゴ、ローマ・カトリックの諸力の布置を示す幾何学的焦点を提供しているのである」（Thompson, *Flash of the Spirit*, 191, 116）。ここで強調したいのは、トムスンのテクスト全体の解釈は、現実的というよりユートピア的であり、かなりの部分は後年の評者による架空の創造だということである。

(115) Curl, *Art and Architecture of Freemasonry*, 136.

(116) この分野を代表するのが、メルヴィル・J・ハースコヴィッツ、ジョン・M・ジャンゼン、ロバート・ファリス・トムスン、ジョン・K・ソーントンである。

(117) 同じ価値を持つヨルバ人、（ダホメー王国の）フォン人、そしてハイチの神々の名称のリストについては、Thompson, *Flash of the Spirit*, 166-67 を見よ。コンゴ起源のロア（精霊）にはシンビ（Simbi）、ンキタ（Nkita）、ムブンバ（Mbumba）がある。

(118) Herskovits, *Dahomey*, 243.

(119) Dayan, *Haiti, History and the Gods*, 37. ゾンビは、「無気力、匿名性、喪失を表わすもっとも強力なエンブレム」として、「植民地支配の物語を語っている」。それはまた、「アメリカ人によるハイチ占領の期間にとくに激しくなった二〇世紀における強制労働と誹謗の歴史」も告げている（*Haiti, History and the Gods*, 37）。「今日のヴードゥー祭司によってきわめて頻繁に呼び出されているイワ［ロア〔精霊〕］は、アフリカに戻ることはない」（*Haiti, History and the Gods*, 36）。

(120) 「ハイチの宗教との結びつきで、レンバの正統な起源が同名の北コンゴの治癒祈禱にあると同定したのは［ロバート・ファリス・］トムスンが最初である［Thompson, *Flash of the Spirit* を見よ］」（Janzen, *Lemba*, 280）。ジャンゼンは歴史的つながりが「薄弱」であることを認めているが、構造的類似性は否定できない（*Lemba*, 278）。一七世紀コンゴのロアンゴ王国〔現コンゴ共和国の地域に一五世紀から一九世紀まで存在した王国〕の沿岸地域にある奴隷輸出港では、ンキシ（n'kisi）〔バントゥー系民族の精霊のひとつ〕がその魂を奴隷制と強制労働に引きずり込もうとする魔女から死者を守っていたことについての議論は、Janzen, *Lemba*, 53 を見よ。

（121） Janzen, *Lemba*, 34.

（122） Janzen, *Lemba*, 34. ロアンゴ王国の沿岸港で「ヨーロッパ人貿易商と接触していた定住エリート商人」のあいだでおこなわれていたレンバ信仰は、北コンゴのヴィリ人（Vili）の商人一族と密接に結びついており、持ち運び可能なレンバの祭壇を内陸に運ぶ移動する商人によって「貿易の終着点」とつながっていた（*Lemba*, 54, 324）。

（123） Janzen, *Lemba*, 317.

（124） レンバは、その公的秩序を政治の中心にではなく、輸送ルートに沿って形成する非国家的運動であった。婚姻関係による加入が、貿易商たちのあいだに結束と提携関係をもたらすための鍵であった。「レンバという治療術の思想が、完成された社会状態のモデルとなっていたことは……疑いない」。「一七世紀から二〇世紀にかけてのこの地域の主要な、個々の地方を越えた制度」として、「［レンバは］貿易による経済と農業生産による経済を調和させるための儀式的コンテキストづくりに中心的役割を果たしたことは明らかである。それは、二つの経済の交点に生きる人びとの生を癒やす医術的な象徴体系がそのなかで生み出されるようなコンテキストである。」（Janzen, *Lemba*, 321, 323）。

（125） Janzen, *Lemba*, 317.

(126) Janzen, *Lemba*, 318.「レンバによって聖別された親族関係は、広大な地域にわたる社会政治的関係のネットワークを構成していた。とくに［奴隷と銃の］国際貿易の内陸ルートでは……何らかの社会的統制の形式が必要とされた。これがもたらす富と影響力は、激しいねたみや嫉妬の流れを招きよせた。……それらの裕福で影響力のある人物の心の中には、夢、悪夢、黒魔術への恐れ、襲撃、不妊、死といった徴候や、そのほかにも多くの特殊な症候がひき起こされた」。こうしたものが、「沿岸部の交易を受け入れるようになった個人」のあいだに生じたレンバの苦しみである（*Lemba*, 317-18）。

(127) ジャンゼンは、アフリカがハイチにおよぼした影響についての研究をつぎのように要約している。「儀式と研究の双方における西アフリカの影響のなかでも主要なものは、ここでもコンゴの影響を受けている可能性もあるとはいえ、ダホメーのそれであることが認められている。それは、精霊（loa）、祭儀複合（voudou［ジャンゼンの原文ママ］）、聖職者（hougan, mambo）、祭場（houmsi）などの語彙に示されている。……最近では、ペトロ（Pétro）〔Petwo とも記される〕という神々の一群にはコンゴ起源の神々とバントゥー起源の神々が強力に再出現していることが確認されているが、ダホメーの神々は集合的にはラダ（Rada）として知られている（Rada という名は奴隷輸出港のあった町 Arada からきており、その町の名自体も Allada〔ベナン南部にある町〕からきている）」（*Lemba*, 277）。しかし、ダヤンはつぎのように述べて、この問題の核心に切り込んでいる。「たとえば壊れたピンバ（Brisé Pimba）、壊滅男爵（Baron Ravage）、小ヨハネ・ダント（Ti-Jean Dantor）、赤い眼のエズィリ（Ezili-je-wouj）、ヨハネ・ゾンビ（Jean Zombi）など、ペトウォの神々には復讐の痕跡や反乱に関する名前がつけられており、それは主人と奴隷の、白人と黒人とムラートの、旧世界と新世界の奇妙な混交を思い起こさせる。こうした記憶の儀式は歴史の保管所と理解することもできるだろう。さまざまな死体の断片が再来している」（*Haiti, History, and the Gods*, 35）。

(128) これは、戦士たちの成功はかなりの部分が以前の戦士としての経験によって説明できるとするトムスンの主張を否定するものではない。「ハイチで反乱を起こした奴隷をハイチのプランテーションの労働者としてではなく、アフリカ人退役兵として見ることが、史上最大の奴隷革命成功の謎を解くカギと考えるのは当然であろう」(Thornton, "African Soldiers in the Haitian Revolution," 74)。

(129) Thompson, *Flash of the Spirit*, 165. トムスンは新旧両世界の文化間にある連続性に驚嘆している。ディアスポラにもかかわらず「ヨルバ人は依然としてヨルバ人」であり、「変えることのできない共同体への意志の勝利」を示しているというのである(*Flash of the Spirit*, 16)。しかし「ヨルバ文化」そのものが一九世紀後半の文化的創造物であるとすると、トムスンのこのような永続性の推定は信頼性に欠ける(Matory, "The English Professors of Brazil," 72-103 を見よ)。

(130) 「奴隷の視点はいったいぜんたいどこに見いだせるのだろうか」(Dayan, "Paul Gilroy's Slaves, Ships, and Routes," 8)というダヤンの批判的嘆きに対する答えとして、奴隷たちは出来事の普遍性を自覚していたと考えるのはおこがましいだろうか。

(131) Geggus, "Bois Caïman Ceremony," 41-57 を見よ。

(132) 「若干誇張するなら、ヴードゥーが奴隷たちをまとめ、革命へと向かわせる力となったとする評価は、ボワ・カイマンの儀式にはじまるということができる」(Geggus, "Bois Caïman Ceremony," 51)。ゲッガスは、その評価自体が誇張されていると考えている。

(133) Geggus, "Bois Caïman Ceremony," 51.

(134) Fouchard, *Haitian Maroons*, 224.

(135) 「下からの革命」という言い方は、Fick, *Making of Haiti* の副題である。「それは……さまざまな属性をもった人間の集りによる自立した活動であり、大衆的指導者とともに、多くの無名の個人から成っていた。……そして、それがデサリーヌ、クリストフ、クレルヴォーら有色人種の将軍の［フランスからの］離反を実行可能にし、かつ軍事的に意味あるものとした」（*Making of Haiti*, 248-49）。

（136）Genovese, *Rebellion to Revolution*. Fick, *Making of Haiti*, 61と比較せよ。

（137）Geggus, "Bois Caïman Ceremony," 51. 反乱では農作業をする奴隷だけでなく、家内奴隷と黒人自由民も団結した。決定的だったのは社会的地位ではなく、自由への欲求であったことを示している。

（138）Geggus, "Bois Caïman Ceremony," 47.

（139）Fouchard, *Haitian Maroons*, 224. Dubois, *Avengers of the New World*, 107と比較せよ。デュボアは、ボワ・カイマンを「反乱の計画と実行において宗教が複雑かつ多様なかたちで現われていることを端的に示すもの」とみなしている（*Avengers of the New World*, 101）。

（140）Geggus, "Bois Caïman Ceremony," 50. このシュプレヒコールもいくらか議論の対象となっているが、それはコンゴ人の神格であるムボンバ（Mbomba：虹）に向けられたものといわれている。シュプレヒコールには、キコンゴ語のすべての方言で「つなぐ、結びつける」を意味するキーワード「kanga」が含まれており（コンゴ出身のキリスト教徒のあいだでは、この語に「救済する、保護する、与える」という意味もあるようだが）、またこの言葉はコンゴでは政治的意味を持っている。このシュプレヒコールはつぎのように翻訳されてきた。「エー！　エー！　ムボンバ［虹］、ヘン！　ヘン！／黒人をつなぎとめろ／白人をつなぎとめろ／魔女をつなぎとめろ／彼らをつなげ［Kanga li］」。この翻訳の両義性、またそれゆえの解釈の困難さについての詳細な議論については、Thornton, "'I Am the Subject of the King of Congo,'" 210-13を見よ。

（141）公式のカトリック教会は入植者を支持したが、その主人に反抗して暴力的行動に参加した者を擁護したイエズス会神父もいた。Fick, *Making of Haiti*, 65を見よ。

（142）暴動の記憶を抹消するために、既存の奴隷すべてを駆除し、新しい奴隷に置き換える必要があるという意見をフランス人は真剣に検討した。Fick, *Making of Haiti*, 220-23 を見よ。

（143）「皮膚の色による偏見」が存続したことについての議論は、Nicholls, *From Dessalines to Duvalier*, chap. I を見よ。

（144）Trouillot, *Silencing the Past*, 37-40, 66-69.

（145）Palmié, *Wizards and Scientists*, 140. 理論的言説の大家であるこのパルミエは、非決定性の存在論とでも表現されうるものの主唱者の典型である。実際それは、歴史的解釈を想像可能なもっとも単純なテーゼに縮減する（あらゆる意味は非決定である、あらゆる現実は複雑である）。それによって、歴史は平板化され、過去と弁証法的に向き合う可能性は消去されてしまう。

（146）Geggus, "Bois Caïman Ceremony," 49.

（147）その様子は奴隷の目撃者によって伝えられた。ゲッガスは、それがボワ・カイマン以前の指導者たちの会議での発言だった可能性もあると考えている（Geggus, "Bois Caïman Ceremony," 52）。

（148）とくにサン＝ドマングについては、つぎのように言われている。「一六世紀から一九世紀のあいだ、サン＝ドマングに輸入されたアフリカ人のおよそ六・八五パーセントがセネガンビア〔セネガル川とガンビア川流域〕出身、四・五パーセントがシエラ・レオネ出身、そして四パーセント弱がモザンビーク出身であった。これらの地域は、サン＝ドマングに渡ったムスリムの出身地でもっとも多かったと思われる地域を可能性の高い順に並べたものである。……もちろんベナン湾から輸出されたムスリムもいた（ベナン湾からの輸出は全体の二七パーセントを占めていた）。もっとも、ベナン湾から送り出された人びとの場合は、ナイジェリア北部に拡がったウスマン・ダン・フォディオ〔ナイジェリア北部でジハードを起こし、ソコト王国を築いた〕のジハードが捕虜を増やしたことによるが、そのジハードは一八〇四年にはじまったばかりであり、そのためベナン湾からのムスリムの数が増大したのはその数年前からのことである。したがって、サン＝ドマングのムスリムは奴隷人口の一〇パーセントを超えていなかったであろうし、おそらくはそれよりかなり少なかったと推定するのが合理的である」（Gomez, *Black Crescent*, 83）。「マルーン〔maroon. 逃亡奴隷が山中などにつくった共同体の総称〕の指導者マッカンダル〔サン＝ドマングのマルーンの指導者〕は、マラバウト〔marabout. イスラームの聖職者で、とくにアフリカのそれを指す呼称〕の戦士と呼ばれるにふさわしい」（Diouf, *Servants of Allah*, 152）。戦死したブークマンは首を切られ、広場に立てられた杭の上で「派手に晒しものにされた」（Fick, "The Saint Domingue Slave Insurrection," 25）。そうした植民地の見せしめ的行為は、暴動を抑制するためであったが、逆の結果を招いた。

(149) 「彼〔マッカンダル〕はおそらくイスラーム教のもとに育ったと思われ、明らかに優れたアラビア語の運用能力があった。……一説によると、マッカンダルは夜勤で働いているとき、製糖機械に巻き込まれて手を切断され、その後逃亡したという」（Fick, *Making of Haiti*, 60）。「モロー・ド・サン＝メリーの観察によると、ポルトガル人によってカトリック化したコンゴ人のなかには、『モハメット教』や『偶像崇拝』を保ちつづけた者もいた」（Fick, *Making of Haiti*, 291）。James, *Black Jacobins*, 20-22〔邦訳三四頁〕および Fouchard, *Haitian Maroons*, 141, 184 も見よ。

(150) 新世界の奴隷のなかでのムスリムの存在については、Gomez, *Black Crescent* および Diouf, *Servants of Allah* を見よ。サン＝ドマングにおけるムスリムの奴隷についてはつぎも見よ。Fouchard, *Haitian Maroons*, 141, 184; Dayan, *Haiti, History and the Gods*, 245; Debien, *De l'Afique à Saint Domingue*, 7. バイーアについては、Réis, *Slave Rebellion in Brazil* を見よ（バイーアの反乱はその参加者の自由を要求したものであり、すべての奴隷の自由を要求したものではなかった）。

(151) 過酷な拷問や残虐行為が白人住民に加えられたことは、奴隷たちの反乱に好意的な説明ですら認めている。フィックは、C・L・R・ジェームズとユージーン・ジェノヴェーゼを援用しながらつぎのように述べている。「それらの行為は残虐であったかもしれないが……過去を通して長らく抑圧者たちによっておこなわれてきた冷血で、グロテスクなまでに残酷で、サディスティックに計算された拷問の残虐さと比較するなら……復讐としてはおどろくほど控え目だといえる」(Fick, "The Saint Domingue Slave Insurrection," 21)。

(152) Geggus, *Haitian Revolutionary Studies*, 78を見よ。しかし、ゲッガスはその熱情を「自殺的」と呼ぶことには懐疑的である。

(153) デサリーヌのスローガンについては、Dubois, *Avengers of the New World* を見よ。「たっぷりお返しをしてやる」という言葉については、Dash, "Theater of the Haitian Revolution," 19を見よ。

(154) Dayan, *Haiti, History and the Gods*, 4に引用。

(155) Vastey, *Réflexions*, 22.

(156) Geggus, "Bois Caïman Ceremony," 51.

(157) Trouillot, *Silencing the Past*, 40.

(158) Fouchard, *Haitian Maroons*, 347.

(159) 同じような「戦争内部の戦争」という状況がイラクにおいて、二〇〇三年のアメリカ侵攻の帰結として生じたということは、難なく想定できる。

(160) James, *Black Jacobins*, 391〔ibid., 81(邦訳八九頁)〕.

(161) Beckles, "'Unnatural and Dangerous Independence,'" 164.

(162) デサリーヌと同じ運命になるのを避けるため、クリストフ(国王アンリ一世)は反乱のさなかに自殺した。クリストフの統治をヨーロッパの君主たちの「ただの模倣」とみなすことを拒む注意ぶかい解釈については、Trouillot, *Silencing the Past*, 40-69を見よ。

(163) したがって、「ほとんどすべての黒人および有色ハイチ人は、自分たちが黒人ないしはアフリカ人に属することを認めて」おり、たしかに人種的アイデンティティを独立の主張の基盤とすることに誇りをもっていたが、ハイチの政治は最初から「大部分が、主に皮膚の色によって区別された二つのエリート・グループ間の権力闘争に関わっていた。……その区別は植民地時代のサン＝ドマングの『カースト』的区別から発展したものであった」(Nicholls, *From Dessalines to Duvalier*, 1-2, 7)。自国民のレイシズムに対するフシャールの苦悩にみちた批判については、Fouchard, *Haitian Maroons*, 358を見よ。

(164) Vastey, *Réflexions*, 112. サン＝ドマングから自由の思想を根絶するために、既存の奴隷人口を皆殺しにして、暴動の記憶がまったくない新しい奴隷に置き換える必要があるのではないかという、奴隷反乱のさなかに起こったフランスでの議論に憤慨して応答したのはド・ヴァスティであった。「偉大なる神よ！　人を人身売買ではなく、文明と啓蒙へと導くのはいかなる光か！　いかなる道か！」(*Réflexions*, 48)

(165) Fischer, *Modernity Disavowed*, 259. ニコールズは当時のハイチの定期刊行物を評して、ハイチ人はアフリカに対して「やや両義的」な態度を示していたと述べている。「ハイチ人は、アフリカ人に固有の劣等性という考え方はどんなものであれ猛烈に否定するが、アフリカは未開の大陸であって、当時、考慮に値する文明はヨーロッパ文明のみだと考えることが多かった。アンリ国王［クリストフ］は［イギリスの奴隷廃止論者トマス・］クラークソンに、つぎのように書き送っている。『いつかはアフリカをヨーロッパ文明のレヴェルへと引き上げることができるというあなたの希望をかなえるために、私たちは自分たちがどのような努力をするべきかわかっております』」(Nicholls, *From Dessalines to Duvalier*,

42-43)。

(166) Nicholls, *From Dessalines to Duvalier*, 3, 41. ハイチのムラートおよび黒人の知識人が「文化的問題において、ヨーロッパ的文明の型こそハイチが従うべきものであるということで合意」(*From Dessalines to Duvalier*, 11) していた一九世紀と、ネグリチュードの概念によってヨーロッパ・モデルの妥当性が完全に疑われ、アフリカ人としてのアイデンティティを別個の独特なものとして擁護するようになった二〇世紀とをニコールズは区別している。

(167) クリストフの言葉として、Nicholls, *From Dessalines to Duvalier*, 42 に引用。クリストフは、人種の差異は生来的に不平等なものではなく、「文明と知識の結果」であると語っている (*From Dessalines to Duvalier*, 41)。

(168) Vastey, *Réflexions*, 83-84.

(169) そうしたもののひとつが、奴隷たちがイギリスの帆船からハイチの大地に逃亡しているという苦情に対する一八一七年のペションの応答である。「彼らはハイチの領域に足を踏み入れた瞬間から共和国憲法第四四条によりハイチ人とみなされるのであり、あなたがたの要求どおり快く彼らを返還することは、私の権限外である。それぞれの国には、それぞれの法律がある。……この領域にたどり着いた人間は保護されなければならない。法律がそう命じているからである。……いまや彼らが市民である国の法律が、である」(Beckles, "'Unnatural and Dangerous Independence,'" 170-71 に引用)。ペションの言葉づかいには、かつてヨーロッパでおこなわれた奴隷制についての法律論議がこだましていることに注意せよ。

(170) ハイチの人びとの自由は、アフリカの黒人に加えてアメリカン・インディアンにも、ポーランド人にも、その他の人びとにも拡張された。私たちはフィッシャーに同意してこう結論づけなければならない。ラディカルな反奴隷制という思想にふさわしい概念の場所は国民国家ではないのである (Fischer, *Mod-*

ernity Disavowed, 274)。残念なことに、ヨーロッパの政治的言説がそうであったのと同様に、「ラディカルな反奴隷制を否認することは、カリブ海における国民文化の発生の本質的な構成要素となった」(*Modernity Disavowed*, 274)。「ハイチは、ポスト植民地における国家建設のあらゆる試練をはやくに経験した」(Trouillot, *Silencing the Past*, 68) と述べるトゥルイヨと比較せよ。

(171) 「奴隷制をいささか化石化した過去のテーマとして振り返るには、まだ時期尚早である。なぜなら奴隷制は依然として別の名のもとに存在しているからである」(Dayan, *Haiti, History and the Gods*, 11)。

(172) Fick, *Making of Haiti*, 170. フィックは、人間的自由という観念を包括的に理解するための一部としてこうした要求に注意を向けている。ハイチの歴史家フシャールもこうした契機を認めている。「黒人女性は無謀にも男性と同じ賃金を主張した」。そしてフシャールは、「この最初のフェミニスト的要求はまともに受けとられず、身体的強さの違いを理由として却下された」ことを批判している。

(173) 「アフリカ人たちよ、理性の声に耳を傾けることをあなたたちの女性に望むなら、まずあなたたち自身が理性の声に耳を傾けなさい」(ポルヴェレルの言葉。Fick, *Making of Haiti*, 171 に引用)。

(174) Métreau, *Voodoo in Haiti*, 16.

訳註

〔1〕レーナル師――フランスの思想家。イエズス会士であったが、のちに啓蒙主義に傾倒した。代表作『両インドにおけるヨーロッパ人の植民と通商についての哲学的・政治的歴史』（一七七〇年）はヨーロッパ植民地にかんする「百科全書」とも称された。その部分訳は、ギヨーム＝トマ・レーナル『両インド史　東インド篇（上・下）』大津真作訳、法政大学出版局、二〇〇九－一一年。本書第Ⅰ部の「ヘーゲルとハイチ」原註（26）を見よ。

〔2〕レオポール・セダール・サンゴール――セネガル出身の詩人。エメ・セゼールとともに《ネグリチュード》運動の一翼を担った。セネガル共和国初代大統領。

〔3〕フリーメイソンリー――「フリーメイソンリー」は制度および思想、「フリーメイソン」もしくは「メイソン」はその会員を指す。

〔4〕『ミネルヴァ』――後述のヨハン・ヴィルヘルム・フォン・アルヘンホルツによって一七九二年にベルリンで創刊された政治、歴史、文芸などを扱う月刊誌（一八五八年廃刊）。ヨーロッパのみならず、

全世界の動向を伝えていた。

〔5〕ヨハン・ヴィルヘルム・フォン・アルヘンホルツ――ドイツのジャーナリスト。『ミネルヴァ』の編集長として、同誌上で旺盛に執筆したほか、『七年戦争史』（一七九一年）など多くの著作がある。

〔6〕マーカス・レインズフォード――西インド諸島に派遣されたイギリス軍の将校。一七九九年にハイチを訪れトゥサン・ルヴェルチュールの称賛者となり、本書文献表中の『ハイチ黒人帝国の歴史』（一八〇五年）を著わした。

〔7〕ヨハン・フリードリヒ・コッタ――ドイツの出版事業経営者。一族の経営するコッタ出版社を引き継ぎ、ゲーテ、シラー、ヘーゲルらの著作を出版した。なお、コッタ社は一九七七年にクレット社と合併し、今日の Klett-Cotta 社にいたる。

〔8〕コンラート・エンゲルベルト・エルスナー――ドイツのジャーナリスト。フランス革命期に、パリからその動向を『ミネルヴァ』で伝えた。

〔9〕トゥサン・ルヴェルチュール――ハイチ革命の指導者。サン＝ドマングの黒人奴隷の家庭に生まれたが、農園主の配慮によりフランス語の読み書きができた。黒人奴隷蜂起に合流した後、反乱軍の指導者となり、一八〇〇年、サン＝ドマングを制圧。一八〇一年に「フランス領植民地サン＝ドマング憲法」を制定した。ナポレオンの派遣したフランス軍に捕えられ、フランスで獄死。

〔10〕キャヴェンディッシュ卿――イングランドの廷臣で政治家。トマス・ホッブズを息子の家庭教師として雇っていた。

〔11〕ヴァージニア会社――一六〇六年、北アメリカ東海岸に植民地を建設するため、イングランド国王ジェイムズ一世の勅許のもとに設立された。ホッブズも出資者のひとりであった。

〔12〕王立アフリカ会社――一六七二年から一六九八年まで、イギリスの西アフリカにおける奴隷貿易を独

占した勅許会社。

〔13〕 サン゠ドマング――イスパニョーラ島西部のフランス領であった地域。現在のハイチ共和国にあたる地域。本書では、同島東部のスペイン領で、現在のドミニカ共和国にあたる地域は、サント・ドミンゴと記す。

〔14〕 〈黒人の友の会〉――一七八八年パリで結成された奴隷制廃止論者のグループ。そのメンバーについては本書第I部の「ヘーゲルとハイチ」原註（62）を見よ。

〔15〕 レジェ゠フェリシテ・ソントナ――フランス革命期のジロンド派の政治家。一七九二年から一七九五年まで、フランス革命政府の代表としてサン゠ドマングに派遣され、同地のフランス軍を指揮した。一七九三年、スペイン軍とイギリス軍への対抗策として解放奴隷の力を利用するため、後述のポルヴェレルとともに、サン゠ドマングにおける奴隷制の廃止を本国の指示なしに宣言。のちにトゥサン・ルヴェルチュールに同地を追放された。

〔16〕 エティエンヌ・ポルヴェレル――一七九二年から一七九四年まで、フランス革命政府の代表としてサン゠ドマングに派遣された。

〔17〕 シャルル・ルクレール――フランスの軍人。ナポレオンの妹と結婚した。派遣されたサン゠ドマングで黄熱病のため死亡。

〔18〕 ジャン゠ジャック・デサリーヌ――サン゠ドマングの元奴隷で、トゥサン・ルヴェルチュールの後を継いで反乱軍の指導者となった。一八〇三年、フランス軍を駆逐。一八〇四年にハイチの独立を宣言し、翌年、自らジャック一世と称し皇帝となったが、一八〇六年に暗殺された。

〔19〕 『エディンバラ・レヴュー』――スコットランドのエディンバラにおいて一八〇二年から一九二九年まで刊行された文芸評論や政治評論などを扱った季刊誌。文芸的にはロマン主義的、政治的にはホイッ

グ党寄りの自由主義的立場をとり、奴隷制には反対の立場をとっていた。

〔20〕『モーニング・ポスト』――一七七二年から一九三七年まで、ロンドンにおいて発行された新聞。

〔21〕ラファイエット――フランスの軍人。アメリカ独立戦争とフランス革命で活躍し、「両大陸の英雄」と呼ばれた。

〔22〕ゲオルク・フォルスター――ドイツの探検家、博物学者。リベラル派の論客としても活動した。

〔23〕アンドレ・リゴー――サン＝ドマング出身のムラート。ハイチ革命期のムラート軍の指導者。

〔24〕アレクサンドル・ペション――サン＝ドマング出身のムラート。ムラート軍の指導者。デサリーヌ死後、黒人軍率いる後述のアンリ・クリストフと対立し、サン＝ドマング南部にハイチ国を建国した。

〔25〕アンリ・クリストフ――元黒人奴隷で、ハイチ革命で活躍。デサリーヌの死後、ハイチ北部を支配下におき、一八〇七年、ハイチ国大統領、一八一一年にハイチ王国国王となる。一八二〇年に自殺。

〔26〕一七七二年サマセット裁判――黒人奴隷ジェイムズ・サマセットは、イギリス人チャールズ・ステュアートによって北米大陸植民地で購入され、ジャマイカへ送られ、イングランドに連れてこられたが、ロンドンで逃亡。サマセットはその後逮捕され、ジャマイカへ送られ、投獄された。しかし、奴隷制廃止論者の支援を受け、イングランドの法廷において、イングランド国内における奴隷およびその輸出は違法であるとの判決を受け、自由を勝ち取った。本書第I部の「ヘーゲルとハイチ」原註（21）も参照。

〔27〕「さまざまな色《モトリー》の船乗り《クルー》たち」――「モトリー（motley）」とはもともと形容詞「多彩な色の」、または名詞「多彩な色の布」を指す言葉であるが、一八世紀に大西洋貿易に携わった船員・労働者たちがさまざまな民族出身であったことから、彼らは「motley crew」と呼ばれた。

〔28〕オラウダ・イクイアーノ――アフリカ出身で、奴隷を経験後、イギリスで自由人となった。詳しくは、彼の自伝『アフリカ人、イクイアーノの生涯の興味深い物語』久野陽一訳（研究社、二〇一二年）を見

よ。

〔29〕トマス・ハーディ――イングランドの政治活動家。同名の小説家とは異なる。労働者を代表して議会改革を訴えるため一七九二年に結成された政治団体、London Corresponding Society の創設者のひとり。イクイアーノも同団体のメンバーであった。前記リディアはトマスの妻。

〔30〕カール・リッター――ドイツの地理学者。T・E・ボウディッチとともに、その著作がヘーゲルのアフリカにかんする情報源となっている。

〔31〕T・E・ボウディッチ――イギリスの旅行家。アフリカを旅行し、*Mission from Cape Coast Castle to Ashantee*（London: J. Murray, 1819）などの著作がある。

〔32〕クワク・ドゥア――アシャンティ国王。アシャンティ王国は、アフリカ西部ギニア湾周辺のゴールド・コースト内陸部に一七世紀から二〇世紀にかけて存在した王国。

〔33〕大工のコンパス――フリーメイソンではコンパスとスコヤ（直角定規）を組み合わせた紋章が用いられる。

〔34〕ブークマン――ジャマイカ出身でハイチに売られてきた奴隷。奴隷蜂起の指導者のひとり。蜂起後、まもなくフランス軍に殺された。

訳者解題

本書と著者について

本書は、Susan Buck-Morss の *Hegel, Haiti, and Universal History*, Pittsburgh: University of Pittsburgh Press, 2009 の全訳である。その第I部にあたる「ヘーゲルとハイチ Hegel and Haiti」は、『クリティカル・インクワイアリー』（二〇〇〇年夏号）に発表されて反響を呼んだ。その論考は高橋明史によって日本語にも翻訳され、『現代思想』（二〇〇七年七月臨時増刊号）に収められている。本書の冒頭にある青土社への謝辞はそのためである。その後、「ヘーゲルとハイチ」への批判に対する応答も織り込み、また近代奴隷制によって過酷な生を強いられたひとびとの痕跡に寄り添った、もうひとつの普遍史への希望を論じた第II部「普遍的な歴史 Universal History」を加えて、本書のような形で公刊された。

著者スーザン・バック＝モースは、ヴァッサー大学を卒業後、イェール大学で修士号、ジョージタウン大学で博士号を取得し、コーネル大学で助教授・准教授・教授として教えてきた。現在はコーネル大学名誉教授であるとともに、ニューヨーク市立大学の大学院センター教授である。フランクフルト学派とその周辺の思想家たちに関する研究で高い評価を得ている思想史家である。ドイツのズーアカンプ社から出ているロルフ・ティーデマンによる二〇巻のテオドア・W・アドルノ全集の編集においても、協力者として貢献している。

最初のフランクフルト学派論『否定弁証法の起原 *The Origin of Negative Dialectics*』は日本語には訳されていないものの、ヴァルター・ベンヤミンのパッサージュ論の傑出した読解である『見ることの弁証法 *The Dialectics of Seeing*』、また体制崩壊期のソ連に立ち会い、そこからロシアとアメリカとの相似的な文化現象を批評した『夢の世界とカタストロフィ *Dreamworld and Catastrophe*』、さらに九・一一以後、原理主義と愛国主義言説が繁茂する状況に対抗しつつグローバルな民主主義の可能性を模索した『テロルを考える *Thinking Past Terror*』も、夭折した英文学者村山敏勝の手で、それぞれ日本語で読めるようになっている。とくに『見ることの弁証法』をめぐっては、ベンヤミンに触発された仕事が一九九〇年代以後に日本語圏でつぎつぎに登場した際、多くがバック＝モースを暗黙の導き手にしており、その翻訳は二〇一四年についに公刊されるまでずいぶん待望されていたものである。本書も翻訳が待たれていたという点では同様かもしれない。ドイツ観念論の核心であるだけでなく、西欧的理性の代表的な存在だとされるヘーゲルのテキストに分け入って、そこに隠れている秘密（とでも言いたくなるような問題系）を明らかにした見事な批評である。

本書を執筆していたころにバック＝モースが教えていたコーネル大学には、国民国家の構築性を「想像の共同体 Imagined communities」として解明して、ナショナリズム理解に決定的な転回点をもたらしたベネディクト・アンダーソンがおり、またヨーロッパ的なものの起原として受け取られてきた古代ギリシア像に作用するヨーロッパ中心主義と、それによる「白いアテネ」の捏造を指摘して大論争を巻き起こした『ブラック・アテナ *Black Athena*』の著者マーチン・バーナルがいた。本書の議論も、国民国家主義や西洋中心主義が執拗に作動する不可視化のメカニズムを明らかにしているという点で、大きく見ればそうした思潮に通底していると言える。

「主」と「奴」の弁証法とは

それにしても、本書の表題である「ヘーゲルとハイチ」という設定を奇妙な組み合わせと感じるひとはいるはずである。しかし、これはかけ離れたものがいきなり恣意的に突き合わされているのではない。というよりも、意外に感じること自体が、ヘーゲルや西欧哲学に関するある予断の結果である。すこし回りくどく感じるかもしれないが、解題の役割として、ヘーゲルの主と奴、あるいは主人と奴隷という論点の含意について、またそれに着眼した一九八〇年代ごろからの、ちょうどバック＝モースの直接の標的ともなるヘーゲル解釈の動向について、概説的な注釈を加えておきたい。

本書で問題となっているのは、ヘーゲルの『精神現象学 *Phänomenologie des Geistes*』の叙述のなかでも圧巻と言うべき「自己意識」の章に出てくる議論である。一七七〇年生まれのヘーゲルの思索が一気に成熟した哲学になっていくのは、彼がドイツ中部の町イェーナで大学の私講師を務めた数年間、いわゆる「イェーナ期」においてであった(一八〇一年から一八〇六年)。この時期に書かれた論文、複数の講義草稿、さらにその延長で書き上げられた『精神現象学』(一八〇六年に脱稿、一八〇七年に公刊)が、この時期の彼の知的格闘の果実である。

『精神現象学』のヘーゲルは、自分で「哲学の時代」と表現した同時代の意味を、その核心において概念的に把握するという課題に突き動かされていた。そのために、あらかじめ外から持ち込んだような原理や独断を何ひとつ前提とせず、私たちが普通に抱くことのできる自然的な意識を、当の意識に起こっていることに即して内在的に叙述しなくてはならないとしていた。それは、自分の感覚を漠然と真理だと信じ込んでいる「感覚的確信」という意識のあり方からはじまり、世界を物としてとらえようとする「知覚」というあり方や、世界の真理と法則性を把握しようとする「悟性」というあり方へと順に進んでいく。そこでは、意識が自分の抱く真理を確証しようとしては意想外の破綻を招いて絶望し、しかし、その絶望を通じてそのつど経験の結果としていつの間にか新しいあり方を身に着けている、というドラマトゥルギーが採られている。『精神現象学』が、ゲーテに代表される教養小説と同様の構造をもっていると言われる所以である。ともかくも、そうした自己確証の企てと絶望とを繰り返す「意識」は、やがて、世界が私たちとは無関係に、まるで物か何かのようにゴロっとそこに存在しているのではなく、実は私たち自身がそれを構成しているのだという認識にたどり着く。つまり、世界を知るということは、そういうものとして世界を構成している私自身を知ることなのだと認識する。これが「自己意識」の章での意識のレヴェルであった。

そこで見いだされる自己意識は単独者ではありえない。というのも、ここに開けてくる新しい地平では自己意識に他の自己意識が出会う場面が含まれていなくてはならないからである。そのことは、ヘーゲルの特有の術語では、承認（Anerkennung）という問題系として言い表わされている。自己と他者との関係のなかでは、承認はきまって「相互承認」という構造をもたずにはいない。当然そこには他者との厳しい相克の契機も、つまり承認されないという可能性も含まれている。それが「承認をめぐる闘争 Kampf um Anerkennung」であり、「生死をめぐる闘争 Kampf um Leben und Tod」であり、「主 Herr」と「奴 Knecht」の弁証法である。本書において、カリブ海での現実と突き合わされて論じられている「奴隷」または「奴」という概念は、イェーナ期では、こうした他者論の文脈で焦点化していた、あるいは焦点化していると見えていた。

この主と奴の論理は、ヘーゲルの思惟全体のなかでけっして周辺的な観念ではなく、むしろその「弁証法」の祖型であると言ってもいい。それにしても、哲学書のなかにいきなり「主」や「奴」という具象性を帯びた観念が登場してくることは普通ではないし、物語的な意匠のために、この部分はひときわ多様な解釈が可能になった。たとえば、死の危険の前にたじろがないで承認を求める「主」とは貴族道徳のあり方であり、そこでおびえて引き退く「奴」はユダヤ・キリスト教的な弱さの自覚である、と読むこともできる。また、承認をめぐる闘争において、死の前におびえた自己意識は、自分の「底なしの不安」に耐えるために、日々の務めとしての「物」をめぐる「労働」をおこなうと論じられる。この「物」を手掛かりとした「労働」でかろうじて安心立命を得る「奴」は、その「労働」を続けるなかで、やがて「物」の力によって被支配者から支配者に転換する。このような主の支配から奴の支配への逆転という被抑圧階級の革命の論理は、アレンサンドル・コジェーブの『ヘーゲル読解入門 *Introduction à la lecture de Hegel*』のようなマルクス主義的な解釈に鮮やかであった。あるいは、まったき不安に駆られる自分を「物」との交渉である「労働」によってかろうじて支える「奴」のあり方からは、マックス・ヴェーバーの『プロテスタンティズムの倫理と資本主義の精神 *Die protestantische Ethik und der »Geist« des Kapitalismus*』におけるような、世界内的禁欲とそこでの合理化から生まれるプロト資本主義の歴史像につなげて考えることも可能であった。

他者論の文脈をもっていたヘーゲル研究

バック＝モースの批判はヘーゲル哲学の全体に及んでいるが、右に見たさまざまな主と奴の解釈のうちでも、とくに一九七〇年代末ごろからのヘーゲル解釈の傾向が、彼女による批判の直接的な相手になる。これについて、もう少しだけ説明しておきたい。というのも、白状するなら、これらは、ちょうど訳者自身がかつて修士論文でイェーナ時代のヘーゲルの草稿に取り組んでいたとき、しばらく親しんでいた研究史の局面だからでもある。そうした下地があったからこそ、あるときコーネル大学を訪れた際に、若い友人で、いまは一橋大学の教員となっている英文学者の三原芳秋氏に、当時イサカの街で議論になっていた『ヘーゲルとハイチ』を教えられたことは衝撃であったし、自分のヘーゲル理解の不明を思い知るきっかけになった。

たとえば、本書にも挙がっているルートヴィヒ・ジープの『実践哲学の原理としての承認 *Anerkennung als Prinzip der praktischen Philosophie*』がひとつの典型である。ジープは、それまでのヘーゲル像、とくに俗流マルクス主義によって陳腐化されていたヘーゲル像を異化し、イェーナ期に頻出する「相互承認」という概念の積極的な意義に注目していた。この時期には、それ以外にもヘンリー・スミス（Henry S. Harris）やアンドレアス・ヴィルト（Andreas Wildt）、カール・ハインツ・イルティンク（Karl Heinz Ilting）、ロルフ・ペーター・ホルストマン（Rolf P. Horstmann）、ヴォルフガング・ボンズィーペン（Wofglang Bonsiepen）らによる、イェーナ期ヘーゲルに関する研究が、相互に参照しあうように続いていた。

こうした動向の背景にあったのは、やはりイェーナ期ヘーゲルの体系構想に着眼してユルゲン・ハーバーマスが一九六三年に発表した仮説、「労働と相互行為 Arbeit und Interaktion」である。この論文は、イェーナ期のヘーゲルのなかでは、その後の完成したヘーゲル哲学の一元化された体系とは異なって、「労働」と「相互行為」という複数の範型がそれぞれ同位同格に理解されており、とくに労働のような道具的・戦略的行為と、他者との抑圧のない相互行為とが、異なった特性をもった行為類型として理解される可能性があった、としたのである。マルクス主義を暗黙のうちに制約する生産的労働という行為範型ではなく、それとは区別された他者を他者として尊重する行為範型が、つまり他者論の固有の可能性がイェーナ期には胚胎していたが、それがやがて見失われてしまったと見ていた。

このように、この一九七〇年代末からの時期の一連のヘーゲル解釈の試みは、それに先立つ時代の存在論的な理性理解に対して、そしてそれとともに、マルクス主義の生産力主義や、そこに隠されている他者に対する操作的な姿勢に対して深刻な懐疑を抱えていた。そうしたものに対するオルタナティヴとして、他者の存在を他者の存在として固有に理解しようという、緩やかに共有された問題意識があったのである。その時期のヘーゲル研究に関わるもうひとつのエポックメーキングな仕事としては、マンフレート・リーデルの『ヘーゲルの思考における理論と実践 *Theorie und Praxis im Denken Hegels*』がある。そして、それらの研究動向を総称するなら、これは「実践哲学の復権」とでも言うべき試みであったということができる。

さて、バック＝モースは問う。「支配と隷属との関係についてのヘーゲルのアイデアはどこからきたのだろうか」と。「主と奴の弁証法」や「承認」の概念が焦点化していたのは、右に述べたような「実践哲学の復権」という問題関心のなかでであった。「主」と「奴」という物語的要素がアリストテレスの『政治学 *Politica*』における主人と奴隷の形象と関わるかもしれないと暗示されたのも、その文脈のなかであった。衒学趣味や訓詁解釈だけでアリストテレスが持ち出されていたわけではない。つまり、こうした「実践哲学の復権」派が、対象認識における真理観や生産的労働の論理を貫く道具的理性とは区別されたものとして、アリストテレスの哲学に現われる「確からしさ」の知である「賢慮《フロネーシス》」の概念への接合を考えていたからである。もっとも、ここで当時のヘーゲル研究に共有されていた他者論という含意をひと通り振り返ったのは、何もバック＝モースに抗して、ヘーゲル研究者の良き意図を擁護しようと思うからではない。むしろ、そのヘーゲル研究をめぐる最善の部分において、目の前に突きつけられていることをなおもまったく捉えることができないでいるという、問題の深刻さを考えたいがためである。

見ていながら見えない……

バック＝モースの論じ方は、まさに彼女自身が述べているようにミステリー小説の手法とも見える手際である。現場に転がっていながら、不思議なことに誰にも気づかれないでいる、あるいは黙殺されたままでいる証拠がつなげられ、そこから大きな共犯関係の構図が浮かび上がる。第一に、『精神現象学』が書かれた時期こそ、ハイチでの黒人奴隷革命のクライマックスであった。このアフリカ、中南米、ヨーロッパをつなぐ大西洋の近代奴隷制は、近代における主と奴の過酷で極限的な形態であり、しかもそこに黒人奴隷たちによるフランス革命への感応と、さらにそれをも超えたラディカルな転倒の企てがあったのに、なぜ今を哲学的に言語化しようとしたはずのヘーゲルによって、起こったことは明示的に語られなかったのか。

あるいは第二の証拠。カリブで起こっていたことは、けっして世界の果てで生じた周辺的なエピソードではなく、その報告はヨーロッパを駆け巡っていた。ヘーゲルの有名な言葉である「新聞を読むことは近代人の朝の祈りである」に示される、彼のジャーナリズム感覚は、遠いカリブで起こっていたことを知らなかったという想定をおよそ不可能にする。そうしたメディアの際たるものであった雑誌『ミネルヴァ』を通じて、ハイチ革命の逐一は、同時代の先端的な知識人に広く共有されていた。

そして、第三の証拠はフリーメイソンの存在である。日本では興味半分に取り上げられるばかりのフリーメイソンだが、この時期には、ヘーゲルたちも含めてきわめて多くの知性が、国境を越えた兄弟愛のネットワークに参与していた。そのネットワークに雑誌『ミネルヴァ』もつながるし、フリーメイソンのロッジはカリブにすら存在していた。実は、イェーナ時代のヘーゲル研究をめぐる「実践哲学の復権」や「相互承認論」への着眼という動向と同時に、もうひとつの斬新な動向だったのはこのフリーメイソンへの注目であった。つまりジャック・ドントの『知られざるヘーゲル *Hegel secret*』である。日本においても、邦訳が出た年にドントが来日し、私もヘーゲル研究の最先端の成果として、当時その講演を聴いたことを覚えている。たしかにドントは、ヘーゲル哲学を、完結した狭い哲学者間の議論ではなく、文芸的公共性にほかならない新聞や雑誌を介して作動していたフリーメイソンのネットワークとともに読み解いた。しかし、この仕事も、バック゠モースの手にかかると別の鮮やかな意味を帯びる。彼女によって、カリブでの出来事とフリーメイソンの活動という二つの鍵概念が結びつけられるため、フリーメイソンの資料のなかに出てくるカリブや奴隷制の問題がドントにおいてすっかり黙殺されている不可思議が、逆に問い返されることになるからである。

同時代の重要なメディアであり、ヘーゲルが間違いなく講読していた『ミネルヴァ』によって視野にとらえられていたハイチでの奴隷の叛乱が、なぜ直接に言及されないのであろうか。これはたんなる個人の性向ではなく、ヨーロッパの知的な営みが、フィルターにかけるようにして特定の問題を構造的に排除しているからである。ヘーゲルもまたその力のもとで、たしかに主と奴の弁証法という形でひとつの物語を紡ぎながら、その場合に近代奴隷制の奴隷を「奴」として抽象的に加工し、ありていには語らなかった。まるでジークムント・フロイトの『夢判断 *Die Traumdeutung*』で論じられる、昼間の現実を加工して現われる夜の夢のように、そこに複雑な工程が加わっている。語らざるをえない何かに駆られつつ記号として残してはいるものの、その何かを明示的かつ直接的に語らない。しかもヘーゲルは、バック゠モースも断言するように、後年になればなるほど、完全にアフリカが非理性的な存在であると言明するようになり、奴隷制の存在を正当化していくことになる。

このような不可視化は、理性や普遍主義の名のもとに起こっている。右で整理したような一九八〇年代以後のヘーゲル研究の動向について言っても、他者をめぐる問いかけであったはずなのに、アフリカやカリブの奴隷たちというヨーロッパの他者像は、まったく顧みられることがなかった。問題ははっきりと名指されるべきである。まさにこうしたフィルターこそがレイシズムである。近代的理性の自己表現のもっとも洗練された部分でさえ、そのことに深く呪縛されている。

もっとも、主と奴の弁証法から、レイシズムへの問いを開いた例外的なテキストもかつて存在してはいた。自己／他者の具体的な相克として、植民者（the colonizer）と被植民者（the colonized）とのあいだに出現する身体的な契機も含む支配関係を考察したのは、マルチニック諸島出身の黒人の精神分析医であり、アルジェリア戦争に深くコミットしたフランツ・ファノン（一九二五－六一年）であった。ジャン・イポリット訳の『精神現象学』を読んだファノンは、『黒い皮膚、白い仮面 *Peau noire, masques blancs*』のなかで、主と奴の弁証法の相克のなかにレイシズムのもっとも過酷な経験を読み込んでいた。あるいは、アメリカの解放奴隷フレデリック・ダグラスの『数奇なる奴隷の半生 *Narrative of the Life of Frederick Douglass*』のテキストのなかにも、彼が自分の問題として主と奴の弁証法を読んだことが出てくる。しかし、それらはどこまでも例外的なエピソードにとどまっていて、西洋哲学研究のなかで、また他者への問いを主題化しようとした「相互承認」論に注目したヘーゲル研究者の動向のなかですら、近代奴隷制における主人と奴隷の問題に突き合わせて、ヘーゲルの主と奴の弁証法が深められる可能性はほとんど開かれなかった。

日本語圏のヘーゲル研究は、さらに鈍感であるように思う。たしかに一九八〇年代に日本でも「ヘーゲル研究会」が結成され、それがやがて組織としては「ヘーゲル学会」に発展した。それとともに、実際にヘーゲルの講義資料も含めたテキストの細かい「実証的な」研究が前面に迫り出してきていた。国際的には「アカデミー版ヘーゲル全集」の公刊が進んでいたこともあって、そうしたテキスト校訂の厳密さを求めることが支配的なムードとなっていた。それは、意図としては、従来の日本のヘーゲル研究の二つの傾向を否定しようとする志向性を持っていた。ひとつは、戦前に多かった国家主義的なバイアスがかかったヘーゲル論であり、いまひとつは、実際にはマルクス主義の（とくにいくらか教条的なマルクス主義の）立場に立って、その文脈のなかで大学における仮の姿としてヘーゲル研究の看板を掲げるという態度である。日本のヘーゲル学会は、こうした先行するヘーゲル研究スタイルから脱却して、あらたにヘーゲルのテキストそのものから可能性を汲み出すことを目指していた。しかし、実際のところ、そうした「実証的な」動向はただ深刻な停滞に陥っていったように見える。いまでも日本のヘーゲル研究者のなかでは、ときにはコジェーブに言及することすら忌避する傾向がある。本書の第I部が『現代思想』に掲載された時点でどのような反応があるのかを注視していたが、私の印象では、ヘーゲル研究者のなかではすっかり黙殺されただけだった。

多孔性と普遍的な歴史

本書のなかでバック＝モースは、ピーター・ラインボーらの仕事を介して、アフリカ、カリブ、そしてヨーロッパの三角構造のなかにある混交的で、動態的な関係にひたすら注目している。それが「モトリー・クルー」であり、「ヴードゥーの混交性」である。ただしバック＝モースは、カリブでの革命がやがて領域的なものとなり、国民国家の自縄自縛にはまり込んでいくことを見落としてはいない。あらゆる奴隷的な存在に対するラディカルな破壊の企てであったものが、国民国家を模した国民や人種の境界線に沿って分断された言説に変容してしまうからである。また奴隷たちの叛乱が、二項対立的な枠組みにもとづくアイデンティティ・ポリティクスに硬直していくことも洞察している。だからこそ、「普遍的な歴史《ユニヴァーサル・ヒストリー》」という概念が第II部において論じられる必要があったようだ。

たしかに「普遍性」とは、通常は、第I部で批判されたヨーロッパ中心の分厚い概念的な排除装置が掲げる特性であった。そのかぎりでは、一見すると、第I部の「ヘーゲルとハイチ」において、せっかく批判したヘーゲルに代表されるような西洋中心の、普遍性を排他的に独占する思考を弥縫しているようにも受け取られかねない。しかし、バック＝モースの立場は、西洋哲学に対して護教的ではないにもかかわらず、けっして普遍への意思を放棄しないところにその固有性がある。けっして、ヨーロッパに対してその外部としてのカリブを、あるいはアフリカを二項対立的に対置するものではない。それとは異なって、バック＝モースは、その革命のさなかの個別の経験のなかに、個別の出来事のうちに一瞬ひらめく別様の普遍史の可能性を救出しようとする。それは、長い伝統的な理性概念が持つ普遍性とは異なった普遍性への意志である。ただし、本書のような小品のなかでは、いくつかの叙述の実例を引いてその可能性が暗示されるのにとどまっている。その場合に彼女は、興味深いことに「多孔性 Porosity」という概念に希望を託している。多孔性こそ、「文化的二項対立の双方にまたがって移動している」ことであり、「さまざまな概念枠組みの間を出入りし、その新しい枠組みを創る過程のなかにいる」ことである、と強調しているからである。

もう一点だけ付け加えるなら、本書を読んでいると、『テロルを考える』と同様にそれが具体的な同時代の事象との対決のなかで書かれていることがよくわかる。本書で解明されているコロニアリズムに対する構造的な抑圧や忘却は、何ひとつ変わらないかたちで、当時のアメリカに、つまりブッシュ政権の時期のアメリカに存続し続けているという認識が随所に浮かび上がっている。近代奴隷制の暴力は過去の遺制ではなく、新自由主義状況のもとで、なおもアクチュアルな問題なのである。

それどころか、日本語訳を出そうとしている現時点では、さらにあからさまな人種差別や排外主義が白昼のなかに立ち現われてくるような時代に転じてしまっている。ちょうどこの解題を書いているところに、ヴァージニア州のシャーロッツヴィルで、公然と顔をさらした白人至上主義のレイシストが登場し、抗議するひとびとに対して車で突っ込んで死者を出したというニュースが飛び込んできた。トランプ大統領は白人至上主義を非難することを避け、クー・クラックス・クランは勢いづいているという。世界がますます劣化していくかのような光景を、バック＝モースはどう受け止めているのだろうか。ここでなお、どのように抑圧から自由な普遍の可能性を救い出せばいいのだろうか。この本が突きつける課題は重くて難しい。

最後になるが、本書は最初の問題提起から一七年、本になってからも八年がたった時点でようやく世に出ることになった。もっと迅速に紹介されるべきであったし、この翻訳に適したひとはいくらでも考えられたはずだが、めぐりめぐって、高橋と岩崎がいまその役を引き受けている。翻訳作業と校正の過程では、編集者の勝康裕さんと法政大学出版局のみなさんにはたいそうお手数をおかけした。とくに勝さんは、私たちのもたつきをつねに督促し、巧みに導いてくださった。そのことに言葉もないほど感謝している。

二〇一七年八月一七日

訳者を代表して　岩崎　稔

主な参考文献

Theodor W. Adorno, *Gesammelte Schriften*, Hrsg. von Rolf Tiedemann unter Mitwirkung von Gretel Adorno, Susan Buck-Morss und Klaus Schultz, Bde. 1-20, Frankfurt a.M.: Suhrkamp Verlag, 1970-80.

Martin Bernal, *Black Athena: The Afroasiatic Roots of Classical Civilization*, 3 vols., New Brunswick, N.J.: Rutgers University Press, 1987-2006（片岡幸彦監訳『ブラック・アテナ――古代ギリシア文明のアフロ・アジア的ルーツ（1）古代ギリシアの捏造 1785-1985』新評論、二〇〇七年）.

Susan Buck-Morss, Hegel and Haiti, *Critical Inquiry*, vol. 26, no. 3（Summer 2000）, pp. 821-865（高橋明史訳「ヘーゲルとハイチ」『現代思想』〔「総特集＝ヘーゲル　『精神現象学』の二〇〇年の転回」〕二〇〇七年七月臨時増刊号、青土社）.

――, *The Origin of Negative Dialectics: Theodor W. Adorno, Walter Benjamin, and the Frankfurt Institute*, New York: Free Press, 1977.

――, *The Dialectics of Seeing: Walter Benjamin and the Arcades Project*, Cambridge, Mass.: MIT Press, 1989（高井宏子訳『ベンヤミンとパサージュ論――見ることの弁証法』勁草書房、二〇一四年）.

――, *Dreamworld and Catastrophe: the Passing of Mass Utopia in East and West*, Cambridge, Mass.: MIT Press, 2000（堀江則雄訳『夢の世界とカタストロフィ――東西における大衆ユートピアの消滅』岩波書店、二〇〇八年）.

――, *Thinking Past Terror: Islamism and Critical Theory on the Left*, London: Verso, 2003（村山敏勝訳『テロルを考える――イスラム主義と批判理論』みすず書房、二〇〇五年）.

Jürgen Habermas, Arbeit und Interaktion: Bemerkungen zu Hegels Jenenser »Philosophie des Geistes«, in *Technik und Wissenschaft als »Ideologie«*, Frankfurt a.M.: Suhrkamp, 1968（長谷川宏訳「労働と相互行為――ヘーゲルの『イエナ精神哲学』への註」『イデオロギーとしての技術と科学』平凡社ライブラリー、二〇〇〇年所収）.

Jacques d'Hondt, *Hegel secret: recherches sur les sources cachées de la pensée de Hegel*, Paris: PUF, collection Epiméthée,

1968（飯島勝久・飯塚勉訳『知られざるヘーゲル――ヘーゲル思想の源流に関する研究』未來社、一九八〇年）.

Alexandre Kojève, *Introduction à la lecture de Hegel: leçons sur la Phénoménologie de l'esprit*, Paris: Gallimard, 1947（上妻精・今野雅方訳『ヘーゲル読解入門――『精神現象学』を読む』国文社、一九八七年）.

Peter Linebaugh and Marcus Rediker, *The Many-Headed Hydra: Sailors, Slaves, Commoners, and the Hidden History of the Revolutionary Atlantic*, Boston: Beacon Press, 2000.

Marcus Rediker, Peter Linebaugh, and David Brion Davis, 'The Many Headed Hydra': An exchange, *New York Review of Books*, vol. 48, no. 14（September 20, 2001）.

Manfred Riedel, *Theorie und Praxis im Denken Hegels: Interpretationen zu den Grundstellungen der neuzeitlichen Subjektivität*, Stuttgart: Kohlhammer, 1965.

Ludwig Siep, *Anerkennung als Prinzip der praktischen Philosophie*, Freiburg［Breisgau］: Verlag Karl Alber 1979.

アリストテレス（牛田徳子訳）『政治学』京都大学学術出版会、二〇〇一年。

ベネディクト・アンダーソン（白石隆・白石さや訳）『定本　想像の共同体――ナショナリズムの起源と流行』書籍工房早山、二〇〇七年。

マックス・ヴェーバー（大塚久雄訳）『プロテスタンティズムの倫理と資本主義の精神』改訳、岩波書店、一九八九年。

フレデリック・ダグラス（岡田誠一訳）『数奇なる奴隷の半生――フレデリック・ダグラス自伝』法政大学出版局、一九九三年。

フランツ・ファノン（海老坂武・加藤晴久訳）『黒い皮膚・白い仮面』みすず書房、一九九八年。

ジークムント・フロイト（高橋義孝訳）『夢判断』改版、上下巻、新潮社、二〇〇五年。

G・W・F・ヘーゲル（樫山欽四郎訳）『精神現象学』上下巻、平凡社、一九九七年。

人名索引

［ア 行］

アヴィネリ，シュロモ（Avineri, Shlomo: 1933-） 197（n13）

アサノ，リッチェネル（Asano, Richenel） 218

アダムズ，ジョン（Adams, John: 1735-1826） 169（n69）

アリストテレス（Aristoteles: 384-322BC） 10, 47, 54, 145（n1）, 181（n103）, 183（n110）

アルヘンホルツ，ヨハン・ヴィルヘルム・フォン（Archenholz, Johann Wilhelm von: 1741-1812） 19, 40, 43, 46, 54, 165（n57）, 168（n63, n65）, 170（n72, n73）, 171（n76, n77）, 186（n121）, 235（n4）, 236（n5）

アレクサンドル１世（Alexander I: 1777-1825） 182（n105）

イクイアーノ，オラウダ（Equiano, Olaudah: 1746-1797） 100, 238（n28）, 239（n29）

イポリット，エクトル（Hyppolyte, Hector: 1894-1948） 122

イポリット，ジャン（Hyppolite, Jean: 1907-1968） 17

イルティンク，カール＝ハインツ（Ilting, Karl-Heinz: 1924-1984） 185（n118）

ヴァステイ，ポンペ・バランタン（Vastey, Pompée Valentin, baron de: 1781-1820） 136, 139, 231（n164）

ヴァネンマン，ペーター（Wannenmann, Peter） 146（n3）, 185（n118）

ヴァン・ダイク，アンソニー（Van Dyck, Anthony: 1599-1641） 32, 33

ヴァンドリエス，マリー＝ルシー（Vendryes, Marie-Lucie） 150

ウィニエット，ウィリアム（Winniett, William: 1759-1833） 216（n88）

ヴィーラント，クリストフ・マルティン（Wieland, Christoph Martin: 1733-1813） 186（n121）

ウィリアムズ，エリック（Williams, Eric: 1911-1981） 14, 53, 84

ウィリアムズ，ロバート（Williams, Robert: 1943-?） 172

ウィルソン，レウエル・K.（Wilson, Reuel K.） 194（n141）

ウィルバーフォース，ウィリアム（Wilberforce, William: 1759-1833） 191（n136）

ウィレルモ，ジャン＝バプティスト（Willermoz, Jean-Baptiste: 1730-1824） 63

ウィンフェン，アレクサンドル＝スタニスラス（Wimpffen, Alexandre-Stanislas, baron de: 1748-1819） 166（n66）

ウェダーバーン，ロバート（Wedderburn, Robert: 1762-1835/36?）

100, 101, 104, 139
ヴォルテール，フランソワ＝マリ・アルエ・ド（Voltaire, François-Marie Arouet de: 1694-1778） 74, 75, 76, 79, 190（n134）
ヴォルネー，コンスタンタン＝フランソワ・シャスブーフ（Volney, Constantin-François Chasseboeuf, comte de: 1803-1820） 100
ウスマン・ダン・フォディオ（Usman dan Fodio: 1745-1817） 228（n148）
エルシュ，ヨハン・ザムエル（Ersch, Johann Samuel: 1766-1828） 186（n121）
エルスナー，コンラート・エンゲルベルト（Oelsner, Konrad Engelbert: 1764-1828） 19, 20, 57, 151（n32）, 170（n74）, 171（n77）, 186（n121）, 236（n8）
オジェ，ヴァンサン（Ogé, Vincent: 1755-1791） 57, 188（n126, n129）, 219（n101）

［カ　行］

ガル，フランツ・ヨーゼフ（Gall, Franz Joseph: 1758-1828） 184（n113）
ガルヴェ，クリスティアン（Garve, Christian: 1742-1798） 19, 145（n2）, 146（n7）
カルペンティエル，アレホ（Carpentier, Alejo: 1904-1980） 188（n129）, 219（n101）
ガンス，エドゥアルト（Gans, Eduard: 1797-1839） 193（n139）
カント，イマヌエル（Kant, Immanuel: 1724-1804） 108, 112, 148（n10）, 152（n37）, 216（n91）
カンペ，ヨアヒム・ハインリヒ（Campe, Joachim Heirich: 1746-1818） 186（n121）
キナ，ジャン（Kina, Jean） 172（n80）
キャヴェンディッシュ，ウィリアム（Cavendish, William: 1552-1626） 29, 236（n10）
ギルロイ，ポール（Gilroy, Paul: 1956-） 14, 105, 179（n97）, 211（n63）
クノー，レイモン（Queneau, Raymond: 1903-1976） 180（n101）
グライム，ヨハン・ヴィルヘルム・ルートヴィヒ（Gleim, Johann Wilhelm Ludwig: 1719-1803） 186（n121）
クラークソン，トマス（Clarkson, Thomas: 1760-1846） 182（n105）, 188（n126）, 231（n165）
クリストフ，アンリ（Christophe, Henry: 1767-1807） 62, 138, 139, 165（n52）, 182（n105）, 191（n135, n136）, 192（n138）, 227（n135）, 230（n162）, 231（n165）, 232（n167）, 238（n24）
グレゴワール，アンリ（Grégoire, Henri: 1750-1831） 47, 69, 167（n62）, 172（n80）, 191（n136）
クレルヴォー，オーギュスタン（Clervaux, Augustin: 1763-1804） 227（n135）
クロップシュトック，フリードリヒ・ゴットリープ（Klopstock, Friedrich Gottlieb: 1724-1803） 46, 87, 201（n20）
グロティウス，フーゴー（Grotius, Hugo: 1585-1645） 156（n11）, 157（n15）
クロムウェル，オリヴァー（Cromwell, Oliver: 1599-1658） 29
クワク・ドゥア（Kwaku Dua: c.1797-1867） 110, 111, 216（n88）, 239（n32）

ゲッガス，デイヴィッド・パトリック（Geggus, David Patrick: 1949-） 14, 163（n45）, 170（n73）, 226（n132）, 228（n147）, 230（n152）
ゲーテ，ヨハン・ヴォルフガング・フォン（Goethe, Johann Wolfgang von: 1749-1832） 46, 152（n37）, 235（n7）
ケリー，ジョージ・アームストロング（Kelly, George Armstrong: 1932-1987） 46, 171（n78）
ケルナー，カール・テオドール（Körner, Carl Theodor: 1791-1813） 186（n121）
コジェーヴ，アレクサンドル（Kojève, Alexandre: 1902-1968） 52, 180（n101）, 181（n103）, 182（n107）
コッタ，ヨハン・フリードリヒ（Cotta, Johann Friedrich: 1764-1832） 19, 186（n121）, 235（n7）
コーナ，ジャック・ド（Cauna, Jacques de: 1948-） 58
コンドルセ，ジャン＝アントワーヌ＝ニコラ・ド・カリタ（Condorcet, Jean-Antoine-Nicolas de Cartitat: 1743-1794） 167（n62）, 189（n131）, 186（n121）

［サ　行］

サマセット，ジェームズ（Somerset, James） 85, 158（n21）, 200（n12, n14）, 238（n26）
サラ＝モランス，ルイ（Sala-Molins, Louis: 1935-） 34, 35, 141, 158（n24）, 160（n34）
サンゴール，レオポール・セダール（Senghor, Léopold Sédar: 1906-2001） 17, 235（n2）
サンタンデール，フランシスコ・デ・パウラ（Santander, Francisco de Paula: 1792-1840） 204（n27）
ジェノヴェーゼ，ユージーン（Genovese, Eugene: 1930-2012） 181（n104）, 230（n151）
ジェファーソン，トマス（Jefferson, Thomas: 1743-1826） 37, 160（n38）
ジェームズ，シリル・ライオネル・ロバート（James, Cyril Lionel Robert: 1901-1989） 14, 53, 182（n106）, 188（n127）, 230（n151）
シェリング，フリードリヒ・ヴィルヘルム・ヨーゼフ・フォン（Schelling, Friedrich Wilhelm Joseph von: 1775-1854） 46, 171（n77）, 172（n78）, 183（n110）, 186（n121）
ジープ，ルートヴィヒ（Siep, Ludwig: 1942-） 53, 172（n78）, 182（n107）
シメルマン，エルンスト（Schimmelmann, Ernst: 1747-1831） 201（n20）
シャフツベリー，アントニー・アシュリ＝クーパー（Shaftesbury, Anthony Ashley-Cooper, 1st Earl of: 1621-1683） 157（n19）
シャーマ，サイモン（Schama, Simon: 1945-） 25, 26, 27, 155（n5, n7, n8）, 156（n11）, 211（n64）
ジャンゼン，ジョン・M.（Janzen, John M.: 1937-） 124, 223（n116, n120）, 225（n127）
シュクラー，ジュディス（Shklar, Judith: 1928-1992） 46
シュタール，ヨーハン・エフライム（Stahl, Johann Ephraim） 67
シュミット，カール（Schmitt, Carl: 1888-1985） 216（n88）
シュラー，カリン（Schüller, Karin:

1962-)　170(n73), 173(n81)
ジョクール，ルイ・ド（Jaucourt, Luis de: 1704-1779）　161(n41)
ジョージ3世（George III: 1738-1820）　160(n38)
ジョナタン，ハンズ（Jonathan, Hans: 1784-1827）　202(n21)
ショムバーグ（Shomburg）　219(n102)
ジョンソン，サミュエル（Johnson, Samuel: 1709-1784）　160(n36)
シラー，フリードリヒ・フォン（Schiller, Friedrich von: 1759-1805）　46, 171(n76), 186(n121)
シンケル，カール・フリードリヒ（Schinkel, Karl Friedrich: 1781-1841）　220(n103)
スティーヴン，ジェームズ（Stephen, James: 1758-1832）　174(n86)
スピノザ，ベネディクトゥス・デ［バールーフ・デ］（Spinoza, Benedictus de [Baruch de]: 1632-1677）　79, 196(n11), 197(n12)
スミス，アダム（Smith, Adam: 1723-1790）　4, 5, 8, 9, 53, 54, 80, 83, 145(n1, n2, n3), 146(n7), 149(n14), 175(n90), 177(n91), 178(n95), 183(n112), 197(n14), 206(n39), 215(n84)
セゼール，エメ（Césaire, Aimé: 1913-2008）　17, 94, 150(n27), 235(n2)
ソントナ，レジェ＝フェリシテ（Sonthonax, Léger-Félicité: 1763-1813）　38, 57, 58, 163(n43, n44), 164(n47), 166(n60), 187(n124), 188(n128), 192(n138), 203(n26), 237(n15)
ソーントン，ジョン・K.（Thornton, John K.: 1949-)　223(n116)

［タ　行］

タヴァレ，ピエール＝フランクラン（Tavarès, Pierre-Franklin: 1956-)　15, 16, 18, 47, 149(n23), 150(n25, n26), 151(n30), 173(n81), 181(n102), 184(n113)
ダヴィッド，ジャック＝ルイ（David, Jacques-Louis: 1748-1825）　134
ダグラス，ジーン（Douglas, Jean）　197(n14)
ダグラス，フレデリック（Douglass, Frederick: 1818-1895）　179(n97)
ダヤン，ジョアン（Dayan, Joan: 1949-)　14, 107, 123, 188(n129), 194(n141), 211(n63), 225(n127), 226(n130)
チェンバース，ロバート（Chambers, Robert: 1802-1871）　197(n14)
デイヴィ，ウィリアム（Davy, William: ?-1780）　85, 158(n21)
デイヴィス，デイヴィッド・ブライオン（Davis, David Brion: 1927-)　14, 82, 86, 89, 99, 101, 102, 103, 104, 157(n21), 160(n35), 181(n102), 204(n32), 205(n33, n36), 208(n44), 210(n59)
ディドロ，ドゥニ（Diderot, Denis: 1713-1784）　37, 91, 93, 148(n10), 159(n26), 161(n41), 206(n39)
デサリーヌ，ジャン＝ジャック（Dessalines, Jean-Jacques: 1758-1806）　39, 58, 69, 78, 88, 131, 135, 136, 138, 165(n52), 168(n65), 192(n138), 194(n141), 203(n24), 227(n135), 230(n153, n162), 237(n18), 238(n24, n25)
デスパード，エドワード（Despard, Edward: 1751-1803）　99, 101, 104
デフォー，ダニエル（Defoe, Daniel:

1660-1731）　12
デュボア，ローレン（Dubois, Laurent: 1971-）　227（n139）
デュボイス，ウィリアム・エドワード・バーグハード（Du Bois, William Edward Burghardt: 1868-1963）　88, 227（n139）
デリダ，ジャック（Derrida, Jacques: 1930-2004）　182（n107）
トゥサン・ルヴェルチュール，フランソワ＝ドミニク（Toussaint Louverture, François-Dominique: c.1743-1803）　19, 38, 39, 43, 45, 58, 69, 87, 89, 114, 131, 140, 150（n25）, 159（n26）, 163（n46）, 164（n48）, 165（n55）, 170（n70）, 172（n80）, 181（n102）, 192（n138）, 202（n22）, 203（n24, n25, n26）, 209（n50）, 236（n6, n9）, 237（n15, n18）
トゥルイヨ，ミシェル＝ロルフ（Trouillot, Michel-Rolph: 1949-2012）　14, 48, 159（n26）, 163（n43）, 165（n54）, 174（n85）, 202（n23）, 233（n170）
ドゥルーズ，ジル（Deleuze, Gilles: 1925-1995）　182（n107）
ド・グラス，アレクサンドル・フランソワ・オーギュスト（De Grasse, Alexandre François Auguste: 1765-1845）　66
トムスン，エドワード・パルマー（Thompson, Edward Palmer: 1924-1993）　205（n33）
トムスン，ロバート・ファリス（Thompson, Robert Farris: 1932-）　222（n114）, 223（n116）, 226（n129）
ドント，ジャック（d'Hondt, Jacque: 1920-2012）　19, 56, 57, 151（n30）, 171（n77）, 185（n120）, 186（n121）

［ナ　行］

ナポレオン（Napoléon Bonaparte: 1869-1821）　21, 38, 39, 69, 106, 107, 114, 152（n38）, 165（n55）, 172（n80）, 180（n98）, 181（n102）, 189（n131）, 200（n12）, 203（n24）, 209（n50）, 218（n99）, 236（n9）, 237（n17）
ニコールズ，デイヴィッド（Nicholls, David: 1936-）　231（n165）, 232（n166）
ニーチェ，フリードリヒ・ヴィルヘルム（Nietzsche, Friedrich Wilhelm: 1844-1900）　183（n107）
ニートハンマー，フリードリヒ・イマヌエル（Niethammer, Friedrich Immanuel: 1766-1848）　152（n38）
ネスビット，ニック（Nesbitt, Nick: 1964-）　16, 17, 18, 150（n25）

［ハ　行］

ハイデガー，マルティン（Heidegger, Martin: 1889-1976）　181（n103）
ハイネ，クリスティアン・ヨハン・ハインリヒ（Heine, Christian Johann Heinrich: 1797-1856）　112
ハイム，ルドルフ（Haym, Rudolf: 1821-1901）　153（n41）, 178（n91）
パスカーリ，マルティネス・ド（Pasqually, Martinès de: 1727?-1774）　63
ハースコヴィッツ，メルヴィル・ジャン（Herskovits, Melville Jean: 1895-1963）　121, 223（n116）
パターソン，オルランド（Patterson, Orland: 1940-）　180（n97）, 212（n70）
ハチスン，フランシス（Hutchison,

Francis: 1694-1746） 198（n2）
パチョンスキー，ジャン（Pachonski, Jan） 194（n141）
ハーディ，トマス（Hardy, Thomas: 1752-1832） 100, 239（n29）
ハーディ，リディア（Hardy, Lydia） 100
バトラー，ジュディス（Butler, Judith: 1956-） 151（n35）, 182（n107）
バーナスコーニ，ロバート（Bernasconi, Robert: 1950-） 109, 110, 215（n83）, 216（n89, n90）
ハーバーマス，ユルゲン（Habermas, Jürgen: 1929-） 218（n96）
ハリス，ヘンリー・S.（Harris, Henry S.: 1926-2007） 177（n91）
ハリソン，ジョン（Harrison, John: 1693-1776） 217（n93）
ハルス，フランス（Hals, Frans: 1582/83-1666） 27, 28
パルミエ，ステファン（Palmié, Stephan: 1959-） 228（n145）
ハンティントン，サミュエル・フィリップス（Huntington, Samuel Phillips: 1927-2008） 14
ビショップ，エイブラハム（Bishop, Abraham） 165（n51）
ピーボディ，スー（Peabody, Sue: 1960-） 85, 199（n9）
ヒューム，ピーター（Hulme, Peter: 1948-） 157（n17）
ピンカード，テリー（Pinkard, Terry: 1950-） 21, 153（n38）
ファーティマン，セシル（Fatiman, Cécile: 1791-?） 127, 133
ファノン，フランツ（Fanon, Frantz: 1925-1961） 181（n102）
フィック，キャロライン・E.（Fick, Carolyn E.: 1947-） 230（n151）, 233（n172）
フィッシャー，ルートヴィヒ（Fischer, Georg Ludwig Friedrich: 1807-1831）（ヘーゲルの庶子） 152（n37）, 174（n82）
フィヒテ，ヨハン・ゴットリープ（Fichte, Johann Gottlieb: 1762-1814） 46, 172（n78）
フェデリーチ，シルヴィア（Federici, Silvia: 1942-） 208（n49）
フェリペ2世（Felipe II: 1527-1598） 154（n5）, 189（n131）
フォイエルバッハ，ルートヴィヒ・アンドレアス（Feuerbach, Ludwig Andreas: 1804-1872） 182（n107）
フォルスター，ヨハン・ゲオルク（Forster, Johann Georg: 1754-1794） 57, 170（n74）, 186（n121）, 238（n22）
ブークマン，デュティ（Boukman, Dutty: ?-1791） 127, 129, 132, 133, 135, 162（n42）, 229（n148）, 239（n34）
フーコー，ミシェル（Foucault, Michel: 1926-1984） 152（n35）
ブッシュ，ジョージ・ウォーカー（Bush, George Walker: 1946-） 136
プーフェンドルフ，ザムエル・フォン（Pufendorf, Samuel von: 1632-1694） 82, 157（n15）, 198（n2）
ブラックストン，ウィリアム（Blackstone, William: 1723-1780） 158（n21）
ブラックバーン，ロビン（Blackburn, Robin: 1940-） 14, 165（n54）, 166（n59）, 188（n126）
プラトン（Plato: 428/427?-348/347?BC） 46
フランクリン，ベンジャミン（Franklin,

Benjamin: 1706-1790)　220(n105)
ブリッソー，ジャック・ピエール(Brissot, Jacques Perre: 1754-1973)　167(n62), 168(n64), 186(n121)
フリードリヒ・ヴィルヘルム 3 世(Friedrich Wilhelm III: 1770-1840)　45-46
ブルーム，ヘンリー（Brougham, Henry: 1778-1868)　175(n86)
ブレイク，ウィリアム（Blake, William: 1757-1827)　100, 170(n71)
フレデリク 6 世（Frederick VI: 1768-1839)　201(n21)
フロイト，ジークムント（Freud, Sigmund: 1856-1939)　181(n102)
ブローデル，フェルナン（Braudel, Fernand: 1902-1985)　212(n68)
ベイリン，バーナード（Bailyn, Bernard: 1922-)　160(n35)
ペイン，トマス（Paine, Thomas: 1737-1809)　100, 139, 161(n40)
ペゲラー，オットー（Pöggeler, Otto: 1928-2014)　47
ヘーゲル，カール・フリードリヒ・ヴィルヘルム・フォン（Hegel, Karl Friedrich Wilhelm von: 1813-1901)　174(n82), 190(n132), 193(139)
ヘーゲル，ゲオルク・ヴィルヘルム・フリードリヒ（Hegel, Georg Wilhelm Friedrich: 1770-1831)　5, 6, 10, 15, 18, 23, 46, 50, 52, 55, 59, 67, 68, 79, 103, 108, 112, 119, 126, 140, 145(n1, n3), 147(n7), 148(n13), 152(n38), 171(n77), 173(n81), 175(n86, n90), 177(n91), 178(n95), 179(n96, n97), 180(n99, 102), 184(n114), 185(n119), 188(n130), 189(n131), 190(n134, n135), 193(n139), 194(n140), 206(n40), 213(n76), 214(n77), 215(n86, n87), 222(n112)
ペション，アレクサンドル・サベ(Pétion, Alexandre Sabès: 1770-1818)　58, 138, 165(n52), 191(n135), 192(n138), 232(n169), 238(n24)
ペトリー，マイケル・ジョン（Petry, Michael John)　147(n8)
ヘーリンク，テオドール（Hearing, Theodor: 1884-1964)　183(n111)
ベルシ，ドゥルーアン・ド（Bercy, Drouin de)　175(n88)
ヘルダー，ヨハン・ゴットフリート(Herder, Johann Gottfried von: 1744-1803)　148(n10), 186(n121)
ベルハウス，メアリー（Bellhouse, Mary)　76, 77, 195(n7)
ベンヤミン，ヴァルター（Benjamin, Walter: 1892-1940)　221(n111)
ポインター，ジョン・リドック(Poynter, John Riddoch: 1929-)　205(n32)
ボウディッチ，トマス・エドワード(Bowdich, Thomas Edward: 1791-1824)　239(n30)
ホッブズ，トマス（Hobbes, Thomas: 1588-1679)　8, 9, 29, 49, 55, 79, 82, 156(n15), 157(n17), 176(n90), 182(n107), 198(n2), 236(n10, n11)
ホネット，アクセル（Honneth, Axel: 1949-)　182(n107)
ホフマイスター，ヨハネス(Hoffmeister, Johannes: 1907-1955)　146(n4), 190(n132), 193(n139)
ホール，ネヴィル・A. T.（Hall, Nevill A. T.: 1936-1986)　202(n21)
ポルヴェレル，エティエンヌ（Polverel, Étienne: 1740-1795)　57, 141, 163

(n43), 163(n44), 187(n124), 192(n138), 233(n173)
ボワイエ，ジャン＝ピエール（Boyer, Jean-Pierre: 1776-1850） 173(n80), 192(n138)
ポンセ・ド・ラ・グラーヴ，ギヨーム（Poncet de La Grave, Guillaume: 1725-1803?） 200(n12)

[マ　行]

マーグリン，ステファン・A.（Marglin, Stephen A.: 1938-） 208(n44)
マッカンダル，フランソワ（Mackandal, François: ?-1758） 133, 229(n148)
マルクス，カール（Marx, Karl: 1818-1883） 4, 52, 53, 137, 140, 148(n11), 181(n102, n103, n104), 182(n107)
マルクーゼ，ヘルベルト（Marcuse, Herbert: 1898-1979） 52, 148(n11)
マン，トマス（Mun, Thomas: 1571-1641） 155(n8)
ミラボー，オノレ＝ガブリエル・リケティ・ド（Mirabeau, Honoré-Gabriel Riqueti de: 1749-1791） 167(n62)
メイヤスー，クロード（Meillasoux, Claud: 1925-2005） 213(n70)
メトロー，アルフレド（Métraux, Alfred: 1902-1963） 115, 119, 141, 220(n106)
モーツァルト，ヴォルフガング・アマデウス（Mozart, Wolfgang Amadeus: 1756-1791） 220(n103)
モロー，ジャン＝ミシェル（Moreau, Jean-Michel: 1741-1814） 74, 75, 76, 77
モロー・ド・サン＝メリー，メデリク・ルイ・エリー（Moreau de Saint-Méry, Médéric Louis Élie: 1750-1819） 229(n149)
モンタグ，ワレン（Montag, Warren: 1952-） 79, 196(n11), 197(n12)
モンテスキュー，シャルル＝ルイ・ド・スゴンダ（Montesquieu, Charles-Louis de Secondat: 1689-1755） 158(n25)

[ヤ　行]

ユーグ，ヴィクトル（Hugues, Victor: 1762-1826） 203(n26)
ヨーゼフ２世（Joseph II: 1741-1790） 220(n103)

[ラ　行]

ラインボー，ピーター（Linebaugh, Peter: 1943-） 14, 97, 98, 99, 100, 101, 102, 103, 208(n49), 210(n59, n60)
ラヴァーター，ヨハン・カスパー（Lavater, Johann Casper: 1741-1801） 184(n113)
ラヴォー，エティエンヌ（Lavwaux, Étienne: 1751-1828） 163(n46)
ラス・カサス，バルトロメ・デ（Las Casas, Bartolome de: 1484-1566） 155(n5), 160(n34)
ラッシュ，ベンジャミン（Rush, Benjamin: 1745-1813） 37
ラッソン，ゲオルク（Lasson, Georg: 1862-1932） 146(n4), 190(n132), 193(n139)
ラファイエット，マリー＝ジョゼフ・ポール・イヴ・ロシュ・ジルベール・デュ・モティエ（La Fayette, Marie-Joseph Paul Yves Roch Gilbert du Motier, marquis de: 1757-1834） 46, 191(n136), 238(n21)

ラムゼイ，ジェームズ（Ramsay, James: 1773-1789） 89
リゴー，アンドレ（Rigaud, André: 1761-1811） 58, 188(n127), 238(n23)
リッター，カール（Ritter, Carl: 1779-1859） 110, 239(n30)
リッター，ヨアヒム（Ritter, Joachim: 1903-1974） 11
リーデル，マンフレート（Riedel, Manfred: 1936-2009） 10, 11
ルイ14世（Louis XIV: 1638-1715） 34
ルイス，メルヴィン・J.（Lewis, Mervyn J.: 1957-） 208(n44)
ルーオフ，フリードリヒ（Ruof, Friedrich） 165(n57), 171(n77)
ルカーチ，ジェルジ（Lukács, Georg: 1885-1971） 52, 148(n11)
ルクレール，シャルル（Leclerc, Charles: 1772-1802） 38, 39, 69, 107, 169(n69), 209(n50), 237(n17)
ルソー，ジャン＝ジャック（Rousseau, Jean-Jacques: 1712-1778） 9, 31, 33, 34, 35, 36, 47, 49, 159(n30)
ルッパート，リンダ（Rupert, Linda） 218
レインズフォード，マーカス（Rainsford, Marcus: c.1750-c.1805） 19, 20, 43, 48, 57, 60, 77, 151(n33), 167(n62), 168(n66), 170(n73), 187(n122), 236(n6)
レディカー，マーカス（Rediker, Marcus: 1951-） 14, 97, 98, 99, 100, 101, 102, 103, 208(n49), 210(n59, n60)
レーナル，ギヨーム＝トマ（Raynal, Guillaume-Thomas: 1713-1796） 15, 159(n26), 163(n46), 235(n1)
レーニン，ウラジミール（Lenin, Vladimir: 1870-1924） 136
レーモン，ジュリアン（Raimond, Julien: 1744-1801） 57, 58, 164(n48)
レリー，ピーター（Lely, Peter: 1618-1680） 32
レリス，ミシェル（Leiris, Michel: 1901-1990） 221(n106)
ロイド＝ジョーンズ，ロジャー（Lloyd-Jones, Roger: 1944-） 208(n44)
ローゼンクランツ，カール（Rosenkranz, Karl: 1805-1879） 173(n82)
ロック，ジョン（Locke, John: 1632-1704） 9, 29, 30, 36, 47, 82, 157(n19, n20), 198(n2)
ロベスピエール，マクシミリアン（Robespierre, Maximilien: 1758-1794） 167(n62), 171(n77)

［ワ 行］

ワスゼック，ノルベルト（Waszek, Norbert: 1953-） 183(n112)
ワシントン，ジョージ（Washington, George: 1732-1799） 98, 222(n113)
ワーズワース，ウィリアム（Wordsworth, William: 1770-1850） 44, 45, 69, 170(n71)

図版一覧

図版 **1.** Lichtputze（Candewick Cutter）.

図版 **2.** Frontispiece to the 1785 edition of Daniel Defoe's 1719 novel, *Rbinson Crusoe*. Illustrated by Mather Brown, engraved by Robert pollard. From Blewett, *Illustrations of Robinson Crusoe*.

図版 **3.** Frans Hals, *Portrait of a Dutch Family*, 1648. Museo Thyssen Bornemisza, Madrid.

図版 **4.** Peter Lely, *Elizabeth Countess of Dysart*, c.1650. Ham House, Surrey.

図版 **5.** Anthony van Dyck, *Henrietta of Lorraine*, 1634. Kenwood House.

図版 **6.** Cover page of *Minerva*.

図版 **7.** Wordsworth's sonnet *Morning Post*, 2 February 1803.

図版 **8.** "A temple erected by the Blacks to commemorate their Emancipation." Marcus Rainsford, *An Historical Account of the Black Empire of Hayti*, 1805. Line engraving by J. Barlow.

図版 **9.** French masonic apron, late eighteenth century.

図版 **10.** Cosmological diagram, French Freemasonry, late eighteenth century. Bibliothèque nationale, Paris.

図版 **11.** Cosmological diagram, Haitian Vodou, twentieth century. Desmangles, *The Faces of God*, 106.

図版 **12.** Two-headed eagle, crowned, emblem of the Supreme Council of 33 degrees, French Freemasonry, eighteenth century. Bibliothèque nationale, Paris.

図版 **13.** Seneque Obin, *Haitian Lodge Number 6*, 1960.

図版 **14.** Two-headed eagle, crowned, line drawing of watermark on paper.

図版 **15.** Two-headed eagle, crowned, line drawing of watermark on paper.

図版 **16.** Jean-Michel Moreau le Jeune, Illustration for Voltaire's *Candide*, 1787.

図版 **17.** Pin Manufactory（*Epinglier*）, from Diderot and d'Alembert, *Encyclopedie*, vol. 21.

図版 **18.** Sugat Manufactory（*Sucrerie*）, from Diderot and d'Alembert, *Encyclopedie*, vol. 18.

図版 **19.** Vodou ceremony, 1970. Photo by Leon Chalom. From Dayan, *Haiti, History and the Gods*.

図版 **20.** Masonic initiation ceremony, late nineteenth century.
図版 **21.** Hector Hyppolite, “An Avan, An Avan!”, c.1947.
図版 **22.** Ulrick Jean-Pierre, *Painting entitled Bois Caïman 1*（*Revolution of Saint-Dominiqie, Haiti, August 14, 1791*）, 1979. Oil on canvas, 40×60 in. Collection of Dr. and Mrs. Jean-Philippe Austin, Miami, Frorida.
図版 **23.** Jacques-Louis David, “The Tennis Court Oath at Versailles”, n.d. Sketch.

参考文献

Adorno, Theodor W. *Negative Dialectics*. Translated by E. B. Ashton. New York: The Seabury Press, 1973〔テオドール・アドルノ『否定弁証法』木田元ほか訳, 作品社, 1996 年〕.

Althaus, Horst. *Hegel und die heroischen Jahre der Philosophie: Eine Biographie*. München: Karl Hanser Verlag, 1973〔ホルスト・アルトハウス『ヘーゲル伝――哲学の英雄時代』山本尤訳, 法政大学出版局, 1999 年〕.

Anglade, Perre. *Inventaire Etymologique des Termes Creoles des Caraibes d'Origine Africaine*. Paris: L'Harmattan, 1998.

Archenholz, Johann Wilhelm von. "Zur neuesten Geschichte von St. Domingo." *Minerva* 4 (November 1804): 340.

Arroyo, Jossianna. "Technologies: transculturations of race, gender and ethnicity in Arturo A. Schomburg's Masonic writings." *CENTRO: Journal of the Center for Puerto Rican Studies* 17, no. 1 (Spring 2005): 4-25.

Avineri, Shlomo. *Hegel's Theory of Modern State*. Cambridge: Cambridge University Press, 1974〔シュロモ・アヴィネリ『ヘーゲルの近代国家論』高柳良治訳, 未來社, 1978 年〕.

Beckles, Hilary McD. "'An Unnatural and Dangerous Independence': the Haitian Revolution and the Political Sociology of Caribbean Slavery." *Journal of Caribbean Studies* 25, no. 1/2 (1991): 160-77.

Bellhouse, Mary. "Candide Shoots the Monkey Lovers: Representing Black Men in Eighteenth-Century French Visual Culture." *Political Theory* 34, no. 6 (December 2006): 741-84.

Bénot, Yves. "Comment la Convention a-t-ell voté l'abolition de l'esclavage en l'an II?" in *Révolutions aux colonies*, edited by Michel Vouvelle. Paris: Annales Historiques de la Révolution Français, 1993.

Bernasconi, Robert. "Hegel at the Court of the Ashanti." In *Hegel after Derrida*, edited by Stuart Barnett, 41-63. London: Routledge, 1998.

Blackburn, Robin. *The Overthrow of Colonial Slavery, 1776-1848*. London: Verso, 1988.

Blakeley, Allison. *Blacks in the Dutch World: The Evolution of Racial Imagery in a Modern Society*. Bloomington: Indiana University Press, 1993.

Blewett, David. *The Illustration of Robinson Crusoe, 1719-1920*. Gerrards Cross: Colin Smythe, 1995.

Blumenberg, Hans. *The Genesis of the Copernican World*. Translated by Robert M. Wallace. Cambridge: The MIT Press, 1987〔ハンス・ブルーメンベルク『コペルニクス的宇宙の生成　I・II・III』後藤嘉也・小熊正久・座小田豊訳, 法政大学出版局, 2002-11 年〕.

Braudel, Ferdinand. *Civilization and Capitalism, 15th-18th Century*. Vol. III, *the Perspective of the World*. Translated by Siân Reynolds. Berkley: University of California Press, 1992〔フェルナン・ブローデル『物質文明・経済・資本主義 15-18 世紀　第 3 巻　世界時間』1・2, 村上光彦訳, みすず書房, 1996-99 年〕.

Buck-Morss, Susan. *The Dialectics of Seeing: Walter Benjamin and the Arcade Project*. Cambridge: The MIT Press, 1989〔スーザン・バック＝モース『ベンヤミンとパサージュ論——見ることの弁証法』高井宏子訳, 勁草書房, 2014 年〕.

———. “Envisioning Capital: Political Economy on Display.” *Critical Inquiry* 21, no. 2 (Winter 1995): 433-67. Reprinted in Peter Wollen, ed., Visual Display. New York: DIA, 1996.

Carpentier, Alejo. *Explosion in a Cathedral* [El Siglo de las luces]. Translated by John Sturrock. New York: Harper & Row, 1963〔アレホ・カルペンティエル『光の世紀』杉浦勉訳, 水声社, 1990 年〕.

Cauna, Jacques de. “Polverel et Sonthonax, deux voies pour l’abolition de l’esclavage.” In *Léger-Félicité Sonthonax: La première abolition de l’esclavage: La Révolution française et la Revolution de Saint-Domingue*, edited by Marcel Dorigny, 49-53. Saint-Denis: Société française d’histoire d’outre-mer, 1997.

Césaire, Aimé. *Toussaint Louverture: La Révolution française et le problème colonial*. Paris: Présence africaine, 1960.

Clawson, Mary Ann. *Constructing Brotherhood: Class, Gender and Fraternalism*. Princeton: Princeton University Press, 1989.

Cohen, William B. *The French Encounter with Africans: White Response to Blacks, 1530-1880*. Bloomington, Indiana University Press, 1980.

Curl, James Stevens. *The Art and Architecture of Freemasonry: An Introductory Study*. London: B. T. Batsford, 1991.

Dabydeen, David. *Hogarth’s Blacks: Images of Blacks in Eighteenth Century English Art*. Athens: University of Georgia Press, 1987〔デイヴィッド・ダビディーン『大英帝国の階級・人種・性——W・ホガースにみる黒人の図像学』松村高夫・市橋秀夫訳, 同文舘出版, 1992 年〕.

Dash, J. Michael. “Le Je de l’autre.” *L’Esprit Créatur* 47, no. 1 (2007): 84-95.

———. “The Theater of the Haitian Revolution and the Haitian Revolution as Theater.”

Small Axe 18 (Sept. 2005): 16-23.

Davis, David Brion. *The Problem of Slavery in the Age of Revolution, 1770-1823*. Ithaca: Cornell University Press, 1975.

———. *Revolutions: Reflections on American Equality and Foreign Liberations*. Cambridge: Harvard University Press, 1990.

———. "Slavery–White, Black, Muslim, and Christian." *New York Review of Books*, vol. 48, no. II (July 5, 2001). http://www.nybooks.com/articles/14320.

Davis, Ralph. *The Rise of the Atlantic Economies*. Ithaca: Cornell University Press, 1973.

Dayan, Joan. *Haiti, History, and the Gods*. Berkeley: University of California Press, 1995.

———. "Paul Gilroy's Slaves, Ships, and Routes: The Middle Passage as Metaphor." *Research in African Literatures* 27, no. 4 (Winter 1996): 7-14.

Debien, Gabriel. *De l'Afrique à Saint-Domingue*, Les Ateliers Fardin, 1982.

———. *Les Esclaves aux Antilles français (XVIIe-XVIIIe siècles)*. Abasse-Terre, Guadaloupe: Société d'Histoire de la Guadaloupe, 1974.

Denslow, William R. *Freemasonry and the American Indian*. St. Louis: Missouri Lodge of Researce, 1956.

Desmangles, Leslie G. *The Faces of God: Vodou and Roman Catholicism in Haiti*. Chapel Hill: University of North Carolina Press, 1992.

Desné, Roland. "Sonthonax's vu par les dictionnaires." In *Léger-Félicité Sonthonax: La premiere abolition de l'esclavage: La Révolution française et la Révolution de Saint-Domingue*, edited by Marcel Dorigny, 113-20. Saint-Denis: Société française d'histoire d'outre-mer, 1997.

Diderot, Denis, Jean le Rond d'Alembert, and Pierre Mouchon. *Encyclopédie, ou, Dictionnaire raisonné de sciences, artes et des métiers*. 34 vols. Stuttgart-Bad Cannstatt: Frommann, 1966-1995. Originally published in Paris: Briasson, 1751-1780〔ドゥニ・ディドロ，ジャン・ル・ロン・ダランベール編『百科全書：序論および代表項目』桑原武夫訳編，岩波文庫，部分訳，1971 年〕.

Diouf, Sylviane A. *Servants of Allah: African Muslims Enslaved in the Americas*. New York: New York University Press, 1998.

Dorigny, Marcel, ed. *Léger-Félicité Sonthonax: La premiere abolition de l'esclavage: La Révolution française et la Révolution de Saint-Domingue*. Saint-Denis: Société française d'histoire d'outre-mer, 1997.

Dubois, Laurent. *Avengers of the New World: The Story of the Haitian Revolution*. Cambridge: Harvard University Press, 2004.

———. *A Colony of Citizens: Revolution and Slave Emancipation in the French Caribbean, 1787-1804*. Chapel Hill: University of North Carolina Press, 2004.

———. "Inscribing Race in the Revolutionary French Antilles." In *The Color of Liberty:*

Histories of Race in France, edited by Sue Peabody and Tyler Stovall. Durham: Duke University Press, 2003.

DuBois, W. E. B. *Black Reconstruction in America: An Essay toward a History of the Part Which Black Folk Played in the Attempt to Reconstruct Democracy in America, 1860-1880*. New York: Atheneum, 1977.

Dupuy, Alex. *Haiti in the World Economy: Class, Race, and Underdevelopment since 1700*. Boulder: Westview Press, 1989.

Fanon, Frantz. *The Wretched of the Earth*. Translated by Constance Farrington. New York: Grove Press, 1968〔フランツ・ファノン『地に呪われたる者』鈴木道彦・浦野衣子訳, みすず書房, 1996 年〕.

Farnie, D. A. *The English Cotton Industry and the World Market*. Oxford: Clarendon Press, 1979.

Faÿ, Bernard. *Revolution and Freemasonry, 1680-1800*. Boston: Little, Brown, and Company, 1935.

Federici, Silvia. *Caliban and the Witch: Women, the Body and Primitive Accumulation*. Brooklyn: Autonomedia, 2004〔シルヴィア・フェデリーチ『キャリバンと魔女——資本主義に抗する女性の身体』小田原琳・後藤あゆみ訳, 以文社, 2017 年〕.

Fick, Carolyn E. "The French Revolution in Saint Domingue: A Triumph or a Failure?" in *A Turbulent Time: The French Revolution and the Greater Caribbean*, edited by David Barry Gasper and David Patrick Geggus. Bloomington: Indiana University Press, 1997.

———. *The Making of Haiti: The Saint Domingue Revolution from Below*. Knoxville: University of Tennessee Press, 1990.

———. "The Saint Domingue Slave Insurrection of 1791." *Journal of Caribbean History* 25, no. 1/2 (1991): 1-40.

Fischer, Sibylle. *Modernity Disavowed: Haiti and the Cultures of Slavery in The Age of Revolution*. Durham: Duke University Press, 2004.

Forster, Michael. *Hegel's Idea of a Phenomenology of Spirit*. Chicago: University of Chicago Press, 1998.

Fouchard, Jean. *The Haitian Maroons: Liberty or Death*. Translated by A. Faulkner Watts. Preface by C. L. R. James. New York: Edward W. Blyden Press, 1981.

Geggus, David Patrick. "The Bois-Caïman Ceremony." *Journal of Caribbean History* 25, no. 1/2 (1991): 41-57.

———. "British Occupation of Saint Domingue, 1793-98." PhD diss., York University, England, 1978.

———. "British Opinion and the Emergence of Haiti, 1791-1805." In *Slavery and British Society, 1776-1846*, edited by James Walvin. Baton Rouge: Louisiana State

University, 1982.
———. “From His Most Catholic Majesty to the Godless Republique: The ‘Volte-Face’of Toussaint Louverture and the End of Slavery in Saint Domingue.” *Revue Française d’histoire d’outre mer* 65, no. 241 (1978): 481-99. Reprinted in Paris: Société française d’histoire d’outre-mer, 1997.
———. “Haiti and the Abolitionists: Opinion, Propaganda, and International Politics in Britain and France, 1804-1838,” in *Abolition and Its Aftermath: The Historical Context, 1790-1916*, edited by David Richardson. London: Frank Cass, 1985.
———. *Haitian Revolutionary Studies*. Bloomington: Indiana University Press, 2002.
———. “Slavery, War, and Revolution in the Greater Caribbean.” In *A Turbulent Time: The French Revolution and the Greater Caribbean*, edited by David Barry Gaspar and Geggus. Bloomington, Indiana University Press, 1997.
Genovese, Eugene. *The Political Economy of Slavery: Studies in the Economy and Society of the Slave South*. New York: Vintage Books, 1965.
———. *Rebellion to Revolution: Afro-American Slave Revolts and the Making of the Modern World*. Baton Rouge: Louisiana State University Press, 1979.
Gilroy, Paul. *The Black Atlantic: Modernity and Double Consciousness*. Cambridge, MA: Harvard University Press, 1993〔ポール・ギルロイ『ブラック・アトランティック――近代性と二重意識』上野俊哉・毛利嘉孝・鈴木慎一郎訳，月曜社，2006 年〕.
Gomez, Michael A. *Black Crescent: The Experience and Legacy of African Muslims in the Americas*. New York: Cambridge University Press, 2005.
Gooch, G. P. *Germany and the French Revolution*. New York: Longmans, Green and Co., 1920.
Guha, Ranajit. *History at the Limit of World History*. New York: Columbia University Press, 2002〔ラナジット・グハ『世界史の脱構築――ヘーゲルの歴史哲学批判からタゴールの詩の思想へ』竹中千春訳，立教大学出版会，2017 年〕.
Guietti, Paolo. “A Reading of Hegel’s Master / Slave Relationship: Robinson Crusoe and Friday.” *Owl of Minerva* 25, no. 1 (Fall 1993): 48-60.
Habermas, Jürgen. *The Philosophical Discourse of Modernity*. Translated by Frederick G. Lawrence. Cambridge, MA: The MIT Press, 1987〔ユルゲン・ハーバマス『近代の哲学的ディスクルス（1・2）』三島憲一ほか訳，岩波書店，1990 年〕.
———. *The Structural Transformation of the Public Sphere: An Inquiry into a Category of Bourgeois Society*. Translated by Thomas Burger and Frederick Lawrence. Cambridge, MA: The MIT Press, 1989〔ユルゲン・ハーバーマス『公共性の構造転換――市民社会の一カテゴリーについての探究』第 2 版，細谷貞雄・山田正行訳，未來社，1994 年〕.
Hall, Neville A. T. *Slave Society in the Danish West Indies, St. Thomas, St. John, and St.*

Croix. Baltimore: The Johns Hopkins University Press, 1992.

Harris, Henry S. "The Concept of Recognition in Hegel's Jena Manuscripts." In *Hegel Studien/Beiheft 20: Hegel in Jena*, edited by Dieter Henrich and Klaus Düsing. Bonn: Bouvier, 1980.

Haym, Rudolf. *Hegel und seine Zeit: Vorlesungen über Entstehung und Entwicklung, Wesen und Wert der Hegelschen Philosophie*. Berlin: Rudolph Gärtner, 1857.

Hegel, Georg Wilhelm Friedrich. *Briefe von und an Hegel*. Edited by Johannes Hoffmeister. Hamburg: Felix Meiner Verlag, 1969-81〔G. W. F. ヘーゲル『ヘーゲル書簡集』小島貞介訳, 河出書房, 1939年〕.

———. *Early Theological Writings*. Translated and editd by T. M. Knox. Chicago: University of Chicago Press, 1948.

———. *The Encyclopedia Logic* (*with the Zusätze*). Translated and edited by T. F. Geraets, W. A. Suchting, and H. S. Harris. Indianapolis: Hackett Publishing Company, 1991〔ヘーゲル『大論理学(上・中・下)』(ヘーゲル全集6-8), 鈴木権三郎・武市健人訳, 岩波書店, 1932-46年?〕.

———. *Gesammelte Werke*. Edited under the direction of the German Research Association. Hamburg: Felix Meiner Verlag, 1968-.

———. *Hegel: The Letters*. Translated by Clark Butler and Christiane Seiler. Bloomington: Indiana University Press, 1984.

———. *Jenaer Systementwürfe I: Das System der spekulativen Philosophie*. Edited by Klaus Düsing and Heinz Kimmerle. Hamburg: Felix Meiner Verlag, 1986〔G. W. F. ヘーゲル『イェーナ体系構想——精神哲学草稿Ⅰ・Ⅱ』加藤尚武監訳, 座小田豊・栗原隆・滝口清栄・山崎純訳, 法政大学出版局, 1999年〕.

———. *Jenaer Systementwürfe II: Logik, Metaphysik, Naturphilosophie*. Edited by Rolf-Peter Horstmann and Johan Heinrich Trede. Hamburg: Felix Meiner Verlag, 1982.

———. *Jenaer Systementwürfe III: Naturphilosophie und Philosophie des Geistes*. Edited by Rolf-Peter Horstmann. Hamburg: Felix Meiner Verlag, 1987.

———. *The Phenomenology of Mind*. Translated by J. B. Baille. New York: Harper & Row, 1967〔G. W. F. ヘーゲル『精神の現象学(上・下)』(ヘーゲル全集4-5), 金子武蔵訳, 岩波書店, 1971-79年〕.

———. *The Philosophical Propaedeutic*. Translated by A. V. Miller. Edited by Michael George and Andrew Vincent. Oxford: Oxford University Press, 1986〔G. W. F. ヘーゲル『哲学入門』武市健人訳, 岩波文庫, 1952年〕.

———. *Die Philosophie des Rechts: Die Mitschriften Wannenmann* (*Hedelberg 1817/18*) *und Homeyer* (*Berlin 1818/19*). Edited by Karl-Heinz Ilting. Stuttgart: Klett-Cotta, 1983〔G. W. F. ヘーゲル『自然法および国家学に関する講義:1817/18冬学期講義, ハイデルベルク:1818/19冬学期序説(付録), ベルリン:法学部学生P. ヴァンネンマン手稿』(阪南大学翻訳叢書17) 尼寺義

弘訳，晃洋書房，2002年：『自然法と国家学講義ハイデルベルク大学1817-18年』高柳良治監訳，法政大学出版局，2007年。および，『自然法および国家法：「法の哲学」第二回講義録：1818/1819年，冬学期，ベルリン：C. G. ホーマイヤー手稿』（阪南大学翻訳叢書18）尼寺義弘訳，晃洋書房，2003年〕.

———. *The Philosophy of History*. Translated by John Sibree. Buffalo: Prometheus Books, 1991〔G. W. F. ヘーゲル『歴史哲学（上・下）』（ヘーゲル全集10a-10b）武市健人訳，岩波書店，2000-01年.

———. *Philosophy of Right*. Translated and edited by T. M. Knox. London: Oxford University Press, 1967〔G. W. F. ヘーゲル『法の哲学：自然法と国家学の要綱（上・下）』（ヘーゲル全集9a-9b）上妻精・佐藤康邦・山田忠彰訳，岩波書店，2000-01年〕.

———. *Philosophy of Subjective Spirit*. 3 vols. Translated and edited by M. J. Petry. Dordrecht: D. Reidel Publishing Co., 1979〔G. W. F. ヘーゲル『論理学（哲学の集大成・要綱，第1部）』；『自然哲学（哲学の集大成・要綱，第2部）』；『精神哲学（哲学の集大成・要綱，第3部）』いずれも長谷川宏訳，作品社，2002-06年〕.

———. *Sämtliche Werke*. Vol. 10, *System der Philosophie: Dritter Teil. Die Philosophie des Geistes*. Edited by Hermann Glöckner. Stuttgart: Fr. Frommanns Verlag, 1958.

———. *System of Ethical Life*（*1802/3*）*and First Philosophy of Spirit*（*Part III of the System of Speculative Philosophy 1803/4*）. Translated and edited by H. S. Harris and T. M. Knox. Albany: State University of New York Press, 1979.

———. *System der Sittlichkeit*. Edited by Georg Lasson［1923］. Hamburg: Felix Meiner Verlag, 1967〔G. W. F. ヘーゲル『人倫の体系』上妻精訳，以文社，1996年〕.

———. *Die Vernunft in der Geschichte*. 5th edition. Edited by Johannes Hoffmeister, Hamburg: Verlag von Felix Meiner, 1955〔G. W. F. ヘーゲル『歴史哲學緒論：ラッソン版（増補版）』河野正通訳，白揚社，1943年〕.

———. *Vorlesungen über die Philosophie der Weltgeschichtete*. 3 vols. Edited by Karl Heinz Ilting, Karl Bremer, and Hoo Nam Seelmann. Hamburg: Felix Meiner Verlag, 1996〔G. W. F. ヘーゲル『歴史哲学（上・下）』（ヘーゲル全集10a-10b）武市健人訳，岩波書店，2000-01年。G. W. F. ヘーゲル『歴史哲学講義（上・下）』長谷川宏訳，岩波文庫，1994年〕.

Herskovits, Melville J. *Dahomey, an Ancient West African Kingdom*. New York: J. J. Augustin, Publisher, 1938.

Hondt, Jacques d'. *Hegel et les Français*. Hildesheim: Georg Olms Verlag, 1998.

———. *Hegel secret, recherches sur les sources cachées de la pensée de Hegel*. Paris:

Presses Universitaires de France, 1968〔ジャック・ドント『知られざるヘーゲル――ヘーゲル思想の源流に関する研究』飯塚勝久・飯島勉訳，未來社，1980年〕.

Honneth, Axel. *The Struggle for Recognition: The Moral Grammar of Social Conflicts*. Translated by Joel Anderson. Cambridge: Polity Press, 1995〔アクセル・ホネット『承認をめぐる闘争――社会的コンフリクトの道徳的文法』山本啓・直江清隆訳，法政大学出版局，2003年／増補版，2014年〕.

Honour, Hugh. *From the American Revolution to World War I*. Vol. 4 of *The Image of the Black in Western Art*, edited by Ladislas Bugner. Cambridge, MA: Harvard University Press, 1989.

Hulme, Peter. "The Spontaneous Hand of Nature: Savagery, Colonialism, and the Enlightenment." In *The Enlightenment and its Shadow*, edited by Peter Hulme and Ludmilla Jordanova. London: Routledge, 1990.

Huntington, Samuel P. *Clash of Civilizations and the Remarking of World Order*. New York: Simon & Schuster, 1997〔サミュエル・ハンチントン『文明の衝突』鈴木主税訳，集英社，1998年〕.

Hutin, Serge. *Les Francs-Maçons*. Paris: Éditions du Seuil, 1960.

Hyppolite, Jean. *Genesis and Structure of Hegel's "Phenomenology of Spirit."* Translated by Samuel Chernak and John Heckman. Evanston: Northwestern University Press, 1974〔ジャン・イポリット『精神現象学の生成と構造（上・下）』市倉宏祐訳，岩波書店，1972-73年〕.

James, C. L. R. *The Black Jacobins: Toussaint-Louverture and the San Domingo Revolution*. New York: Vintage Books, 1963〔C. L. R. ジェームズ『ブラック・ジャコバン――トゥサン＝ルヴェルチュールとハイチ革命』青木芳夫監訳，大村書店，1991年／増補新版，2002年〕.

Janzen, John M. *Lemba, 1650-1930: A Drum of Affliction in Africa and the New World*. New York: Garland Publishing, 1982.

Jordan, Winthrop D. *White over Black: American Attitudes toward the Negro, 1550-1812*. Chapel Hill: University of North Carolina Press, 1968.

Kant, Immanuel. "The Contest of Faculties." In *Kant's Political Writings*, edited by Hans Reiss. Translated by H. B. Nisbet. Cambridge: Cambridge University Press, 1970〔イマニュエル・カント『諸学部の争い；遺稿集』（カント全集18）角忍・竹山重光訳，岩波書店，2002年〕.

———. *Critique of Practical Reason*. Translated by Werner S. Pluhar. Indianapolis: Hackett Publishing Company, 2002〔イマニュエル・カント『実践理性批判；人倫の形而上学の基礎づけ』（カント全集7）坂部恵・平田俊博・伊古田理訳，岩波書店，2000年〕.

Kelly, George Armstrong. "Notes on Hegel's 'Lordship and Bondage.'" In *Hegel's Dia-*

lectic of Desire and Recognition: Texts and Commentary, edited by John O'Neill. Albany: State University of New York Press, 1996.

Kojève, Alexandre. *Introduction to the Reading of Hegel: Lectures on the Phenomenology of Spirit*. Assembled by Raymond Queneau. Edited by Allan Bloom. Translated by James H. Nichols Jr. Ithaca: Cornell University Press, 1969〔アレクサンドル・コジェーヴ『ヘーゲル読解入門——『精神現象学』を読む』上妻精・今野雅方訳，国文社，1987年〕.

Landon, H. C. Robbins. *Mozart and the Masons: New Light on the Lodge of "Crowned Hope."* London: Thames & Hudson, 1982.

Lewis, David Levering. "Introduction." In *W. E. B. Du Bois: A Reader*, edited by David Levering Lewis. New York: Holt, 1995.

Linebaugh, Peter. *The London Hanged: Crime and Civil Society in the Eighteenth Century*. New York: Cambridge University Press, 1992.

Linebaugh, Peter, and Marcus Rediker. *The Many-Headed Hydra: Sailors, Slaves, Commoners, and the Hidden History of the Revolutionary Atlantic*. Boston: Beacon Press, 2000.

Lipson, Dorothy Ann. *Freemasonry in Federalist Connecticut*. Princeton: Princeton University Press, 1977.

Lloyd-Jones, Roger, and M. J. Lewis. *Manchester and the Age of the Factory: The Business Structure of Cottonpolis in the Industrial Revolution*. London: Croom Helm, 1988.

Locke, John. *Two Treatises of Government*. Edited by Peter Laslett. Cambridge: Cambridge University Press, 1960〔ジョン・ロック『完訳統治二論』加藤節訳，岩波文庫，2011年〕.

Lukács, George. *Der junge Hegel: Über die Beziehungen von Dialektik und Ökonomie*. Zürich: Europa Verlag, 1948〔ジェルジ・ルカーチ『若きヘーゲル（上・下）』生松敬三・元浜清海訳，白水社，1998年〕.

Marcuse, Herbert. *Reason and Revolution: Hegel and the Rise of Social Theory*. London: Oxford University Press, 1941〔ヘルベルト・マルクーゼ『理性と革命——ヘーゲルと社会理論の興隆』桝田啓三郎・中島盛夫・向来道男訳，岩波書店，1961年〕.

Matory, J. Lorand. "The English Professors of Brazil: On the Diasporic Roots of the Yorùbá Nation." *Society for Comparative Study of Society and History* (1999): 72-103.

Mehta, Uday S. "Liberal Strategies of Exclusion," *Politics and Society* 18 (December 1990): 427-53.

Meillassoux, Claude. *The Anthropology of Slavery: The Womb of Iron and Gold*. Translated by Alide Dasnois. Chicago: University of Chicago Press, 1991.

Métraux, Alfred. *Voodoo in Haiti*. Translated by Hugo Charteris. New York: Oxford University Press, 1959

Mignolo, *Darker Side of the Renaissance: Literacy, Territoriality, and Colonialization*. Ann Arbor: University of Michigan Press, 2003.

Mintz, Sidney W. *Sweetness and Power: The Place of Sugar in Modern History*. New York: Penguin Books, 1985〔シドニー・W. ミンツ『甘さと権力——砂糖が語る近代史』川北稔・和田光弘訳，平凡社，1988 年〕.

Montag, Warren. *Bodies, Masses, Power: Spinoza and His Contemporaries*. London: Verso, 1999.

Montesquieu. "The Spirit of the Laws." In *Selected Writings*. Edited and translated by Melvin Richter. Indianapolis: Hackett Publishing Company, 1990〔モンテスキュー『法の精神（上・中・下）』野田良之ほか訳，岩波文庫，1989 年〕.

Muthu, Sankar. *Enlightenment Against Empire*. Princeton: Princeton University Press, 2003.

Nesbitt, Nick. "Troping Toussaint, Reading Revolution." *Research in African Literatures* 35, no. 2 (Summer 2004): 18-33.

———. *Voicing Memory: History and Subjectivity in French Caribbean Literature*. Charlottesville: University of Virginia Press, 2003.

Nicholls, David. *From Dessalines to Duvalier: Race, Colour and National Independence in Haiti*. Cambridge: Cambridge University Press, 1979.

Noerr, Gunzelin Schmid. *Sinnlichkeit und Herrschaft: Zur konzeptualisirung der inneren Natur bei Hegel und Freud.* Königstein/Taunus: Verlag Anton Hain, 1980.

Oelsner, Konrad Engelbert. *Luzifer oder gereinigte Beträge zur Geschichte der Französischen Revolution* (1797). Edited by Jörn Garber. Kronberg/Taunus: Scriptor Verlag, 1997.

O'Neil, John, ed. *Hegel's Dialectic of Desire and Recognition: Texts and Commentary*. Albany: State University of New York, 1996.

Pachonski, Jan, and Wilson, Reuel K. *Poland's Caribbean Tragedy: A Study of Polish Legions in the Haitian War of Independence, 1802-1803*. New York: Columbia University Press, 1986.

Palmer, R. R., and Joel Colton, *A History of the Modern World*. New York: Alfred A. Knopf, 1969.

Palmié, Stephen. *Wizards and Scientists: Explorations in Afro-Cuban Modernity and Tradition*. Durham: Duke University Press, 2002.

Patterson, Orlando. *Slavery and Social Death: A Comparative Study*. Cambridge, MA: Harvard University Press, 1982〔オルランド・パターソン『世界の奴隷制の歴史』奥田暁子訳，明石書店，2001 年〕.

Paulson, Ronald. *Representations of Revolution (1798-1820)*. New Haven: Yale Univer-

sity Press, 1983.

Peabody, Sue. "*There Are No Slaves in France*." *The Political Culture of Race and Slavery in the Ancien Régime*. New York: Oxford University Press, 1996.

Peabody, Sue, and Tyler Stovall, eds. *The Color of Liberty: Histories of Race in France*. Durham: Duke University Press, 2003.

Petry, M. J. "Hegel and 'The Morning Chronicle.'" *Hegel-Studien* 11 (1976): 11-80.

Pinkard, Terry. *Hegel: A Biography*. Cambridge: Cambridge University Press, 2000.

Pöggeler, Otto. *Hegels Idee einer Phänomenologie des Geistes*. Freiburg: Verlag Karl Alber, 1993.

Rae, John. *Life of Adam Smith*. New York: Augustus M. Kelly, 1965〔ジョン・レー『アダム・スミス伝』大内兵衞・大内節子訳，岩波書店，1972 年〕.

Rainsford, Marcus. *An Historical Account of the Black Empire of Hayti*. London: Albion Press, 1805.

———. "Toussaint-Louverture. Eine historische Schilderung für die Nachwelt." *Minerva* 56 (1805): 276-98, 392-408.

Rediker, Marcus, Peter Linebaugh, and David Brion Davis. "'The Many Headed Hydra': An exchange." *New York Review of Books*, vol. 48, no. 14 (September 20, 2001), http://www.nybooks.com/articles/14534.

Réis, João José. *Slave Rebellion in Brazil: The 1835 Muslim Uprising in Bahia*. Translated by Arthur Brakel. Baltimore: The Johns Hopkins Press, 1995.

Riedel, Manfred. *Between Tradition and Revolution: The Hegelian Transformation of Political Philosophy*. Translated by Walter Wright. New York: Cambridge University Press, 1984〔マンフレート・リーデル『ヘーゲル法哲学——その成立と構造』清水正徳・山本道雄訳，福村出版，1976 年〕.

———. "Bürger." In *Geschichtliche Grundbegriff: Historisches Lexikon zur politisch-sozialen Sprache in Deutschland*. Vol. I. Edited by Otto Brunner, Werner Conze, and Reinhart Koselleck. Stuttgart: Ernst Klett Verlag, 1972.

Rieger, Ute. *Johann Wilhelm von Archenholtz als "Zeitbürger: Eine historische-analytische Untersuchung zur Aufklärung*. Berlin: Duncker & Humblot, 1994.

Ritter, Joachim. *Hegel and the French Revolution: Essays on the Philosophy of Right*. Translated with an introduction by Richard Dien Winfield. Cambridge, MA: The MIT Press, 1982〔ヨアヒム・リッター『ヘーゲルとフランス革命』出口純夫訳，理想社，1966 年〕.

Roberts, J. M. *The Mythology of the Secret Societies*. New York: Charles Scribner's Sons, 1972.

Robinson, Cedric J. *Black Marxism: The Making of the Black Radical Tradition.* London: Zed Books, 1983.

Rosenkranz, Karl. *Georg Wilhelm Friedrich Hegels Leben (Berlin: 1844)*. Darmstadt:

Wissenschaftliche Buchgesellschaft, 1977〔カール・ローゼンクランツ『ヘーゲル伝』中埜肇訳，みすず書房，2001 年〕.

Rousseau, Jean-Jacques. *The Basic Political Writings*. Edited and translated by Donald A. Cress. Indianapolis: Hackett Publishing Company〔ジャン＝ジャック・ルソー『社会契約論』桑原武夫・前川貞次郎訳，岩波文庫，1954 年；同『人間不平等起源論』本田喜代治・平岡昇訳，岩波文庫，1972 年〕.

Ruof, Friedrich. *Johann Wilhelm von Archenholtz: Ein deutscher Schriftsteller zur Zeit der Französischen Revolution und Napoleons（1741-1812）*. Vaduz: Kraus Reprint Ltd., 1965.

Saine, Thomas P. *Black Bread - White Bread: German Intellectuals and the French Revolution*. Columbia: Camden House, 1988.

Sala-Molins, Louis. *L'Afrique aux Amériques: Le Code Noir espagnol*. Paris: Presses Universitaires de France, 1992.

———. *Le Code Noir, ou le calvaire de Canaan*. Paris: Presses Universitaires de France, 1987.

Saugera, Éric. *Bordeaux, port négrier: chronologie, économie, idéologie, XVIIe-XIXe siècles*. Paris: Karthala, 1995.

Schama, Simon. *The Embarrassment of Riches: An Interpretation of Dutch Culture in the Golden Age*. New York: Alfred A. Knopf, 1987.

Schmitt, Carl. *Political Theology: Four Chapters on the Concept of Sovereignty*. Translated by Tracy B. Strong. Chicago: University of Chicago Press, 2005〔カール・シュミット『政治神学』田中浩・原田武雄訳，未來社，1971 年〕.

Schüller, Karin. *Die Deutsche Rezeption haitianischer Geschichte in der ersten Hälfte des 19. Jahrhunderts, ein Beitrag zum deutschen Bild vom Schwarzen*. Cologne: Böhlau Verlag, 1992.

Sheridan, Richard B. *Doctors and Slaves: A Medical and Demographic History of Slavery in the British West Indies, 1680-1834*. New York: Cambridge University Press, 1985.

Shklar, Judith N. "Self-Sufficient Man: Dominion and Bondage." In *Hegel's Dialectic of Desire and Recognition: Texts and Commentary*, edited by John O'Neill. Albany: State University of New York Press, 1996.

Shyllon, F. O. *Black Slaves in Britain*. New York: Oxford University Press, 1974.

Siep, Ludwig. *Anerkennung als Prinzip der praktische Philosophie: Untersuchungen zur Hegels Jenaer Philosophie des Geistes*. Freiburg: Alber Verlag, 1978.

———. "Kampf um Anerkennung: Zu Hegels Auseinandersetzung mit Hobbes in den Jenaer Schriften." *Hegel-Studien* 9. Bonn: Bouvier Verlag, 1974. Reprinted as "The Struggle for Recognition: Hegel's Dispute with Hobbes in the Jena Writings." In *Hegel's Dialectic of Desire and Recognition*, edited by John O'Neill.

Translated by Charles Dudas. Albany: State University of New York, 1996.

Smith, Adam. *An Inquiry into the Nature and Causes of the Wealth of Nations*. Homewood: The Dorsey Press, 1979〔アダム・スミス『国富論（1・2・3・4）』杉山忠平訳，岩波文庫，2000-01 年〕.

———. *The Wealth of Nations: Books I-III*. With introduction by Andrew Skinner. London: Penguin Books, 1970.

Sobel, Dava. *Longitude: The True Story of a Lone Genius Who Solved the Greatest Scientific Problem of His Time*. New York: Penguin Books, 1995〔デーヴァ・ソベル『経度への挑戦——一秒にかけた四百年』藤井留美訳，翔泳社，1997 年〕.

Tavarès, Pierre-Franklin. "La Conception de l'Afrique de Hegel comme critique." *Chemins Critiques* 2, no. 2 (September 1991): 153-66.

———. "Hegel, critique de l'Afrique, thés de Doctorat." PhD diss., Sorbonne Paris-I, Paris 1989.

———. "Hegel et Haïti ou le silence de Hegel sur Saint-Domingue." *Chemins Critiques* 2, no. 3 (May 1992): 113-31.

———. "Hegel et l'abbé Grégoire: Question noire et Révolution française." In *Révolutions aux colonies: publication des Annales historiques de la Révolution française*, 155-73. Paris: Société des Études Robespierristes, 1993.

———. "Hegel, philosophie anti-esclavagiste, ou: Le jeune Hegel, lecteur de l'abbé Raynal." Lecture delivered at the *Conférence au Collège de France*. January 1996.

Thibau, Jacques. "Saint-Domingue à l'arrivée de Sonthonax." In *Léger-Félicité Sonthonax: La première abolition de l'esclavage: La Révolution française et la Révolution de Saint-Domingue*, edited by Marcel Dorigny. Saint-Denis: Société française d'histoire d'outre-mer, 1997.

Thompson, Robert Farris. *Flash of the Spirit: African and Afro-American Art and Philosophy*. New York: Vintage Books, 1984.

———. "The Flash of the Spirit: Haiti's Africanizing Vodun Art." In *Haitian Art*, edited by Ute Stebich. New York: H. N. Abrams, 1978.

Thornton, John K. "African Soldiers in the Haitian Revolution." *Journal of Caribbean History* 25, no. 1/2 (1991): 58-80.

———. "'I am the Subject of the King of Congo': African Political Ideology and the Haitian Revolution." *Journal of World History* 4, no. 2 (Fall 1993): 181-214.

Trouillot, Michel-Rolph, *Silencing the Past: Power and the Production of History*. Boston: Beacon Press, 1995.

Vastey, Le Baron de. *Réflexions sur une Lettre de Mazères, ex-Colon Français, adressée à M. J. C. L. Sismonde de Sismondi, sur les Noirs et les Blancs, la civilisation de*

l'Afrique, le royaume d'Hayti, etc. Cap-Henry: Chez P. Roux, 1816.

Waszek, Norbert. "Hegels Exzerpte aus der 'Edinburgh Review' 1817-1819." *Hegel Studien*, 20 (1985): 79-112.

———. *The Scottish Enlightenment and Hegel's Account of Civil Society*. Boston: Kluwer Academic Publishers, 1988.

Williams, Eric. *Capitalism & Slavery*. Chapel Hill: University of North Carolina Press, 1994〔エリック・ウィリアムズ『資本主義と奴隷制――ニグロ史とイギリス経済史』中山毅訳，理論社，1968年；『資本主義と奴隷制――経済史から見た黒人奴隷制の発生と崩壊』山本伸監訳，明石書店，2004年〕.

Williams, Robert R. *Hegel's Ethics of Recognition*. Berkley: University of California Press, 1997.

Williamson, Joel. *The Crucible of Race: Black-White Relations in the American South since Emancipation*. New York: Oxford University Press, 1984.

Wolf, Eric W. *Europe and the People Without History*. Berkeley: University of California Press, 1982.

Zamir, Shamoon. *Dark Voices: W. E. B. Du Bois and American Thought, 1888-1903*. Chicago: Chicago University Press, 1995.

Ziesche, Eva, and Dierk Schnitger. *Der Handschriftliche Nachlass Georg Wilhelm Friedrich Hegels und die Hegel-Bestände der Staatsbibliothek zu Berlin Preussischer Kulturbesitz*. 2 vols. Wiesbaden: Harrassowitz, 1995.

《叢書・ウニベルシタス　1064》
ヘーゲルとハイチ
普遍史の可能性にむけて

2017年9月28日　初版第1刷発行

スーザン・バック＝モース
岩崎 稔／高橋明史 訳
発行所　一般財団法人　法政大学出版局
〒102-0071 東京都千代田区富士見 2-17-1
電話 03(5214)5540 振替 00160-6-95814
印刷: 三和印刷　製本: 誠製本

ISBN978-4-588-01064-4

著　者

スーザン・バック＝モース（Susan Buck-Morss）

アメリカ合衆国のフランクフルト学派研究の第一人者。著述の分野は美術史，建築学，比較文学，カルチュラルスタディーズ，哲学，歴史学，表象文化論と多岐にわたる。ヴァッサー大学卒業後，イェール大学で修士号，ジョージタウン大学で博士号取得。1978年からコーネル大学で教鞭を執り，現在は名誉教授。ニューヨーク市立大学大学院センター教授も務め，「グローバル化と社会変革に関する委員会」の中心メンバー。ズーアカンプ社刊『アドルノ全集』第9巻の『社会学論集II』などを編集。主な著書に，*The Origin of Negative Dialectics: Theodor W. Adorno, Walter Benjamin, and the Frankfurt Institute*（New York: Macmillan Free Press, 1977），『ベンヤミンとパサージュ論——見ることの弁証法』（勁草書房，2014年），『夢の世界とカタストロフィ——東西における大衆ユートピアの消滅』（岩波書店，2008年），『テロルを考える——イスラム主義と批判理論』（みすず書房，2005年）がある。2011年にはフランツ・ファノン賞を受賞した。

訳　者

岩崎 稔（いわさき・みのる）

1956年生まれ。早稲田大学大学院政治学研究科博士後期課程単位取得退学。東京外国語大学総合国際学研究院教授。専攻：哲学／政治思想。主な著書に，『継続する植民地主義』（中野敏男・大川正彦・李孝徳との共編著，青弓社，2005年），『谷川雁セレクションI・II』（米谷匡史との共同編集，日本経済評論社，2009年），『東アジアの記憶の場』（板垣竜太・鄭智泳との共編著，河出書房新社，2011年），『立ちすくむ歴史』（成田龍一・喜安朗との共著，せりか書房，2012年）など。主な訳書に，A. O. ハーシュマン『反動のレトリック』（法政大学出版局，1997年），W. エングラー『東ドイツのひとびと』（山本裕子との共訳，未來社，2010年），H. ホワイト『メタヒストリー』（監訳，作品社，2017年）など。

高橋明史（たかはし・ひろし）

1970年生まれ。東京外国語大学地域文化研究科博士後期課程単位取得修了。中国大連海事大学外国語学部日本語学科講師を経て，神奈川工科大学非常勤講師。専攻：哲学／社会思想史。論文に，「隠喩としての神話——ハンス・ブルーメンベルクの神話論」（『地域研究ブックレヴュー』15，東京外国語大学海外事情研究所，1998年），翻訳に，H. ホワイト『メタヒストリー』（共訳，作品社，2017年）など。

叢書・ウニベルシタスより

（表示価格は税別です）

967 ライプニッツのデカルト批判　上
Y. ベラヴァル／岡部英男・伊豆藏好美訳　6000円

968 社会の政治
N. ルーマン／小松丈晃訳　6800円

969 自律の創成　近代道徳哲学史
J. B. シュナイウィンド／田中秀夫監訳，逸見修二訳　13000円

970 諸学の体系　学問論復興のために
P. ティリッヒ／清水正・濱崎雅孝訳　3200円

971 イメージの前で　美術史の目的への問い
G. ディディ＝ユベルマン／江澤健一郎訳　4600円

972 自己を超えて
P. スタンディッシュ／齋藤直子訳　7800円

973 眼に映る世界　映画の存在論についての考察
S. カヴェル／石原陽一郎訳　3800円

974 アメリカという敵　フランス反米主義の系譜学
Ph. ロジェ／大谷尚文・佐藤竜二訳　9800円

975 時間の前で　美術史とイメージのアナクロニズム
G. ディディ＝ユベルマン／小野康男・三小田祥久訳　3800円

976 ゾーハル　カバラーの聖典
E. ミュラー編訳／石丸昭二訳　5400円

977 弱い思考
G. ヴァッティモ編／上村・山田・金山・土肥訳　4000円

978 ベルクソン書簡集 I　1865–1913
H. ベルクソン／合田正人監修，ボアグリオ治子訳　5500円

981 ウルストンクラフトの北欧からの手紙
M. ウルストンクラフト／石幡直樹訳　3200円

982 ジェルメーヌ・ティヨン
G. ティヨン著，T. トドロフ編／小野潮訳　4000円

―――― 叢書・ウニベルシタスより ――――
（表示価格は税別です）

1011 グローバルな複雑性
J. アーリ／吉原直樹監訳，伊藤嘉高・板倉有紀訳 3400円

1012 ゴヤ 啓蒙の光の影で
T. トドロフ／小野潮訳 3800円

1013 無神論の歴史 上・下
G. ミノワ／石川光一訳 13000円

1014 観光のまなざし
J. アーリ，J. ラースン／加太宏邦訳 4600円

1015 創造と狂気 精神病理学的判断の歴史
F. グロ／澤田直・黒川学訳 3600円

1016 世界内政のニュース
U. ベック／川端健嗣，S. メルテンス訳 2800円

1017 生そのものの政治学
N. ローズ／檜垣立哉監訳，小倉拓也・佐古仁志・山崎吾郎訳 5200円

1018 自然主義と宗教の間 哲学論集
J. ハーバーマス／庄司・日暮・池田・福山訳 4800円

1019 われわれが生きている現実 技術・芸術・修辞学
H. ブルーメンベルク／村井則夫訳 2900円

1020 現代革命の新たな考察
E. ラクラウ／山本圭訳 4200円

1021 知恵と女性性
L. ビバール／堅田研一訳 6200円

1022 イメージとしての女性
S. ボーヴェンシェン／渡邉洋子・田邊玲子訳 4800円

1023 思想のグローバル・ヒストリー
D. アーミテイジ／平田・山田・細川・岡本訳 4600円

1024 人間の尊厳と人格の自律 生命科学と民主主義的価値
M. クヴァンテ／加藤泰史監訳 3600円

叢書・ウニベルシタスより
（表示価格は税別です）

1039 哲学的急進主義の成立 Ⅲ　哲学的急進主義
E. アレヴィ／永井義雄訳　9000円

1040 核の脅威　原子力時代についての徹底的考察
G. アンダース／青木隆嘉訳　3400円

1041 基本の色彩語　普遍性と進化について
B. バーリン，P. ケイ／日髙杏子訳　3500円

1042 社会の宗教
N. ルーマン／土方透・森川剛光・渡曾知子・畠中茉莉子訳　5800円

1043 セリーナへの手紙　スピノザ駁論
J. トーランド／三井礼子訳　4600円

1044 真理と正当化　哲学論文集
J. ハーバーマス／三島憲一・大竹弘二・木前利秋・鈴木直訳　4800円

1045 実在論を立て直す
H. ドレイファス，C. テイラー／村田純一監訳　3400円

1046 批評的差異　読むことの現代的修辞に関する試論集
B. ジョンソン／土田知則訳　3400円

1047 インティマシーあるいはインテグリティー
T. カスリス／衣笠正晃訳，高田康成解説　3400円

1048 翻訳そして／あるいはパフォーマティヴ
J. デリダ，豊崎光一／豊崎光一訳，守中高明監修　2000円

1049 犯罪・捜査・メディア　19世紀フランスの治安と文化
D. カリファ／梅澤礼訳　4000円

1050 カンギレムと経験の統一性
X. ロート／田中祐理子訳　4200円

1051 メディアの歴史　ビッグバンからインターネットまで
J. ヘーリッシュ／川島建太郎・津崎正行・林志津江訳　4800円

1052 二人称的観点の倫理学　道徳・尊敬・責任
S. ダーウォル／寺田俊郎・会澤久仁子訳　4600円